Premiere Collection

啓発された自己愛
啓蒙主義とバルベラックの道徳思想

門 亜樹子
akiko kado

京都大学学術出版会

若い知性が拓く未来

　今西錦司が『生物の世界』を著して，すべての生物に社会があると宣言したのは，39歳のことでした。以来，ヒト以外の生物に社会などあるはずがないという欧米の古い世界観に見られた批判を乗り越えて，今西の生物観は，動物の行動や生態，特に霊長類の研究において，日本が世界をリードする礎になりました。

　若手研究者のポスト問題等，様々な課題を抱えつつも，大学院重点化によって多くの優秀な人材を学界に迎えたことで，学術研究は新しい活況を呈しています。これまで資料として注目されなかった非言語の事柄を扱うことで斬新な歴史的視点を拓く研究，あるいは語学的才能を駆使し多言語の資料を比較することで既存の社会観を覆そうとするものなど，これまでの研究には見られなかった溌剌とした視点や方法が，若い人々によってもたらされています。

　京都大学では，常にフロンティアに挑戦してきた百有余年の歴史の上に立ち，こうした若手研究者の優れた業績を世に出すための支援制度を設けています。プリミエ・コレクションの各巻は，いずれもこの制度のもとに刊行されるモノグラフです。「プリミエ」とは，初演を意味するフランス語「première」に由来した「初めて主役を演じる」を意味する英語ですが，本コレクションのタイトルには，初々しい若い知性のデビュー作という意味が込められています。

　地球規模の大きさ，あるいは生命史・人類史の長さを考慮して解決すべき問題に私たちが直面する今日，若き日の今西錦司が，それまでの自然科学と人文科学の強固な垣根を越えたように，本コレクションでデビューした研究が，我が国のみならず，国際的な学界において新しい学問の形を拓くことを願ってやみません。

第26代　京都大学総長　山極壽一

まえがき

　近代自然法学の創始者は一般的に，国際法の父と称されるオランダのグロティウスとされているが，17世紀ドイツの法学者プーフェンドルフはグロティウスの理論を継承・批判しつつ，三義務論（神，自己，他者への義務）を自然法学の基礎に据えた。グロティウス，プーフェンドルフの仏訳者バルベラックは18世紀ヨーロッパにおいて，自然法学に関する著作の注釈家・翻訳家として，脚光を浴びることになる。当時のヨーロッパの学問世界における共通言語がラテン語からフランス語へと移行したことにより，バルベラックによる仏訳はヨーロッパの啓蒙知識人への自然法学の普及に大きく貢献した。とりわけ，18世紀スコットランドの大学ではプーフェンドルフの『自然法にもとづく人間と市民の義務について』(1673年) やグロティウスの『戦争と平和の法』(1625年) が教科書として使われ，バルベラックによる仏訳版も参照されていた。

　バルベラックがプーフェンドルフの主著『自然法と万民法』(1672年) の「訳者序文」として書いた『道徳哲学史』(1706年) の内容は，古代のギリシャ・ローマ哲学とキリスト教思想が中心である。しかし，『道徳哲学史』に登場する（筆者にとって）未知の思想家や文献を一つ一つ調べる作業のなかで，近代ヨーロッパの学問を学ぶ上で必須の哲学史，キリスト教史，世界史に関する知識が，同書に詰まっていることに徐々に思い至るようになった。バルベラックは古代のギリシャ・ローマ哲学者の原典から引用する際に，必ずと言っていいほどギリシャ語またはラテン語の原文を注で提示し，詳細な出典を併記しているが，この点については，当時の思想家と比較しても徹底している。教父による小宗派および異端派への迫害に関する『道徳哲学史』の記述からは，（ローマ帝国の興亡の歴史とともに）キリスト教の成立と展開の歴史をたどることができる。バルベラックがどのような資料を参照したのかを知ることで，当時の学問水準についての正確な知識を得ることにもつながるだろう。『道徳哲学史』で提示された東洋・西洋における道徳科学（science des mœurs）の「歴史的・批評的解説」は，18世紀スコットランドにおいて古典派経済学の母胎となった道徳哲学（moral philosophy）（＝「人間の生き方」の学問）にも何がしかのインパクトを与えたと考えられる。

本書のタイトルである「啓発された自己愛」（amour propre éclairé）は，バルベラックがプーフェンドルフの『自然法と万民法』の訳注において，「社交性と両立可能な自己愛」を評した言葉である。キリスト教における自己愛は「七つの大罪」（the seven deadly sins）の一つである「高慢」（pride）の源泉であり，忌避されるべき対象とされていた。これに対し，バルベラックは『娯楽論』（1709年）で「人が自分自身に晒されうる苦痛を他人の中に見ていやだと思うのが，自己愛の感情である」（TJ, I, 270）と述べ，自己愛が人類愛または博愛心（philanthropy）を含むことを示唆する。このような自己愛概念は，「同一本性の一致」つまり人間はすべからく共通の本性を有するという考え方を前提としており，アリストテレスの友愛（フィリア）すなわち「相互応酬的な好意」（Aristotle, *Ethica Nicomachea*, VIII, 2／訳319）に通じるものがある。バルベラックの注釈によれば，プーフェンドルフの「自己への義務」は「自己改善の義務」（魂への配慮）と「自己保存への義務」（身体への配慮）から構成され，いずれも「啓発された自己愛」に由来する。自己保存に関して，ストア派は「生きものは，自己自身を保存することへと向かう根源的な衝動（ホルメー）をもっている」と考え，同派の第三代学頭クリュシッポスは『目的について』第1巻で「すべての生きものにとって何よりも一番に親近なもの（オイケイオン）は，自分自身の（身体）の成り立ちと，それについての意識である」と述べている（Diogenes Laertius, *Vitae philosophorum*, VII, 85／訳，（中），272）。

フーコーの『主体の解釈学（コレージュ・ド・フランス講義 1981-1982年度)』（2001年）には，古代ギリシャ・ローマの哲学者（ソクラテス，プラトン，ストア派哲学者）とキリスト教思想家（神学者，教父たち）における「自己への配慮」（epimeleia heautou/souci de soi-même）という概念の変遷・系譜が探られるなかで，その初期の肯定的側面が失われて，自己放棄の義務と他者への義務という「非・自己中心主義」的道徳が形成されていく「逆説的」な帰結が示されている（Foucault 2001, 13-15／訳15-17. 北田 2005, 91-93）。この点で聖

職者たちの逸脱した傾向を批判したバルベラックの（『道徳哲学史』と『娯楽論』を中心とする）思想とのある種の共通性を感じることもできるように思われる。ヨーロッパの思想・学問の歩みは，古代ギリシャ・ローマの哲学とキリスト教思想との相克と折衷の歴史そのものであり，これは啓蒙主義という新たな思潮へ向かうバルベラックの道徳思想においても顕著に見出されるはずである。

　日本における（ヨーロッパ）思想史研究において，ヨーロッパの思想・学問の基礎にあるキリスト教思想は，関心を持たれることが少なく，等閑視されてきた。バルベラックの『道徳哲学史』で提示されているような古代ギリシャ・ローマの哲学に関する知識が，近代・現代を問わず欧米の思想家にとって「常識」であり，哲学とキリスト教との関係の理解が，ヨーロッパ思想史を理解するうえでも重要であることは，彼らの著作からも明らかである。筆者本人はクリスチャンではないが，現今の（ヨーロッパ）思想史研究において，この二つの要素の関係を深刻にとらえる姿勢が，研究者の間でもあまり見られないように思うのは（自戒を込めて）遺憾である。バルベラックの著作は，近代社会諸科学の源泉となったモラル・サイエンスの形成過程を探究する上で，格好の材料を提供している。本書がバルベラックとその思想的文脈について読者の関心を喚起する契機になれば幸いである。

目　次

まえがき ……………………………………………………………………… iii
凡例 ………………………………………………………………………… xii

序章　キリスト教的人間像の変遷と道徳哲学 ……………………… 1

Ⅰ　バルベラックとその時代——自然法学とスコットランド啓蒙　1
Ⅱ　バルベラックはどう読まれてきたか　7
Ⅲ　本書の視点　14
　　1　啓蒙主義と「啓発された自己愛」　14
　　2　ティロットスンからアバディーン啓蒙へ——道徳哲学と「明証性の理論」　20
　　3　哲学史——コモンセンス哲学のフランスへの伝播　25

第1章　バルベラック『道徳哲学史』と自然法学 ……………… 31

Ⅰ　はじめに——スコットランド啓蒙思想とバルベラック　31
Ⅱ　バルベラックと『道徳哲学史』　33
　　1　バルベラックの生涯と著作　33
　　2　『道徳哲学史』の紹介　35
Ⅲ　『道徳哲学史』における教父批判
　　——教会史および哲学史との比較　38
　　1　『道徳哲学史』と教会史　38
　　2　『道徳哲学史』と哲学史　41
　　3　『道徳哲学史』と『自然法史』　44
　　4　聖職者批判と福音道徳　46
　　　（1）聖職者批判　46
　　　（2）福音道徳と三義務論　49

Ⅳ 『道徳哲学史』と『娯楽論』 51
        Ⅴ おわりに 55

第2章　バルベラック『娯楽論』研究序説──福音道徳と理性 …………………………………………………… 59

        Ⅰ はじめに 59
        Ⅱ 「善悪無記の事物」としての娯楽 61
            1 バルベラックの娯楽観 61
            2 労働と娯楽 63
            3 使用と誤用の区別 66
            4 聖書における娯楽 67
        Ⅲ 福音道徳と理性 69
        Ⅳ 節制・正義・信仰心の義務 72
        Ⅴ 節制と欲望 74
        Ⅵ 自己評価と「キリスト教の謙遜」 76
        Ⅶ 自己評価論とキリスト教的人間像 81
            1 ロックにおける「世論ないし世評の法」 81
            2 ニコルとバルベラックの自己評価論 84
        Ⅷ おわりに──「真のキリスト教徒」と『娯楽論』 90

第3章　バルベラックの「啓発された自己愛」…………………… 93

        Ⅰ はじめに 93
        Ⅱ プーフェンドルフの自然状態論 95
            1 ホッブズへの反論 95
            2 スピノザへの反論 97
            3 自然状態における「正しい理性」 99

Ⅲ 「正しい理性」と「啓発された自己愛」 101
　　1 自然法と「正しい理性」 101
　　2 社交性と「啓発された自己愛」 102
Ⅳ 「自己への義務」と「啓発された自己愛」 108
Ⅴ おわりに──バルベラックとニコルの自己愛概念 114

第4章 ティロットスンのキリスト教的人間像（感覚・理性・信仰）──バルベラックの思想との関連性をめぐって … 119

Ⅰ はじめに 119
Ⅱ バルベラックのキリスト教的人間像 120
　　1 洗練可能な人間本性 120
　　2 理性への信頼──懐疑論批判 122
Ⅲ ティロットスンのキリスト教的人間像──感覚・理性・信仰 123
　　1 神からの賜物としての感覚と理性 123
　　2 感覚と信仰 125
　　　（1） 感覚の確実性──実体変化批判をめぐって 125
　　　（2） 実体変化批判の反響 126
　　　（3） ティロットスンの信仰概念 130
　　　（4） 聖書における信仰と感覚 135
　　3 理性と信仰 137
　　　（1） 理性の光と信仰の光の一致 138
　　　（2） 合理的な宗教と教父への評価 140
　　4 感覚と理性
　　　　──ティロットスンとケンブリッジ・プラトニスト 142
Ⅳ おわりに 146

第5章 「直観」の哲学史——「道徳科学」と「精神哲学」… 149

- Ⅰ はじめに 149
- Ⅱ ビーティとキャンブルの明証論——直観と常識 151
  - 1 ビーティの道徳哲学体系 151
  - 2 ビーティの明証論 156
  - 3 キャンブルの明証論 160
  - 4 ビーティとキャンブルの明証論の比較 166
- Ⅲ ヒューム批判と直観的原理
  ——キャンブル，ビーティ，リードを中心に 166
  - 1 ヒュームの奇跡論への批判——証言と経験 166
  - 2 直観的原理と「信じやすさ」 168
  - 3 ビーティの懐疑論批判 170
  - 4 リードの観念理論批判 173
- Ⅳ プレヴォとドゥーガルド・ステュアートのカント解釈 179
  - 1 プレヴォの経歴と著作活動 180
  - 2 プレヴォの『近代哲学三学派』——カント哲学の紹介 182
    - （1） スコットランド学派 183
    - （2） フランス学派 186
    - （3） ドイツ学派 187
  - 3 ドゥーガルド・ステュアートのカント解釈
    ——カドワースとの類似性の指摘 190
- Ⅴ おわりに 197

終章　スコットランド哲学のフランスへの伝播
　　　　——ジェランド『哲学体系比較史』をめぐって ……… 201

付録 *1*　バルベラックの著作目録 …………………………………… 213

付録 *2*　ブッデウス『自然法史』（ジョンスン版）……………… 223

付録 *3*　ティロットスン著作集と仏訳版における
　　　　説教の収録順 …………………………………………………… 227

付録 *4*　ジョゼフ＝マリ・ドゥ・ジェランド『哲学体系比較史
　　　　——人知原理との関連性』……………………………………… 241

参考文献 ……………………………………………………………… 255
あとがき ……………………………………………………………… 283
索引（人名・事項）………………………………………………… 287

凡　例

1. 引用の訳文については，原文においてイタリック，大文字（例えば，*Jurisprudence Naturelle*，LOUABLE）で表記されている単語に傍点を付した。ただし，引用文，固有名詞，著作の題名および章題等を除く。冒頭のみが大文字の単語（例えば，God, Divinité）については，傍点を付していない。
2. 邦訳からの引用に際して，訳者自身が付した括弧については〔　〕で示し，引用者が追加した括弧については［　］で示した。
3. 外国語の日本語表記については，原則として現地発音を採用した。ただし，慣例的な読み方を採用したものもある。また，ギリシャ語，ラテン語の母音の長音は原則として無視した。
4. 参考文献において，古代および中世の著作については，初版の出版年を記載していない。また，翻訳書の出版年については，その初版年のみを挙げ，原典の初版年は記載していない。
5. 略号については，本書巻末の参考文献の冒頭に記した。
6. 外国語の綴りについて，現行の表記と異なるものには *sic* を付したが，書誌情報においてはこの限りではない。
7. ギリシャ語表記の人名は，原則としてラテン語または英語表記に変更したが，一部例外もある。

序章

キリスト教的人間像の
変遷と道徳哲学

I　バルベラックとその時代──自然法学とスコットランド啓蒙

　ジャン・バルベラック（Jean Barbeyrac, 1674-1744）は，フランス南部のカルヴァン派牧師の息子として生まれたユグノーの知識人であり，ザームエル・フォン・プーフェンドルフ（Samuel von Pufendorf, 1632-1694）やフーゴー・グロティウス（Hugo Grotius, 1583-1645）といった17世紀の主要な大陸自然法学者の著作の仏訳者として知られている。ホーコンセンは「18世紀道徳哲学の重要な部分が，フーゴー・グロティウス以後のプロテスタンティズムにおいて発展した自然法理論の多大な影響を受けた」[1]ことを指摘している。グロティウスの『戦争と平和の法』（1625年）において誕生した自然法学（natural jurisprudence）は，17世紀後半から18世紀を通じてヨーロッパのプロテスタント諸国に共通するアカデミックな主題であった[2]。グロティウス以後の自然法学に関する議論を簡素化し，それを18世紀の道徳思想──とりわけガーショム・カーマイクル（Gershom Carmichael, 1672-1729）とフランシス・ハチスン（Francis Hutcheson, 1694-1746）──へ継承することに最も貢献したのが，バルベラックによるグロティウス，プーフェンドルフの著作の仏訳版である[3]。

　18世紀スコットランドのグラーズゴウ，エディンバラ，アバディーンの

---

1)　Haakonssen 1996, 1.
2)　Reid［1788］2010, 288, editors' note 16.
3)　Haakonssen 1996, 59.

大学都市を中心に活躍した知識人の著作は，ブリテンのみならず，フランス語やドイツ語等の各国語に翻訳されてヨーロッパ大陸の思想に影響を与え，またアメリカでも出版された[4]。これらの知識人は「スコットランド学派」を形成し，その知的活動を指して「スコットランド啓蒙」と呼ばれている[5]。スコットランド知識人の著作を多数仏訳したジュネーヴの知識人ピエール・プレヴォ(Pierre Prévost, 1751-1839)は，アダム・スミス(Adam Smith, 1723-1790)の遺稿集『哲学論文集』(1795年) の仏訳版 (1797年) に記した訳者解説 (『近代哲学三学派』) において，ハチスンをスコットランド学派の創始者として定め[6]，スミス，デイヴィッド・ヒューム (David Hume, 1711-1776)，トマス・リード (Thomas Reid, 1710-1796)，ジェイムズ・ビーティ (James Beattie, 1735-1803)，アダム・ファーガスン (Adam Ferguson, 1723-1816)，ドゥーガルド・ステュアート (Dugald Stewart, 1753-1828) 等を取り上げている[7]。一方，プレヴォと親交のあったフランスの哲学史家ジョセフ＝マリ・ドゥ・ジェランド (Joseph-Marie de Gérando, 1772-1842) は『哲学体系比較史——人知原理との関連性』第2版補訂版 (1847年) で，ジョン・ロック (John Locke, 1632-1704)

---

[4] 18世紀スコットランド知識人の著作の翻訳と出版状況については，Malherbe (2003) を参照。また，スコットランド・コモンセンス学派の著作の海外 (アメリカとフランス) への普及については長尾 2004, 19-23, 篠原 2007, 320 を参照。松永 (2008) は，トマス・リードの『常識原理に基づく人間精神の研究』(1764年) が19世紀フランスの「イデオローグ」(観念学派) に対抗する「支持基盤」を提供したことについて論じている。18世紀に出版されたコモンセンス学派 (リード，ビーティ，オズワルド) のドイツ語訳とそれらのドイツ思想への影響については Kuehn (1987)，アメリカにおけるコモンセンス哲学の普及の詳細については田中 (2012) を参照。

[5] かつては「スコットランド歴史学派」，「スコットランド文芸復興」と呼ばれることもあったが，現在では「スコットランド啓蒙」という呼称が定着している (天羽 2007, 313)。シャーはスコットランド啓蒙を理解する上でのスコットランド独自の文化的伝統，法体系，学校・大学制度 (グラーズゴウ大学，エディンバラ大学，セント・アンドルーズ大学，アバディーン大学のキングズ・コリッジおよびマーシャル・コリッジ) の重要性を指摘する (Sher 1985, 10)。

[6] Prévost 1797, 232.

[7] ブローディはスコットランド啓蒙において指導的役割を果たした人物として，上記の知識人に加え，ヘンリ・ヒューム (ケイムズ卿)，ジョン・ミラー，ウィリアム・ロバートソン，ヒュー・ブレア，コリン・マクローリン，ジェイムズ・ウォット，ジョウジフ・ブラック，ジェイムズ・ハットンの名前も挙げている (Broadie 2003, 2)。スコットランド学派をより包括的に論じた文献としては，ジェイムズ・マコッシュ(James McCosh, 1811-1894) の『スコットランド哲学——ハチスンからハミルトンまでの伝記的，解説的，批評的概説』(ロンドン刊，1875年) がある。同書については，篠原 2014, 10-11 を参照。

がその祖父に仕えたシャーフツベリ（Anthony Ashley Cooper, 3rd Earl of Shaftesbury, 1671-1713）を，スコットランド学派の創始者と見なしている[8]。プレヴォとジェランドがスコットランド学派に通底する特徴として挙げているのが，フランシス・ベイコン（Francis Bacon, 1561-1626）の哲学である。プレヴォによれば，「この［スコットランド］学派の巨匠たちはベイコンの哲学が染み込んでいると思われる」[9]。ジェランドは次のように述べている。「ベイコンとロックが非常に幸運な未知を切り開いたこの島［ブリテン］における哲学の運命を，もう一度考察してみれば，これら二人の偉大な人物の庇護のもとに一つの学派が形成されていくのを見るだろう。この学派は，それが道徳に果たした貢献によるのと同様に，それが生み出した天才たちによっても有名となっているのである。私はスコットランド学派のことを言っているのである」[10]。

　グラーズゴウ大学道徳哲学講座の第五代教授（アダム・スミスの後任）に就任したコモンセンス哲学の創始者トマス・リードは，『人間の能動的力能論』（1788年）において，「道徳（morals）の直接の目的は人々の義務（duty）を教えることである。自然法学のそれは人々の権利（right）を教えることであ」[11]り，また権利と義務の関係を「貸方（credit）」と「借方（debt）」の関係に喩え，「すべての権利が［それに］対応する義務を前提とする」と述べている[12]。「権利」はラテン語ではjusであるが，ホーコンセン（およびハリス）によれば，リードのjusの定義は，ハチスンの『道徳哲学序説』（1747年）における「権利」（jus / right）の定義すなわち「法によって確立された，行為，所有，または何かを他の人々から獲得する能力あるいは要求」[13]を踏襲している[14]。

---

8) Gérando 1847, IV, 191. ジェランドのスコットランド学派の整理については，本書巻末の付録4を参照。マコッシュもジェランドと同様に，「初期スコットランド学派」（the earlier philosophic school of Scotland）に最も影響を与えた人物として，シャーフツベリを挙げている（McCosh 1875, 29）。
9) Prévost 1797, 247.
10) Gérando 1847, IV, 191.
11) Reid［1788］2010, 284.
12) Reid［1788］2010, 284.
13) Hutcheson［1747］1990, 120／訳155.
14) Reid［1788］2010, 284, editors' note 12.

すなわち，第一の権利は「自由の権利（right of liberty）」であり，第二の権利は「所有の権利（right of property）」または「対物権（real right）」，第三の権利は「対人権（personal right）」と呼ばれる[15]。そのいずれの権利にもそれに対応する義務が存在する[16]。第一の権利において，ある人物が何かを行う権利を持つときには，彼がそれを行うことを誰も妨げてはならない。第二の権利において，ある人物が所有の権利または対物権を有するものに対し，誰もその使用と享受を妨げてはならない。第三の権利において，ある人物が相手から何かを要求する権利を有するときは，相手はその要求を実行しなければならない。リードは「権利と義務の間には必然的な関係が存在するが，それら［権利と義務］は実際には同じ意味を持つ異なる表現にすぎない」[17]と述べている。

また，リードは，上記の見解に対する以下のような反論を取り上げる。「いずれの権利も義務を含むが，あらゆる義務が権利を含むわけではない。それゆえ，尽力することを要求する権利を持たない人間に対し尽力することは，私の義務である」[18]。リードによれば，この反論から導かれる結論とは，人々の権利の体系は「厳格な正義の義務」を教えてくれるが，「博愛（Humanity）と愛徳（Charity）のすべての義務」が排除されているというものである[19]。これに対しリードは，古代ギリシャ・ローマの道徳家の議論において，正義という枢要徳は「厳格な正義」よりも広い意味を持ち，「慈善（beneficence）」を含めたものとして理解されていると反駁している[20]。自然法学に関する著述家は，厳格な正義に基づく要求に「完全権（perfect rights）」という名称を与え，愛徳と博愛に基づく要求に「不完全権（imperfect rights）」という名称を与えた[21]。ホーコンセン（とハリス）は，グロティウス以降，正義は完全権の事柄と不完全権の事柄に区別されることになったと指摘している[22]。

---

15) Reid［1788］2010, 284.
16) Reid［1788］2010, 285.
17) Reid［1788］2010, 285.
18) Reid［1788］2010, 285.
19) Reid［1788］2010, 285.
20) Reid［1788］2010, 285.
21) Reid［1788］2010, 285.
22) Reid［1788］2010, 289, editors' note 17.

プーフェンドルフは『自然法にもとづく人間と市民の義務』(1673年,以下『人間と市民の義務』と略記)で正義を普遍的正義 (universal [justice]) と特殊的正義 (particular [justice]) に分類し,後者をさらに配分的正義 (distributive justice) と交換的正義 (commutative justice) に分類する[23]。プーフェンドルフは『自然法と万民法八篇』(1672年,以下『自然法と万民法』と略記)において,正義と完全権および不完全権との関係について次のように述べている。

　不完全権によってのみ誰かに行うべきこと——行為が問題になるのであれ,物が問題になるのであれ——を彼に行うとき,または,商取引に関係しない行為を他人のために行うとき,普遍的正義 (Justice Universelle) が実行される。[中略]他人のために商取引に関係する行為を行うとき,または,それらの行為によって,自らが完全権を有するものを誰かに譲渡するとき,特殊的正義 (Justice Particulière) が実行される[24]。

つまり,普遍的正義は不完全権に,特殊的正義は完全権に関わり,バルベラックは特殊的正義について「より明確には厳密な正義 (Justice Rigoureuse) と呼びうる」[25]と注釈している。

自然法学の体系を完全権と不完全権の両方を含むものと考えるリードに対し,スミスは1762年12月24日に行った「法学講義」Aノート (LJA) において,法学 (Jurisprudence)[26]を(交換的正義にかかわる)完全権に限定する一方,(分配的正義にかかわる)不完全権を「良俗[道徳]の体系 (system of moralls [sic]) に属する」と定義した上で,法学から排除した[27]。スミスにおける正義と権

───────
23) Pufendorf [1673] 1927, I, 17 / II, 15-16／訳49.
24) DNG, I, 120-121. Pufendorf [1672] 1934, I, 82-83 / II, 119.
25) DNG, I, 120, §IX. note du traducteur (1).
26) スミスは「法学講義」Aノート (LJA) で,法学を「国々の統治 civil government がそれによって導かれるべき規則についての諸理論のことである」(LJA, 5／訳1) と定義し,同Bノート (LJB) では「すべての国民の法律の基礎であるべき一般諸原理を研究する学問である」(LJB, 397／訳17) と定義する。「法学講義」は司法 (Justice)・生活行政 (Police)・公収入 (Revenue)・軍備 (Arms)・国際法 (Law of Nations) から構成される (Smith 1978, 3)。スミスは『道徳感情論』初版 (1759年) で「法と統治の一般的諸原理」に関する著作を予告・約束し,同第6版改訂版 (1790年) の序文において,「諸国民の富の性質と原因にかんする研究」すなわち『国富論』(1776年) で「私はこの約束を部分的に,すくなくとも生活行政,公収入,軍備にかんするかぎり,実行した」(TMS, 3／訳,(上), 20) と述べている。

利の対応関係はプーフェンドルフとは異なっている。リードは自然法学から不完全権を排除する著述家たちに対し,「世間の最大の称賛を博する体系」は彼らの構想に従わないと批判し,その理由を次のように挙げている[28]。第一に,完全権の体系は道徳体系の目的に役立つことはできないこと,第二に,多くの場合,正義と博愛,完全権と不完全権の間に正確な制限を定めることはほとんど不可能であること,第三に,すべての文明化された国家において,博愛の義務の奨励を目的とした法律が見いだされること(人法が博愛の義務を罰則によって施行しない場合でも,褒賞によって奨励されるだろう),である[29]。

バルベラックはプーフェンドルフの『自然法と万民法』を仏訳するにあたり,副題を付け,題名を『自然法と万民法――あるいは道徳,法学および政治の最も重要な諸原理の一般的体系』とした。仏訳版『自然法と万民法』(1706年)に記された「訳者序文」(以下『道徳哲学史』と略記)において,「自・然・法・学・(Jurisprudence Naturelle)」は「道・徳・(Morale)」の一部であると説明している[30]。リードは道徳(Morals)に関して,古代ギリシャの四つの枢要徳(知恵,節制,正義,勇気)の区分[31]よりも,キリスト教著述家による三義務(神,自己,隣人に対する義務)の区分の方が適切だと主張する[32]。ホーコンセンの整理によると,リードの学問体系はニューマトロジー,倫理学,政治学に区分

---

27) LJA, 9／訳 6.
28) Reid［1788］2010, 288-289.
29) Reid［1788］2010, 289.
30) PT, cxiv／訳 387.
31) 『神学博士トマス・リード著作集』(1846年)の編者ウィリアム・ハミルトン(Sir William Hamilton, 1788-1856,エディンバラ大学論理学教授)は,枢要徳の四区分について次のような解説を加えている。「この特定の四区分は,ストア派によって導入され,のちにキケロによって採用された。しかし,基本的四徳の教義はプラトンとソクラテスにまで遡りうる。後者によれば,これらは敬虔(Piety / εὐσέβεια),克己(Self-restraint / ἐγκράτεια),勇気(Fortitude / ἀνδρεία),および正義(Justice / δικαιοσύνη)であり,前者によれば,知恵(Wisdom / σοφία),節制(Temperance / σωφροσύνη),勇気(Fortitude / ἀνδρεία),および正義(Justice / δικαιοσύνη)である。アリストテレスはそのような整理を好まなかった」(Reid 1846, 642, editor's note)。ハミルトンの解説によれば,プラトンの「知恵」に相当する部分にソクラテスの区分では「敬虔」があげられている。バルベラックが『道徳哲学史』でソクラテスの思想に「神への義務」との類似点を見いだそうとしていたこと(PT, lxxxii／訳 239)を考慮に入れると,このハミルトンの指摘は興味深い論点につながる可能性がある。
32) Reid［1788］2010, 282.

され，その中の倫理学は「理論倫理学（Speculative Ethics）」（＝「道徳の理論［Theory of Morals］」）と「実践倫理学（Practical Ethics）」に二分され，実践倫理学はキリスト教の三義務論（神，自己，他者への義務）を踏襲する[33]。神への義務（「われわれが最高存在［the Supreme Being］に捧げるべき義務」）には「敬虔（Piety）または自然宗教（Natural Religion）の義務」が含まれ[34]，自己への義務（「社会と関係のない単なる理性的被造物と見なされたわれわれにかかる義務」）では，知恵，節制および勇気の徳が説明されている[35]。他者への義務（「われわれが社会的被造物として他人に負っている義務」）には，正義と博愛が含まれ[36]，自然法学および万民法（Law of Nations）はこの「他者への義務」に関係する[37]。

　このような徳と義務の関係について，バルベラックは主著『娯楽論』（1709年）の中で，『新約聖書』の「テトスへの手紙」第2章第11節から，「われわれ自身に関わるすべての徳」を含むものが「節制（Tempérance）」であり，「他人に関わる徳」が「正義（Justice）」であり，「神（Divinité）を対象とする徳」が「信仰心（Piété）」であると整理する[38]。また，「この［神，自己，他人の］分類は非常に自然的であり，複数の異教徒の著者に見いだされる」[39]として，福音（「テトスへの手紙」第2章第11節）における三義務論が異教哲学者（キケロとマルクス・アウレリウス）の著作にも見られることを例証している[40]。

Ⅱ　バルベラックはどう読まれてきたか

　従来の研究において，バルベラックの思想が単独で扱われることは少なく，近代自然法思想（グロティウス，プーフェンドルフ，ライプニッツ，ホッブズ，カンバランド，ロック，ビュルラマキ，ルソー等）との比較の観点からバルベラッ

33）　Reid 2007, lxxxviii.
34）　Reid 2007, 12.
35）　Reif 2007, 12.
36）　Reid 2007, 12-13.
37）　Reid 2007, lxxxviii.
38）　TJ, I, 42-43.
39）　TJ, I, 43.
40）　DNG, I, 217, note du traducteur (1).

クに言及されている[41]。これは,バルベラックが主として大陸自然法学の仏訳者および注釈者とみなされていることとも関係があると考えられる[42]。バルベラックはグロティウスやプーフェンドルフが主張する協約(Convention)に基づく財産所有権獲得説を批判し,ロックの労働所有権論を評価している[43]。ドゥラテは『ルソーとその時代の政治学』(1950年)の中で,バルベラックが「奴隷権や所有権,抵抗権といった大部分の本質的な問題」において,ロックの見解をプーフェンドルフに対峙させたとして,バルベラックを「政治的にはロックの弟子であった」と主張している[44]。抵抗権に関して,ホーコンセンは,1685年のナント勅令廃止により亡命したユグノーの知的指導者(ピエール・ジュリュー[Pierre Jurieu, 1637-1713]やピエール・ベール[Pierre Bayle, 1647-1706])によるフランス国王への抵抗の正当性を巡る議論との関係から,バルベラックについて次のように述べている。「彼[バルベラック]こそが,絶対主義擁護の議論としての旧式のグロティウス理論を,抵抗権論の理論へと結果的に変容させた」[45]。

バルベラックは『道徳哲学史』の教父批判において,ベールの著作『〈強いて入らしめよ〉というイエス・キリストの言葉に関する哲学的註解』の第三部「聖アウグスティヌスがなせる強制的改宗勧誘員の弁明を駁す」(1687年)を援用し,「神授権(Divine Droit)によって,すべてのものは義人(Justes)または信奉者(Fidéles)のものであり,異教徒(Infidéles)は合法的に何も所有しない」[46]というアウグスティヌス(Aurelius Augustinus, 354-430)の主張を,「人間社会を完全に転覆させる恐ろしい原理」と非難する[47]。また,アウグ

---

41) バルベラックをロックの弟子と位置づけ,バルベラックがルソーに与えた影響について論じたDerathé(1950)の他,ビュルラマキの自然法学におけるバルベラックの影響に注目した種谷(1980),バルベラックによるロックの所有権起源説の説明を紹介した倉島(1983),ロック思想との関係で『道徳哲学史』に言及したShimokawa(1987)がある。バルベラックがライプニッツによる批判からプーフェンドルフを擁護した点については,Haakonssen(1996),Schneewind(1998),Hunter(2004)等を参照。
42) バルベラックによるグロティウス,プーフェンドルフ翻訳の18世紀フランス法曹界への影響について論じたものとして,大川(1996)がある。また,同論文では,バルベラックの生涯について紹介されている(大川 1996, 172-175)。
43) DJN. I, 494-495, note du traducteur (4).
44) Derathé [1950] 1970, 90／訳79.
45) ホーコンセン 2002, 85.

序　章　キリスト教的人間像の変遷と道徳哲学

スティヌスの書簡は「フランスにおける近年の迫害」──ナント勅令の廃止（フォンテーヌブロー勅令）の他，ルイ14世によるフランス国内のカルヴァン派（ユグノー）へのさまざまな圧制的勅令，カトリックへの強制的改宗勧誘員（ドラゴナード）の襲撃を指すと考えられる──を正当化するために用いられている[48]。バルベラックによれば，アウグスティヌスをはじめとする教父たちの「宗教を理由とする拘束と迫害というこの憎むべき教義」は，「良識のすべての光，自然的公正，愛，良き政治，福音精神に反する格率」であり，彼らの道徳の軽視の産物である[49]。『道徳哲学史』における上記の議論が，ホーコンセンの言う「抵抗権論の理論」に該当するかどうかに関しては，検討の余地がある。

　バルベラックをメインに論じた単著の研究文献は数が少なく[50]，主要なものとしては，1937年に出版されたローザンヌ大学法学部教授フィリプ・メランによるバルベラックの伝記がまず挙げられる[51]。同書の題名は『ジャン・

---

[46]　バルベラックはこの文章についてアウグスティヌスの書簡153（ベネディクト版，第2巻）の参照を指示している（PT, xlix, note (3) ／訳117）。『道徳哲学史』の上記の文章は，アウグスティヌスが書簡で引用した「箴言」第17章第6節（七十人訳聖書）の言葉だと思われる。「誠実な人間は全世界の富を持つが，不実な人間は一文も持たない」（*Fidelis hominis totus mundus divitiarum est, infidelis autem nec obolus. / A faithful man has a whole world of riches, but an unfaithful man does not have even a penny*）（Saint Augustine 1841-1902, II, 666. Sainte Augustine 2001-2005, II, 404）。この言葉は七十人訳聖書新英語訳では6a（第6節a）に記されており，新共同訳には訳出されていない（Pietersma and Wright 2007, 636）。アウグスティヌスは，自身が罪人のために祈り（intercession）を行ったことの是非について，アフリカの司教代理マケドニウスから413年もしくは414年に手紙（書簡152）で質問され，書簡153でマケドニウスに返答している（Sainte Augustine 2001-2005, II, 388, 390）。当該書簡の内容は異端派への論駁を意図したものではないと思われる。

[47]　PT, xlix／訳115.

[48]　PT, xlix／訳116. 16世紀以降のフランスにおいて，「ローマ皇帝によるドナトゥス派迫害を離教派を帰順させる有効適切な手段として肯定した」アウグスティヌスの書簡（紀元408年のウィンケンティウス宛の書簡と，417年頃のボニファティウス宛の書簡）の仏訳がカトリックによってプロテスタント迫害の合理化の手段として使われ，カトリックとカルヴァン派神学者の間で議論を巻き起こしたことについては，野沢 1979, 813-818を参照。これら2通の書簡は，バルベラックが用いた書簡153とは別のものである。

[49]　PT, xlix／訳116.

[50]　近年の研究では，バルベラックにおける「道徳的・市民的・宗教的権威」を主題とするビセットの研究（Bisset 2012）がある。

[51]　同書はローザンヌ大学（旧ローザンヌ・アカデミー）の創立（1537年）から400年後に出版された。

バルベラック(1674-1744)と旧ローザンヌ・アカデミーにおける法学教育の開始——自然法史への貢献』である。バルベラックは当時ローザンヌ・アカデミーに新設された法学部で初代教授(1711-1717年)，また1714年から1717年にかけて同学院長をつとめている。同書は，バルベラックの著作，書簡等の一次資料に基づき，バルベラックの生涯と著作活動を叙述した最も包括的なバルベラック研究といえる。同書に収録されたバルベラックの著作目録は，バルベラックの単著，翻訳，雑誌論文から，彼が編集に携わった『ヨーロッパ賢人著作の理論的叢書』(*Bibliothèque raisonnée des ouvrages des savants de l'Europe*)誌上に掲載された書評記事に至るまで網羅されており，バルベラックの著作活動を知る上で非常に有益である[52]。メランが作成した著作目録は，本書巻末の付録1に再録している。次に，ズィークリンデ・C・オトマーの『ベルリンと自然法のヨーロッパにおける普及——ジャン・バルベラックのプーフェンドルフの翻訳に関する文化・社会史研究と彼の読者層の分析』(Othmer 1970)が挙げられる。同書では，バルベラックの思想的背景としてのベルリンの文化論(文芸共和国，自然法思想，ソッツィーニ主義，プロイセンの宗教政策と正統派カルヴィニズムの対立)とともに，バルベラックによるプーフェンドルフの翻訳のヨーロッパへの普及について論じられている。

本書では，バルベラックの道徳思想において重要な著作である『道徳哲学史』(1706年)と『娯楽論』(1709年)を中心に，啓発的(近代的)人間像に基づくバルベラックの道徳思想とスコットランド啓蒙の思想的関連について検討する。以下では，この点に関する研究状況について概観する。

スコットランド啓蒙とバルベラックの関係に言及した研究としては，1996年に出版されたホーコンセンの『自然法と道徳哲学——グロティウスからスコットランド啓蒙へ』(Haakonssen 1996)がある[53]。ホーコンセンによれば，バルベラックによるプーフェンドルフとグロティウスの仏訳版は，これらの

---

52) Meylan 1937, 245-248.
53) バルベラックとスコットランド啓蒙の関係に言及した研究として，カーマイクルとバルベラックの交流に着目したMoore (2002)，田中(2008)，前田(2011)や，Shimokawa (2012)等がある。一方，田中(2018)はバルベラックのScience des Mœursとフランス近代思想における「習俗」との関連について検討している。バルベラックにおけるScience des Mœur概念に関しては，本書第5章を参照。

著作の英訳版の基礎となって，スコットランドで重大な影響を及ぼし，カーマイクルとハチスンにも影響を与えた[54]。ホーコンセンは18世紀の道徳思想に影響を与えたバルベラックの思想として，グロティウス以降の自然法学に関する議論の近代化と，近代懐疑論（とくにピエール・ベール）に対する論駁を挙げている[55]。

『道徳哲学史』は，1706年に出版されたプーフェンドルフの『自然法と万民法』（1672年）の仏訳版に，バルベラックが「訳者序文」として記した倫理学説史である。リチャード・タックは『自然権理論──それらの起源と展開』（1979年）の中でバルベラックの『道徳哲学史』を，プーフェンドルフの『論争の標本』（1678年），ヨハン・フランツ・ブッデウスの『自然法史』（1711年）[56]，クリスティアン・トマジウス（Christian Thomasius, 1655-1728）の『自然法史詳述』（1719年）[57]とともに，「道徳の歴史（History of Morality）」という新たなジャンルの学問史の一つに挙げている[58]。シュニウィンドは道徳哲学の起源について論じる際に，『道徳哲学史』（英訳版）の古代ギリシャ哲学（とくにピュタゴラス）に関する記述に言及しているが[59]，バルベラックの『道徳哲学史』を「現代風ではない」と評し，最初の包括的な道徳哲学史として，カール・フリードリヒ・シュトイトリン（Karl Friedrich Stäudlin, 1761-1826）の『道徳哲学史』（1822年）を挙げている[60]。他に，『道徳哲学史』とブッデウスの『自然法史』を対比したブルックの研究がある[61]。国内の研究では，前田俊文の『プーフェンドルフの政治思想──比較思想史的研究』（2004年）において『道徳哲学史』の内容が紹介されている[62]。筆者によるバルベラック『道徳哲学史』全訳が2017年に出版された。また，『道徳哲学史』に

---

54) Haakonssen 1996, 59.
55) Haakonssen 1996, 59.
56) 初版は1695年にハレで出版された。
57) トマジウスの『自然法史詳述』は，門訳のバルベラック『道徳哲学史』（2017年）では誤った書名が記されている（178, 397, 405, 409, 435頁）。この場を借りて訂正しておきたい。
58) Tuck 1979, 174.
59) Schneewind 1998, 534, 541-543／訳778, 787-789. Scheewind 2010, 115-117.
60) Schneewind 1998, 534, 543／訳778, 789.
61) Brooke 2012, 144-145. 本書の第1章を参照。
62) 前田 2004, 223-231.

おける教父批判とそれを発展させた『教父道徳論』(1728年) に関する研究として，Eijnatten (2003b) がある。野沢協は1979年の『ピエール・ベール著作集』第2巻の解説でバルベラックによるアウグスティヌス批判に言及し[63]，1984年の『ピエール・ベール著作集』第4巻 (『歴史批評辞典II』を収録) の解説で『道徳哲学史』における教父批判に注目している[64]。また，野沢による『道徳哲学史』第9章 (教父批判) のアウグスティヌスに関する記述および『教父道徳論』の抄訳が，2014年の『ピエール・ベール関連資料集』第2巻 (『寛容論争集成：下』収録) に発表されている[65]。

『道徳哲学史』とも関係の深いバルベラックの『娯楽論』(1709年) は，彼の主要業績であるプーフェンドルフの『自然法と万民法』(1672年) の仏訳 (1706年)，同『人間と市民の義務』(1673年) の仏訳 (1707年) と同様に，彼がベルリン滞在中に出版された。当時バルベラックはベルリンのコレージュ・フランセでラテン語とギリシャ語を教えていたが，これらの業績がローザンヌ大学教授職への就職につながったと考えられる[66]。ホクストラッサー (Hockstrasser 1993) は亡命ユグノーの知識人とロック等の知的交流の文脈を踏まえ，バルベラックの著作と手紙に基づき，ベールの「ピュロン主義」に対する批判 (『娯楽論』，『道徳哲学史』，雑誌記事を含む) について論じている。ベルマは16-18世紀フランスにおける娯楽研究に関する著作の中で，ラ・プラセット，ジョンクール，ティエール，トランブレらの当時の娯楽論とともに，バルベラックの『娯楽論』の内容を紹介している[67]。ベルマは「ピエール・ベールやジョン・ロックと同様に，ジャン・バルベラックにおいても道徳 (morale) は啓示に由来するのではなく，人間が自ら所有する知識に由来する」[68]と述べている。ベルマの解釈の方向性は，野沢協によるベール解釈

---

63) 野沢 1979, 921.
64) 野沢 1984, 1298-1301.
65) Barbeyrac [1706] 1712. Barbeyrac 1728.
66) パッラディーニはバルベラックの書簡に基づき，コレージュ・フランセのバルベラックへの給料未払い等により，バルベラックがベルリンでの処遇に不満を抱いていた可能性を指摘している (Palladini 2007, 307-309)。
67) Belmas 2006, 21-55. 国内の研究では『娯楽論』第1篇の内容を紹介した門 (2012) がある。また，パッラディーニは『娯楽論』出版時のベルリンの社会的状況にも言及している (Palladini 2007, 310)。

序　章　キリスト教的人間像の変遷と道徳哲学

とは異なっている。野沢によれば，ベールにとって「理性」は「道具の供給所」であり，ベールは初期の著作において自らの立場に応じて理性への態度を使い分けるプラグマティックな態度を肯定していた[69]。晩年のベールは，「理性を沈黙させてただ信仰に従わせる」[70]という徹底的な信仰絶対論(フィデイスム)を説き，ジャン・ル・クレール（Jean Le Clerc, 1657-1736）やイザーク・ジャクロ（Isaac Jacquelot, 1647-1708）といった「理性派」（rationaux）または「神学的合理主義者」に対し反対の論陣を張る「改革派中の伝統派（＝非理性派）に属する紛れもない一個の宗教論争家」[71]であった。ベールの理性に対する姿勢（信仰絶対論）は，『娯楽論』の中の「1685年以降，ベール氏が信仰の光と理性の光の間に見いだしたほとんど永続的な対立」[72]という記述からもうかがうことができる。

　バルベラックの訳業に関して，プーフェンドルフ，グロティウス，カンバランドの仏訳についてはよく知られているが，人気の説教師でラティテュディネリアン（latitudinarian）[73]のカンタベリ大主教ジョン・ティロットスン（John Tillotson, 1630-1694）の『故カンタベリ大主教ジョン・ティロットスン博士の著作集――『信仰の規準』とともに，さまざまな機会における五四の説教および論説を含む。すべてが閣下によって出版され，一巻に集成』（1696年）の仏訳に注目されることは少ない[74]。また，ティロットスン研究において，バルベラックの仏訳に言及されることはほぼ皆無といってよい[75]。ラティテュディネリアニズムのスコットランド啓蒙思想への影響という文脈でティ

---

68) Belma 2006, 55.
69) 野沢 1997, 2213.
70) 野沢 1997, 2194.
71) 野沢 1992, 1662.
72) TJ, I, 66.
73) ラティテュディネリアンの概念については，イングランド国教会内で穏健な立場を守り，理性を重視する思想傾向と定義されている（青柳 2008, 63）。また，イングランド教会がローマ・カトリック教会とプロテスタント諸教会の極端な主張を排除しつつ，〈ヴィア・メディア〉（中間の途）の立場を取った経緯については，塚田 2006, 3-5を参照。マーシャルは，ソッツィーニ主義者とは異なり，ラティテュディネリアンは説教で原罪を強調していると指摘する（Marshall 1992, 270）。
74) ティロットスン説教集のバルベラック訳に言及したものとして，以下のものが挙げられる。Meylan（1937），Hochstrasser（1993），Rosenblatt（1997），Eijnatten（2003a）。

ロットスンに言及されることはあるが[76]，ティロットスンとバルベラックの思想の関連性について本格的に論じられてはいない。

III　本書の視点

本書は，従来の研究においていわば未開拓の領域といえる，キリスト教思想の観点からのバルベラックの道徳思想およびスコットランド啓蒙におけるその思想的展開について論じる。まず，新しいキリスト教的人間像（啓発的人間像）に基づくバルベラックの道徳思想を提示する。次に，ティロットスンへの彼の共感（翻訳作業）と，感覚・理性・信仰を中心とするティロットスンのキリスト教的人間像に関する議論を通じて，バルベラックおよびティロットスンとアバディーン学派の道徳哲学体系との思想的関連について考察する。最後に，コモンセンス哲学のフランスへの伝播を踏まえ，哲学史の観点からバルベラックの『道徳哲学史』の特徴を検討する。上記の議論に基づき，バルベラック，ひいては18世紀から19世紀に至る「スコットランド学派」および「フランス学派」（とくにコンディヤック）に大きな影響を及ぼしたロックに立ち返り，彼のキリスト教的人間像を付論として提示したい。

1　啓蒙主義と「啓発された自己愛」

バルベラックの道徳思想の特徴として，キリスト教義務論の枠組みの下で「啓蒙主義」(Enlightenment)の萌芽が見られる点が挙げられる。ロイ・ポーターは『啓蒙主義』第2版（2001年）で，「『堕落』という『原罪』によって，手

[75) ティロットスン研究としては，ティロットスンの散文体に関する研究（Mackay 1952, Locke 1954, Batley 1971）がある。また，国教会聖職者アイザック・バロウ，ロバート・サウス，ティロットスンの一部の説教を編纂したSimon (1967-76) に対し，Reedyの批判的な書評（1978-1979年）が出ている。その他，Reedy (1993), Hill (2001), Rivers (2004), Dixon (2007), Kim (2008), Kim (2009), Blosser (2011), Dal Santo (2014), Dal Santo (2015), Dal Santo (2017)等の研究がある。ラティテュディネリアニズム研究においてティロットスンに言及した文献として，Marshall (1985), Spurr (1988), Rivers (1991), Griffin (1992), Spellman (1993) 等がある。国内では，高橋 (2007)，青柳 (2008) においてティロットスンの説教が紹介され，ラティテュディネリアニズム（またはラティテュード・メン）に関する研究として，鎌井 (1988)，青柳 (2008) がある。
76) Suderman 2001, 71.

の施しようもないほど欠陥があると特徴づけられる」[77] 人間本性に対するキリスト教神学の基本的な考えに，「人間の本性に対する啓蒙主義の新しいアプローチ」を対置する。啓蒙主義では「生まれもった罪深さという考え方を非科学的で，根拠がないとして切り捨て，愛や，希望や，誇り (pride) や，野心 (ambition) のような情熱 (passions) が必ずしも邪悪になったり，破壊的になったりするわけではない」[78]。キリスト教道徳においては「虚栄心 (vaine Gloire) と自己愛 (Amour Propre) への誘惑」[79] は，キリスト教における「七つの大罪」の一つである「高慢」(orgueil / pride) (＝過大な自己評価) を生み出すものとして忌避されるべき対象である。

　ジャンセニスト[80]のピエール・ニコル (Pierre Nicole, 1625-1695) は『道徳論集』(全4巻，1671-1679年) の第3巻 (1675年) に収録されたエッセイ「愛徳と自己愛について」(*De la charité et l'amour propre*) において愛徳と類似する自己愛概念を提唱した。「要するに，愛徳が正義への真摯な愛によってわれわれをすべての人々に対し誠実にするのならば，自己愛は人々の信頼を得るために同様の誠実さをわれわれに実行させるのだ」[81]。ニコルはこのような自己愛を「啓発された自己愛 (amour propre éclairé)」と呼ぶ[82]。米田昇平の解釈によれば，ニコルの道徳論では自己愛は，利益，愛されたいという願望，恐怖という三つの情念に導かれて愛徳を偽装することにより，社会秩序の維持に寄与するものとして描かれている[83]。また，ドミニーク・ヴェベール (Weber 2007) は，ニコルとアウグスティヌスの共通点として「厳格な摂

---

77) Porter［1990］2001, 17／訳 27.
78) Porter［1990］2001, 17／訳 27.
79) TJ, I, 51.
80) ジャンセニストとは，オランダのイーペル司教コルネリウス・ジャンセニウス (Cornerius Jansenius, 1585-1638. オランダ名コルネリウス・ヤンセン［Cornelius Jansen］) の遺著『アウグスティヌス』(1640年) を擁護した人々を指す。彼らの中心になったのが，神学者のアントワーヌ・アルノー (Antoine Arnauld, 1612-1694)，ニコルらであり，パスカルも協力した。ヤンセニウスの『アウグスティヌス』は，人間の自由意志よりも神の恩寵を重視し，カルヴィニズムに接近していると批判された (西川 2002, 50)。
81) "Enfin, si la charité nous rend fidèles envers tout le monde par un amour sincère de la justice, l'amour-propre nous fait pratiquer la même fidélité pour attirer la confiance des hommes" (Nicole［1675］1999, 404).
82) Nicole［1675］1999, 408.
83) 米田 2016, 37-46.

理主義 (un providentialisme strict)」[84]を挙げ，ニコルと道徳的功利主義者 (morale utilitaliste) における前提の相違を指摘している。「摂理は，愛徳によって行動する信者が，その外見または行動によって他の人々と異ならないとしても，腐敗した人々の只中で生き続けるように社会秩序を構築した。それゆえ，この世の欲情の国の只中に愛徳の国が存在するのである」[85]。しかも，「ニコルにとって，われわれが愛徳によって行動するか自己愛によって行動するかについてわれわれは無知であるということが，神の摂理の最も著しい特徴である」[86]。両者が重視するのは，「利益に立脚した社会秩序という見事な結果」[87]ではなく「動機」である。「ニコルはまさしくアウグスティヌスと同様に，すべての動きと行動は最終的に，自己愛と愛徳という互いに相容れない二つの可能な動機 (motivations) に帰着し，この動機のみが道徳的価値 (valeur morale) を決定すると考える。［中略］ニコルがアウグスティヌスに従い，自己愛と愛徳の間に見いだす一致は，それらの『結果』に関わるにすぎない」[88]。このヴェベールの主張はニコル解釈の主流とはいえないが，われわれの観点からは，とりわけバルベラックの人間像との対比で示唆に富むものである。

　バルベラックはプーフェンドルフの「社交性と両立可能な自己愛」を「啓発された自己愛 (amour propre éclairé)」と解釈する[89]。バルベラックの注釈では，プーフェンドルフの自然法は自然宗教，啓発された自己愛，社交性に基づいており，それぞれ神への義務，自己への義務，他者への義務に対応する[90]。「自己への義務」には魂への配慮に関わる「自己改善の義務」と肉体への配慮に関わる「自己保存の義務」が含まれ，いずれも「啓発された自己愛」から生じる[91]。バルベラックは『娯楽論』では「啓発された自己愛」という語を使用せず，「人が自分自身に晒されうる苦痛 (maux) を他人の中に見ていやだと思うのが，自己愛の感情である」[92]と述べている。

---

84) Weber 2007, 11.
85) Weber 2007, 11.
86) Weber 2007, 11.
87) Weber 2007, 11.
88) Weber 2007, 10.
89) DNG, I, 195, note du traducteur (5).
90) DNG, I, 195, note du traducteur (5).
91) DNG, I, 247, note du traducteur (2).

バルベラックは当時の多くの知識人と文通していた。その中にはキリスト教的人間像の面でジャンセニストと相反する立場に立つアルミニウス派[93]やラティテュディネリアン，彼らに近い思想を有する知識人が含まれている。オランダの知識人では，人間の自由意志を尊重するアルミニウス派の神学者ジャン・ル・クレールの他，ベールの後を継ぎ『文芸共和国便り』の編集人となったジャック・ベルナール（Jacque Bernard, 1658-1718），古代・中世の著作の編者で医師のテオドール・ヤンソン（Theodoor Jansson, 1657-1712），ローマ法学者ヘラルト・ノート（Gerhard Noodt, 1647-1725），イングランドでは，『ベール氏の生涯』（1732 年）の著者ピエール・デメゾ（Pierre Desmaizeaux, c. 1666-1745），ロックの著作『人間知性論』（1690 年），『教育に関する諸考察』（1693 年），『キリスト教の合理性』（1695 年）の仏訳者ピエール・コスト（Pierre Coste, 1668-1747）そしてロック[94]，フランスではジャン＝ポール・ビニョン

---

92) TJ, I, 270.
93) アルミニウス派の始祖ヤコブス・アルミニウス（Jacobus Arminius, 1560-1609）は，カルヴァンの神学に立脚しつつも，救いは神が予知される信仰によるとする「条件づき予定説」を唱えた。堕罪前予定説［人間の堕罪に関する神の決定は人類の創造と堕罪に先立つとする予定説の一種］を主張した，ライデン大学の同僚で厳格カルヴァン派のフランキスクス・ゴマルス（Franciscus Gomarus, 1563-1641）と論争した。アルミニウスの死後，彼の信奉者41名がオランダ国会に「諫責文」（Remonstrantise）を提出して弁証を図ったため，以後アルミニウス派はレモンストラント派とも呼ばれるようになった（出村 1996, 229）。レモンストラント派は「神の恵みの普遍，人間の意志の自由，宗教的寛容を主張して，正統カルヴァン派から迫害を受け」，17世紀初めからソッツィーニ派（脚注99を参照）とも交流があった（妹尾 2005, 5）。アルミニウス派とイングランドのラティテュディネリアンに共通する点として，妹尾は「反カルヴァン主義で，宗教において理性を重視するとともに，教義の正しさをめぐる難解な議論よりも愛の実践が福音に適うと考えて後者を重視し，教義，儀式にかんしてさまざまな考えの人々を入れる教会を志向する」点を挙げている（妹尾 2005, 36）。
94) E. S. ドゥ・ビア編集の『ジョン・ロック書簡集』（全8巻，オックスフォード刊，1976-1989年）には，バルベラックが晩年のロック（1702-1704年）に宛てた書簡三通（Locke 1976-1989, VII, 619-622, 727-729, VIII, 355-356）が収録されている。バルベラックは1703年1月6日付の書簡で，ロックの『教育に関する諸考察』でプーフェンドルフの『自然法と万民法』がグロティウスの『戦争と平和の法』よりも高く評価されていることを，目下仏訳している『自然法と万民法』の序文（＝『道徳哲学史』）では必ず言及する旨を予告し，その通り実行した（Locke 1976-1989, VII, 728. PT, cxx／訳411-412）。また，ビアによればロックは，バルベラックの父方の叔父でモンペリエ在住の医師シャルル・ドゥ・バルベラック（Charles de Barbeyrac, 1629-1699）と1676年1月28日までに面識をもっていた（Locke 1976-1989, I, 515, editor's note 1）。

(Jean-Paul Bignon, 1662-1743) 等がいた[95]。バルベラックは,「自由主義的プロテスタンティズム」(protestatisme libéral) の人々の間で名声を博していたティロットスンの説教集を,デメゾのつてで 1707 年に入手し後に仏訳しており[96],ラティテュディネリアンにシンパシーを抱いていたことがうかがえる。ニコルもバルベラックも「啓発された自己愛」に言及しているが,両者のキリスト教的人間像は大きく異なるものであると考えられる。

ティロットスンの説教集を英語力の向上のためにバルベラックに紹介したのは,ロックである[97]。ロックがラティテュディネリアンと知り合う契機となったのは,ロンドンの商人で慈善家のトマス・ファーミン (Thomas Firmin, 1632-1697) である。ファーミンは,ロックが仕え,また彼のパトロンでもあった[98]政治家アンソニ・アシュリ・クーパー (Anthony Ashley Cooper, 1st Earl of Shaftesbury, 1621-1683. 後の初代シャーフツベリ伯爵) の友人であり,1660 年代のロンドンで最も影響力のあるラティテュディネリアンの一人であるとともに,ソッツィーニ主義者[99]であることを公言していた[100]。ロックはロンバード街のファーミン宅でベンジャミン・ウィチコット (Benjamin Whichcote, 1609

---

95) Meylan 1937, 63.
96) Meylan 1937, 65.
97) Hockstrasser 1993, 300, note 41.
98) 1666 年夏,ロックは大蔵大臣のアシュリ卿と出会い,翌年彼の邸宅エクセタ・ハウスに移り住むが,使用人として雇用されたわけではない (Woolhouse 2007, 79)。
99) 宗教改革後,イタリア,スイス,ドイツ,ポーランドで起こった反三位一体論の神学による教会運動を総称して「ソッツィーニ主義」という。ポーランドでこの派の指導的神学者であった,イタリア出身のファウスト・ソッツィーニ (Fausto Sozzini, 1539-1604) の名前に由来する (秋山 2002, 902)。ソッツィーニ主義の勃興の背景について,妹尾 (2005) は次のように述べている。「ソッツィーニ主義を作り上げた指導的な人々は,スペイン人のミカエル・セルウェトゥス Michael Servetus (Miguel Servet) (c. 1511-1553) を除けば,イタリアの知識人であった。彼らは,カトリック教会の腐敗に強い反撥を抱くと共に,聖書を唯一の根拠として,かつその上に,自分の理性を働かせて考えることによって,カトリック教会の伝統的な教義の幾つか (三位一体,キリストの贖罪など) を受け容れることができない,あるいは,誤りであると考えるようになった」(妹尾 2005, 3. 引用文を一部変更)。ソッツィーニ派の人々は,カトリック教会とカルヴァン派の人々による迫害の対象となり,とくにポーランドではイエズス会士の働きかけにより 1658 年議会の決議の結果ソッツィーニ派 (ラクフ派) が追放され,彼らはヨーロッパ各地 (トランシルヴァニア,東プロイセン,シレジア,プファルツ,ホラント,イングランド等) に亡命した (妹尾 2005, 5)。
100) Cranston 1957, 126-127.

序　章　キリスト教的人間像の変遷と道徳哲学

-1683) をはじめとするラティテュディネリアンの神学者と知遇を得たと言われている[101]。さらに，1683 年にオランダへ亡命する前から，ラティテュディネリアンのグロスタ主教エドワード・ファウラ (Edward Fowler, 1632-1714) やティロットスンとも親交があり，ティロットスンが亡くなる 1694 年にも彼の下を数回訪れている[102]。ロックは 1703 年 8 月 25 日付の書簡[103]で道徳に関する著作についてアドヴァイスする際に，ティロットスンらの説教を次のように称賛している。

> 私はあなたに『人間の全義務』(*The Whole Duty of Man*)[104] を［道徳の］秩序だった体系として推奨します。そして，あなたが道徳の種々の役割 (the Parts of Morality) についてより広大な視野をもちたいと望むなら，それらが〈イングランド国教会の実践的な神学者〉と同じくらい上手く明瞭に説明され，また堅固に補強されているのを，あなたがどこで見つけられるか私には分かりません。バロウ博士[105]，ティロットスン大主教とウィチコット博士の説教は，この種のものの中でも傑作です。その主題において優れた他の多くの人々の名前を挙げるまでもありません[106]。

さらに，ロックが 1703 年に執筆した草稿「ジェントルマン向けの読書と教育に関する考察」において，話術 (the arts of speaking) に習熟する方法は，「人間が用いる言語において最大の明瞭性と適宜性 (the greatest clearness and propriety) を伴って書かれたと認められる」[107]書物を読むこととされている。ロックは「この能力［話術］に優れた著者」としてティロットスンを挙げ，彼が出版した全著作を手本として推奨している[108]。

101) Cranston 1957, 127.
102) Marshall 1994, 373.
103) ビアはこの書簡の宛先をリチャード・キングと推測している (Locke 1976-1989, VIII, 56)。
104) イングランドの王党派の教会人で，イートン校校長をつとめたリチャード・オールストゥリ (Richard Allestree, 1621/1622-1681) の著作とされることが多い。1658 年に匿名で刊行された。
105) Isaac Barrow, 1630-1677。イングランドの聖職者，数学者。
106) Locke 1976-1989, VIII, 57.
107) Locke 1997, 350-351／訳 351.
108) Locke 1997, 351／訳 351。ティロットスンの多くの説教または説教集がロックの蔵書 (2902-2920a) に収められている (Harrison and Laslett 1965, 248-249)。

一方で，ロックは1675年から1679年4月までのフランス旅行中にニコルの『道徳論集』に関心を持ち，1675年から1676年にかけて同書を英訳している[109]。英訳したのは，『道徳論集』の第1巻（1671年）に収録された「人間の無力さについて」と「人々との平和を維持する方法について」，第2巻（1671年）に収録された「神の存在と魂の不死の自然的証拠についての簡略な論説」の計3篇のエッセイおよび論説である[110]。英訳版の冒頭には初代シャーフツベリ伯爵夫人マーガレット（Lady Margaret Ashley Cooper, Countess of Shaftesbury, 1627–1698）への献辞が掲載されているが，同訳は出版されていない。ジョン・マーシャルは『ジョン・ロック――抵抗，宗教および責任』（Marshall 1994）で，ニコルの『道徳論集』がロックに与えた影響を検証し，ロックの思想に「腐敗した人間本性」と「原罪」を見いだそうとしている[111]。バルベラックにおける道徳思想と啓蒙主義の関連を検討する上で，バルベラック（プーフェンドルフ），ニコル，ロックの各々の自己愛概念をめぐって，彼らのキリスト教的人間像の特徴を把握することが必要であると考えられる。

2　ティロットスンからアバディーン啓蒙へ
――道徳哲学と「明証性の理論」

　『道徳哲学史』の主要部分は，聖職者（とくに教父）批判と，東洋および西洋の「俗人」（古代ギリシャ詩人から17世紀の道徳学者まで）による「道徳科学」（science des mœurs. 1729年の英訳版ではScience of Morality）の展開過程から構成される。バルベラックは「道徳科学」を「道徳科学や，道徳（Morale）という名称で一般に呼ばれているものだけでなく，自然法と政治学，つまり人が自らの状態と境遇に応じてどのように振舞うべきかを知るために必要なすべ

---

109)　Yolton 2000, vii. Marshall 1994, 131.
110)　ニコルの『道徳論集』のさまざまな版がロックの蔵書（2040, 2040a, 2040b）に収められている（Harrison and Laslett 1965, 192）。
111)　Marshall 1994, 132-133. ポール＝ロワイヤリスト（アルノー，ニコル，パスカル）のロックへの影響について論じたMcKenna（1990），瀧田（2007），主としてロックの政治論に対するニコルの影響について論じたKelly（2011）等がある。また，ロックを啓蒙思想の先駆者と見なし，彼の思想の全体像を検討した研究としては，生越（2015）がある。

てのもの」[112]と定義している。*Oxford English Dictionary* によれば，「道徳哲学」(moral philosophy) は「倫理学」(Ethics) すなわち「徳と悪徳，正邪の規準，個別の種類の行為についての正邪，有徳な性格の育成のために採用される方法等を扱う哲学の部門」を意味するが，以前には心理学 (psychology) と形而上学 (metaphysics) を含むものとして，広義に用いられた。

　アバディーン大学マーシャル・コリッジの道徳哲学・論理学教授ジェイムズ・ビーティは，自らの講義をまとめた『道徳科学要綱』(*Elements of moral science*, 2 vols. 1790-1793) において，「人知」の一分野である哲学を，「物体の哲学」(Philosophy of body) と「霊または精神の哲学」(Philosophy of spirit or mind) (=抽象的哲学または広義の道徳哲学) に区分する[113]。後者のうち思弁的部門がニューマトロジー (Pneumatology) (=自然神学と人間精神の分析) であり，実践的部門は，道徳的力能の改善を目的とする (厳密な呼称の) 道徳哲学 (倫理学，家政学，政治学) と，知的力能の改善を目的とする論理学 (レトリック，明証性についての所見) から成る[114]。ビーティの精神哲学の区分は，ホーコンセンが整理したリードの哲学体系 (ニューマトロジー，実践倫理学，政治学) と類似する。また，ビーティの主著『真理の本性と不変性──詭弁および懐疑論への反駁』(1770年，以下『真理論』と略記)[115]は，人間精神の分析 (心理学) と論理学 (明証性に関する議論) について論じており，広義の道徳哲学に属する。同書の第2部第2章第1節の近代懐疑論 (デカルト[116]，マルブランシュ[117]，ロック，バークリ[118]，ヒューム) への批判は，リードの「観念理論」

---

112)　PT, xvi, note (b) ／訳 3.
113)　Beattie [1790-1793] 1974-1975, I, xiii.
114)　Beattie [1790-1793] 1974-1975, I, xiii-xv.
115)　ビーティ研究としては，『真理論』を主題とした Phillipson (1978) がある。また，ジェイムズ・ステュアート (Sir James Denham Steuart, 1712-1780) のビーティ批判の著作「ビーティ博士の『真理の本質と不変性についての一試論』第2版，エディンバラ1771年についての諸考察」が川久保晃志によって邦訳され (Steuart 1805)，同書の訳者解説 (川久保1989) が発表されている。他に，Wood (2012) には，ドゥーガルド・ステュアートが，『ジェイムズ・ビーティの生涯と著作』(1806年) の出版に向けて準備していたウィリアム・フォーブズ卿に宛てた，『真理論』を批判する内容の手紙 (1805-1806年) が翻刻されている。この手紙については Sher and Wood (2012) を参照。
116)　René Descartes, 1596-1650.
117)　Nicholas de Malebranche, 1638-1715. フランスの哲学者，カトリック司祭。

批判の影響を受けたものと考えられる。ビーティとリードは，アバディーン啓蒙[119]の中核を担う「アバディーン哲学協会」(Aberdeen Philosophical Society, 1758-1773) の会員である。

　別名「賢人クラブ」(Wise Club) とも呼ばれるアバディーン哲学協会は、「哲学クラブ」(Philosophical Club, 1736-1737。当時アバディーン大学マーシャル・コリッジの司書であったリードによって設立) と「神学クラブ」(Theological Club. 1742年にジョージ・キャンブルらによって設立) を前身としていた[120]。アバディーン哲学協会の設立メンバーは，ジョージ・キャンブル (George Campbell, 1719-1796. 牧師，1759 年マーシャルの学長就任，後神学教授)，ジョン・グレゴリ (John Gregory, 1724-1773. キンズズの医師，後にエディンバラ大学医療実務教授)，リード (キングズのリージェント [教授制度確立以前の哲学全科担当教員])，デイヴィッド・スキーン (David Skene, 1731-1770. 医学教授，マーシャルの学部長)，ジョン・ステュアート (John Stewart, c. 1708-1766. マーシャルの数学教授)，ロバート・トレイル (Robert Traill, 1720-1775. 牧師，グラーズゴウ大学東洋語教授，後神学教授) の 6 名である。その後，1758 年中にジョン・ファーカー (John Farquhar, 1732-1768. 牧師)，アレグザンダ・ジェラード (Alexander Gerard, 1728-1795. マーシャルの論理学・道徳哲学教授，後神学教授)，トマス・ゴードン (Thomas Gordon, 1714-1797. キングズのリージェント)，ジョン・ロス (John Ross, c. 1730-c.1780. キングズのヘブライ語教授) の 4 名が会員に選ばれ，1761 年以後ジェイムズ・ビーティ (マーシャルの論理学・道徳哲学教授，ジェラードの後任)，ジョージ・スキーン (George Skene, 1742-1803. マーシャルの自然哲学教授)，ウィリアム・オグルヴィ (William Ogilvie, 1736-1819. キングズのリージェント，リードの後任)，ジェイムズ・ダンバー (James Dunbar, 1742-1798. キングズのリージェント)，ウィリアム・トレイル (William Traill, 1746-1831. 牧師，マーシャルの数学教授) が会

---

118) George Berkeley, 1685-1753. アイルランドの哲学者，聖職者。『視覚新論』(1709 年)，『人知原理論』(1710 年) 等を著す。
119) ジョージ・ターンブル (George Turnbull, 1710-1748) は，リードの教師 (リージェント) であったことから，アバディーン啓蒙の父と呼ばれることがある (水田 2009, 332)。リードはターンブルによって「精神の科学」(the science of the mind) に経験論的アプローチを適用するように導かれた (Wood 2004, 414)。
120) Ulman 1990, 16.

員に選ばれた。また、名誉会員にジェイムズ・トレイル (James Traill, d. 1783. ダウン・アンド・コナー司教) が選ばれている[121]。会員の多くをアバディーン大学の二つのコリッジ、マーシャル・コリッジとキングズ・コリッジの教授が占めていた。

アバディーン哲学協会の定例会で取り上げられるテーマは、「哲学的なもの (Philosophical matters)」に限定されており、その内容は「人間精神もしくは物質世界いずれかの諸現象からの正当で合法的な機能によって演繹される学問原理、そのような帰納のために材料を提供しうるようなすべての観察と実験、誤った哲学体系および誤った哲学方法の検討、技術に対する哲学の貢献、技術 (Arts) が哲学から借用する諸原理と技術を完成させる諸手段」[122]についてであった。会員が出版する諸著作は、その大半が定例会で朗読され、標準英語 (イングランド語) としての文体が吟味された[123]。リードの『常識原理に基づく人間精神の研究』(1764年、以下『人間精神の研究』と略記)、キャンブルの『レトリックの哲学』(1776年) は、定例会の報告の産物であった[124]。

リードとティロットスンの関係は、リードが1751年にアバディーン大学のキングズ・コリッジのリージェントに選任される以前、ニュー・マーカーで牧師をしていた時代 (1737-1751年) に遡る。リードは1726年にマーシャル・コリッジで MA を取得後、アバディーンの牧師トマス・ブラックウェル (Thomas Blackwell, 1660?-1728)、ジェイムズ・チャーマーズの下で神学を勉強し、1732年8月から1733年4月の間、ニュー・マーカーで牧師および臨時の説教師をつとめた。1733年7月から1736年までマーシャル・コリッジの司書として勤務し、1737年2月にキングズ・コリッジからニュー・マーカーの牧師に任命された。ドゥーガルド・ステュアートの『神学博士およびエディンバラ王立協会特別会員トマス・リードの生涯と著作』(1803年、以下

---

[121] 篠原 1986, 24-25. 水田 2009, 337-338. Ulman 1990, 24-43. その他の出席者として、ジェイムズ・フォーダイス (James Fordyce, 1720-1796. 牧師) およびデイヴィッド・ステュアート・アースキン (David Steuart Erskine, 1742-1829. 第11代バカン伯爵) がいた (Ulman 1990, 43-44)。
[122] 「アバディーン哲学協会会則」第17条からの抜粋 (Ulman 1990, 78. 篠原 1986, 25)。
[123] 篠原 2007, 318.
[124] 篠原 1986, 25-26. 篠原 2007, 318.

『トマス・リードの生涯と著作』と略記）によると，リードはニュー・マーカーの牧師時代にティロットスンやイングランドの長老派牧師ジョン・エヴァンズ（John Evans, 1680?-1730）の説教を愛読していた。

　ティロットスンの議論は，感覚は「不可謬の確信」（infallible assurance）を与えず，神聖な信仰は「疑いの余地のない確信」（undoubted assurance）から構成されるとして，教皇不可謬説を批判するものである[125]。また，バルベラックは理性の光と信仰の光の一致を主張し，理性の役割を軽視する見解（懐疑論）に対して，人間の能力の不完全性を前提とした上で，人間は真理を誠実に愛する存在だと反論する[126]。両者は人間精神の諸機能の不完全性を容認する点で一致している。教皇不可謬説に関して，ロックは『人間知性論』第1巻において，「地上の論争に無謬の審判者（an infallible Judge of Controversies on Earth）がいることが人々にとって最上であり，それゆえ神の慈愛（goodness）にふさわしく，それゆえに無謬の審判者はいる」とする「ローマ派〔カトリク〔原文ママ〕教徒〕」（Romanist）の主張に対し，次のように反論している。「私は同じ理由によって，すべての人が自分自身に無謬なほうが人々にとってよいと言う。この議論の力によってすべての人がそうであるかどうかは，ローマ派の人たちに考えてもらおう。いったい，無限に賢明な神がそうなしたもうた，ゆえに最上である，そう言うのはひじょうにりっぱな議論だと，私は考える。が，私は最上と考える，ゆえに神はそうなしたもうた，そう言うのは，私たち自身の知恵についていささか自信過剰のように私には思われる」[127]。その上で，「神は人間に，知るという人間のもつ諸機能（Faculties）を授けたもうてあるので，その慈愛によって人間の心にいろいろな思念を植えつけるには忍びなかった」[128]として，人間が生得原理を持つことを否定している。人間精神が有する諸機能（感覚，理性）を「神からの賜物」と見な

---

125) Tillotson 1820, IX, 238.
126) PT, xxx／訳43-44.
127) Locke［1690, 1975］2012, 91／訳，（一），111-112。また，ロックは1661-1662年に執筆した草稿「無謬性」（Infallibility）において，「無謬の聖書解釈者」は使徒の時代から現在に至るまで存在していないと主張し，教皇不可謬説を否定する（Locke 1997, 205-206／訳72-73）。
128) Locke［1690, 1975］2012, 91／訳，（一），112.

すロックの見解は，バルベラックやティロットスンの議論の前提となっている。ティロットスンによる神からの賜物としての感覚の強調は，感覚の証言を自然の証言として重視するリードやケイムズの思想へと受け継がれてゆく[129]。リードの批判の対象は「懐疑論者」ことヒュームである[130]。ティロットスンが行った信仰の論拠の区分（感覚，経験，推論，証言）に関する議論は，アバディーン啓蒙を担った教会知識人（とりわけキャンブルとビーティ）の間で「明証性（evidence）の理論」として展開され，道徳哲学に組み込まれることになる[131]。

3　哲学史——コモンセンス哲学のフランスへの伝播

　リード，ビーティ，キャンブルの議論は「常識」（コモンセンス）という直観的原理に帰着する。リードのコモンセンス哲学の影響を受けたエディンバラ大学道徳哲学教授ドゥーガルド・ステュアートは，ヒュームの外部世界の存在に対する懐疑論の克服に努めたカントに強い関心を示すと同時に，彼の哲学をどのように評価するかという問題に直面していた。ステュアートと文通していたジュネーヴの知識人ピエール・プレヴォも，ステュアートと問題を共有していた。ステュアートはプレヴォに宛てた手紙（1798年1月5日）の中でカント哲学に関する情報提供を依頼し，ステュアートの『ヨーロッパ文芸復興以来の形而上学・倫理学および政治学の発展に関する一般的展望』（『著作集』第1巻収録，以下『近代西欧哲学史』と略記）[132]には，プレヴォが『近

---

[129] Home [1779] 1993, 250-261／訳218-227。ケイムズ，リードにおける感覚の証言，感覚の権威の強調については，篠原 1986, 229, 234 を参照。

[130] リードは『人間精神の研究』の献辞でヒュームについて次のように述べている。「あの論考［1739年に公刊された『人間本性論』］の独創的な著者［ヒューム］は，ロックがたてた諸々の原理にもとづいて懐疑主義の体系（system of scepticism）を打ちたてました。もっとも，ロック自身は懐疑主義者（sceptics）ではありませんでしたが。ともあれ，この体系によれば，あることを信じるのにはそれと反対のことを信じる以上の根拠はありません。さて，あの著者の推理は私には適正なものと思われました。したがって私にとって，その推理がもとづく原理を疑問視するか，そもそもその結論を容認するか，そのいずれかを選ぶ必要があったのです」（Reid [1764] 1997, 3-4／訳x）。

[131] キャンブルの明証論については，Suderman 2001, 92-100 において詳細な議論がなされている。また，キャンブルのレトリックに関する研究文献には，濱下（1993），Walzer（2003）がある。

代哲学三学派』(スミスの遺稿集『哲学論文集』仏訳版［1797 年］[133]の「訳者解説」)に記したカント評が引用されている。『ヨーロッパ思想史』(*History of European Ideas*)誌のドゥーガルド・ステュアート特集号に掲載されたエチェガレ,ホーコンセン,シュルツ,スタファおよびウッドの共同論文「ドゥーガルド・ステュアート,ピエール・プレヴォおよび彼らの仲間たちの書簡――1794-1829」(Etchegaray et al. 2012b)には,ジュネーヴ図書館の「ピエール・プレヴォ文書」(Fonds Pierre Prévost)に収録されているステュアート,プレヴォおよびそのサークル[134]内で交わされた 30 通以上の手紙が翻刻されている。同誌には,エチェガレ他の共同論文「ステュアート＝プレヴォ書簡の文脈」(Etchegaray et al. 2012a)と,ステュアートとプレヴォの関係およびステュアートとカントとの関係についてのレヴィ＝モルテラの論文(Levi

---

132) ステュアートの『近代西欧哲学史』(*Dissertation: exhibiting a general view of the progress of metaphysical, ethical and political philosophy, since the revival of letters in Europe.*)については,篠原 2008, 307-309, 318-326,篠原 2014, 7-10 および Bottin 2015, 450-469 を参照。『近代西欧哲学史』で示された自然法学の系譜については,篠原 1989, 209-218, 221-227,および Shinohara 2003, 183-188 を参照。また,ボッティンはステュアートの友人ジェイムズ・マキントッシュ(Sir James Mackintosh of Kyllachy, 1765-1832)が,『エディンバラ評論』1816 年 9 月号および 1822 年 10 月号に寄稿した『近代西欧哲学史』の第 1 部(1815 年)と第 2 部(1821 年)の書評の内容について紹介している(Bottin 2015, 470-471)。『エディンバラ評論』の主要な寄稿者であったマキントッシュの経歴については,Winch 1983, 45／訳 40-41 を参照。ステュアートの生前に発表された『近代西欧哲学史』の第 1-2 部について,ジャン・アレクサンドル・ビュション(Jean Alexandre Buchon, 1791-1849)による仏訳(全 3 巻,Stewart 1820-1823)が,1820-1823 年にパリで出版されている(Jessop [1938] 1983, 179)。仏訳版第 2 巻にはステュアートの『哲学論文集』(1810 年)第 1 部第 1 論文(「人知の起源に関するロックの説明と,彼の数名の後継者たちの教義へのその影響について」)の仏訳が,同第 3 巻にはクザンの「道徳哲学素描」(1817 年に『賢人雑誌』誌上で発表された 4 論文)と,1816 年に書かれた匿名の人物による「考察」(Réflexions aphoristiques)が,補遺として収録されている。ビュションが仏訳版第 1 巻に序文として執筆した「序論」(Discours préliminaire)は,フランスでのステュアートの名声を確立するのに貢献したが,「序論」の大半がマキントッシュの書評に由来するということである(Bottin 2015, 471)。

133) プレヴォによるスミス『哲学論文集』の仏訳については,Faccarello and Steiner 2002, 62-63 を参照。

134) ジョゼフ＝マリ・ドゥ・ジェランド(またはドゥジェランド),スタール夫人,アレグザンダ・マーセット(Alexander John Gaspard Marcet, 1770-1822),ステュアートの後妻ヘレン・ダーシー・ステュアート(Helen D'Arcy Stewart, 1765-1838)とその継子マシュー・ステュアート(Matthew Stewart, 1784-1851),プレヴォの息子アレクサンドル・ルイ・プレヴォ(Alexandre Louis Prévost, 1788-1826)が含まれる。ヘレン・ダーシー・ステュアートについては,Macintyre 2003, 76-241 *passim.* を参照。

Mortera 2012）も掲載されている。『近代哲学三学派』に関して，シュルツはプレヴォによる学派の区分（スコットランド学派，フランス学派，ドイツ学派）の独自性について主張している[135]。国内の研究では，喜多見洋の「ピエール・プレヴォの経済思想」（2015 年）においてプレヴォのスミス遺稿集翻訳・訳者解説（『近代哲学三学派』）に言及されている[136]。

　シュルツは『バンジャマン・コンスタン年報』に掲載された論文「スコットランド学派とフランス語で書かれた哲学——ピエール・プレヴォ（ジュネーヴ，1751-1839）の役割」（Schulthess 1996）において，スコットランド哲学のフランスへの伝播に果たしたプレヴォの役割の重要性について，プレヴォとステュアートおよびジェランドとの書簡，プレヴォの友人マルク＝オーギュスト・ピクテ（Marc-Auguste Pictet, 1752-1825）とフランスの哲学者ピエール＝ポール・ロワイエ＝コラール（Pierre-Paul Royer-Collard, 1763-1845）との交友関係から論証を試みている。ロワイエ＝コラールはリード哲学のフランスへの紹介者として知られ，彼の弟子ヴィクトール・クザン（Victor Cousin, 1792-1867）の影響を受けたテオドール・シモン・ジュフロワ（Théodore Simon Jouffroy, 1796-1842）は，ステュアートの『道徳哲学概略』の仏訳（パリ刊，1826 年）と『トマス・リード著作集』の仏訳（全 6 巻，パリ刊，1828-1836 年）を出版し，フランスへのスコットランドのコモンセンス哲学の紹介に努めた[137]。

　デステュト・ドゥ・トラシ（Antoine Louis Claude Destutt, comte de Tracy, 1754-1836）が創始したフランスのイデオロジ（観念学）は，ロック哲学における「反省の機能」を無視したエティエンヌ・ボノ・ドゥ・コンディヤック（Étienne Bonnot de Condillac, 1715-1780）の『感覚論』に立脚している。以下の引用に見られるように，ロックにおける「新しい単純観念の基礎的源泉」としての「反省の機能」を強調するステュアートがイデオロジに批判的である

---

135) Schulthess 1996, 101.
136) 喜多見 2015, 17-18。国内のプレヴォ研究は経済思想または政治経済学に関する研究が中心である。Kitami（1999），喜多見（2005），中宮（2010），中宮（2011a），中宮（2011b），中宮（2012），喜多見（2015），Kitami（2018）を参照。
137) リードの『人間精神の研究』（1764 年）の仏訳（全 2 巻）は 1768 年にアムステルダムで出版されているが，リード哲学の全容がフランスに紹介されたのは，ジュフロワ版『リード著作集』によってである（Malherbe 2003, 305）。

のは,自然の帰結といえる[138]。

　プレヴォ氏とドゥジェランド氏の優れた著作は,哲学のこの［形而上学の］部門においてフランスにより健全な趣味を徐々に広めることが期待されうる。現時点で,かの国において「イデオロジ」(*Idéologie*) と呼ばれるものの状態を私が知る限りにおいて,［それが］私の読者の教育に対しても慰めに対しても大したものを提供するようには,私には思えない[139]。

ジェランドの『哲学体系比較史』(1804年) におけるドイツ思想,スコットランド思想,中世思想の紹介は,自らの哲学にエクレクティスム (Éclectisme)[140]の旗印を掲げたクザンにも大きな影響を与えたと言われている[141]。『哲学体系比較史』は,スコットランド学派へのベイコンおよびロックの哲学の影響を強調している点で,プレヴォの『近代哲学三学派』とも共通する。クザンと彼の弟子たちは先行世代のコンディヤック主義者たちをマテリアリスム（唯物論）であると非難し[142],普遍的原理を強調するリード＝ステュアートのコモンセンス哲学を「講座哲学」として採用した[143]。

バルベラックの『道徳哲学史』は哲学史研究において取り上げられたことはない。シュニウィンドは,ブロン,ゲルール,サンティネッロによる「哲学史の歴史」(Histoire de l'histoire de la philosophie) の研究では哲学の通史が扱

---

[138] Levi Mortera 2012, 141.
[139] Stewart 1854-1860, I, 381.
[140] クザンは『近代哲学史講義──第一シリーズ（1815-1820年講義）』新版補訂版（1846年）の緒言（1845年12月15日）で,エクレクティスムを以下のように定義している。「エクレクティスム〔折衷主義と訳されるもの〕は,あらゆるさまざまな哲学体系を通覧することから出発して,少数の原理要素を抽出しようとする。それら原理は調和しあっていると同時に対立しあっており,つねに戦争状態にありつつ,不可分である」(Cousin 1846, I, x. Lefranc［1998］2011, 32／訳47)。なお,ルフランの『十九世紀フランス哲学』(1998年) での引用文には「抽出しようとする」(ramènera) とあるが,当該箇所のクザンの原文には rappellera と記されている。ルフランによると,1829年の講義以後,「クザンはこの〈感覚主義・観念論・懐疑主義・神秘主義〉という同じ四つ組の連鎖が,古代西洋においても見出され,また同様に,古代インドにおいても,中世西洋においても,十七世紀においても見出されると考えた」(Lefranc［1998］2011, 32-33／訳47)。
[141] Lefranc［1998］2011, 20／訳29.
[142] Lefranc［1998］2011, 22／訳32.
[143] 篠原 2007, 320.

われ，(倫理学説史を含む) 個別の分野の歴史研究の登場については言及されていないと指摘している[144]。スコットランド啓蒙へのバルベラックの (『道徳哲学史』をも含む) 影響を検討するにあたり，近代哲学における「感覚」対「理性」の問題をめぐる諸議論を踏まえ，プレヴォ，ジェランドのスコットランド学派の整理と『道徳哲学史』を比較検討することが求められる。

---

144) Schneewind [1996] 2004, 837-838.

第 1 章

バルベラック『道徳哲学史』
と自然法学

I　はじめに——スコットランド啓蒙思想とバルベラック

　バルベラックは，自然法学者とりわけプーフェンドルフとグロティウスの著作の仏訳者として知られている。バルベラックの名前はグラーズゴウ大学道徳哲学講座の第二代教授フランシス・ハチスン，第四代教授アダム・スミス，第五代教授トマス・リードらの著作の他[1]，ジャン＝ジャック・ルソー（Jean-Jacques Rousseau, 1712-1778）の『社会契約論』（1762 年）でも言及されている[2]。例えば，ハチスンは『道徳哲学序説』（1747 年）でバルベラックを次のように評価している。

　　こうした［道徳や倫理学のような］主題を研究したことのある人ならば誰でも，倫理学の一般的教義と根拠とが上述の古典古代の人々やカンバーランド博士やシャーフツベリ卿〔の著作〕に見いだされることを知っている。また，自然法と国際法に関しては，たいていの問題が次に述べる人々の著作に見いだされることも知っている。すなわち，グロティウス，プーフェンドルフ——とくに詳しい注釈がついているバルベイラックの仏訳版——，ハリントン[3]，ロック，ビンカーショーク[4]などである。さらに，バ

---

[1]　前田俊文は，カーマイクルがプーフェンドルフの『人間と市民の義務』を，バルベラックによる同書の注釈版の出版（1707 年）以前に倫理学講義のテキストに選定していたことを指摘している（前田 2011, 58）。
[2]　ルソーはグロティウスの『戦争と平和の法』の仏訳者としてバルベラックに言及している（Rousseau 1762, 60-61／訳，45-46）。バルベラックがルソーに与えた影響については Derathé 1950, 89-92／訳 78-81 を参照。

31

ルベイラックの注釈には，個々の細かい論題について詳しい論文を発表したおもな著者たちが載っている。そうした論点についてもっと詳しい議論を知りたい人は，この著者たちにあたらねばならない[5]。

　リードの哲学体系では，自然法学は正義の徳と博愛の徳を含む「他者への義務」に相当する[6]。リードは自然法学に関する著者として，グロティウス，ホッブズ，セルデン[7]，プーフェンドルフ，グロティウスとプーフェンドルフの注釈者バルベラック，プーフェンドルフの注釈者カーマイクル，ロック，ホウドリ[8]，ハチスン，ビュルラマキ[9]，ヴァッテル[10]，コクツェーユス［コクツェイ］を挙げている。ここに列記されているのは「法学において不完全権を論じる」人々であり，法学体系から不完全権を除外したスミスの名前はない[11]。

　なお，スミスは道徳哲学の有用な部分として法学と倫理学を挙げ，決疑論を否定的に捉える[12]。そして，決疑論者を二派に区分し，一方の派にキケロ，プーフェンドルフ，バルベラック，ハチスンを，他方に古代の若干の教父（アウグスティヌス）やコペンハーゲンのフランス人教会牧師ジャン・ラ・プラセット（Jean La Placette, 1639-1718）らを対置する[13]。スミスのバルベラック理解に関しては，今後の研究の進展を待たねばならない。

　本章はまず，バルベラックの生涯と『道徳哲学史』を紹介し，『道徳哲学史』で参照された哲学史や教会史との比較検討を通じて，バルベラックの教父批判の特徴とその内容を明らかにする。次に，『道徳哲学史』と『娯楽論』

---

3) James Harrington, 1611-1677. イングランドの政治思想家。『オシアナ』（1656 年）を著す。
4) Cornelis van Bynkershoek, 1673-1743. オランダの法学者。
5) Hutcheson［1747］1990, iii-iv. 訳 10.
6) Reid 2007, 96.
7) John Selden, 1584-1654. イングランドの法学者，政治家，歴史家。
8) Benjamin Hoadly, 1676-1761. イングランドの聖職者。
9) Jean-Jacques Burlamaqui, 1694-1748. スイスの政治理論家。
10) Emer de Vattel, 1714-1767. スイスの国際法学者。
11) Reid 2007, 96. スミスは法学において「完全権および交換的正義とよばれるものに論述を完全に限定する」と断言している（LJA, 9／訳 6）。
12) TMS, 340／訳，（下），396.
13) TMS, 331／訳，（下），374-375.

における福音道徳と三義務論の関係について論じる。最後に，グラーズゴウ大学道徳哲学講座の系譜における（三義務論に関する）アダム・スミスの独自性について触れたい。

II　バルベラックと『道徳哲学史』

1　バルベラックの生涯と著作

　バルベラックは1674年3月15日フランス南部のラングドック地方の村ベジエ（Béziers）に生まれた。父親のアントワーヌは同村のカルヴァン派教会で牧師をつとめ，長男のジャンを聖職の道に進ませる心積もりでいた。ベジエにはローマ・カトリックの学校しかなく，バルベラックはモンタニャック，モンペリエのプロテスタントの寄宿学校で学んだ[14]。1685年末に，フランス国内のカルヴァン派（ユグノー）の信仰・礼拝の自由と公職就任を認めたナント王令の廃止により，1686年バルベラック一家はジュネーヴを経由してローザンヌに出国した。バルベラックは1688年に14歳でローザンヌ・アカデミーに入学し，ギリシャ語，ヘブライ語，哲学，神学の研究に専念する[15]。ジャン＝ピエール・ドゥ・クルーザ（Jean-Pierre de Crousaz. 1663-1750）[16]が私的に開いていたプーフェンドルフの『人間と市民の義務』に関する講義にも出席している[17]。1690年に父親，翌年に母親を相次いで亡くした後，1693年にジュネーヴに移り，神学を勉強する。翌94年の大半をフランクフルト・アン・デア・オーダーで過ごし，ヴィアドリナ大学でブレーメン出身の自然法学者ハインリヒ・コクツェイ（Heinrich von Cocceji, 1644-1719）の授業を聴講した[18]。

　1697年，バルベラックが23歳のとき，ブランデンブルク選帝侯フリード

---

14) Barbeyrac 1744, 274.
15) Barbeyrac 1744, 275.
16) ローザンヌの哲学者，神学者。『古代・近代のピュロン主義の検討』（1733年）でピエール・ベールを批判した。
17) Meylan 1937, 39.
18) Meylan 1937, 45.

リヒ3世（Friedrich Ⅲ, 1657-1713. 在位1688-1713）によってベルリンのコレージュ・フランセの古代語の教師に任命される。バルベラックは牧師になることを断念し[19]，法学の研究に打ち込んだ。1702年，コレージュ・フランセの哲学教授エティエンヌ・ショヴァン（Etienne Chauvin, 1640-1725）の娘エレーヌと結婚する。1706年，最初の大きな業績であるプーフェンドルフの『自然法と万民法』の仏訳を出版し，翌年，同著者の『人間と市民の義務』とオランダのローマ法学者ヘラルト・ノートの『講話二篇——主権者の権力について，および，良心の自由について』の仏訳[20]を出版する。自然法に関する著作の翻訳の他，ラティテュディネリアンのカンタベリ大主教ジョン・ティロットスンの『五四説教集』の一部を仏訳し，5巻（1708，1709，1711，1713，1716年）を出版している[21]。また，1709年に出版された自著『娯楽論』は反響を呼んだ[22]。同年の『精選文庫』第17巻（記事7）には，バルベラックによるルクレティウス『著作集』新版の企画構想が掲載されている[23]。

　1711年，バルベラックはローザンヌ・アカデミーに新設された法学および歴史学教授に就任し，1713年にベルリン王立科学協会会員に選出される。1714年から3年間，ローザンヌ・アカデミー学院長をつとめた後，1717年

---

19) その背景として，ベルリンのフランス人教会の牧師たちとバルベラックの間に確執があったことをメランは指摘している（Meylan 1937, 47-51）。
20) 野沢協編訳『ピエール・ベール関連資料集・補巻』に，バルベラック訳の『講話二篇』（1707年）の邦訳が収録されている（Noodt 1707）。
21) バルベラックが翻訳したのは，ティロットスンの『五四説教集』(*The Works of the Most Reverend Dr. John Tillotson, late Lord Archbishop of Canterbury : containing fifty four sermons and discourses, on several occasions*. London, 1696）に収録された説教のうち，説教1から説教44である。また，『五四説教集』に未収録のギルバート・バーネット（Gilbert Burnet, 1643-1715. スコットランド出身の聖職者，歴史家）によるティロットスン追悼演説（1694年11月30日）も翻訳している（仏訳版『説教集』第1巻に収録）。1726年に出版された仏訳版『説教集』の第6巻（説教45—説教54を収録）では，バルベラックが行ったのは修正のみで，本文の翻訳と訳者序文は別人（匿名）が担当した。その後，生前未刊行の説教を収録した『二〇〇説教集』(*The Works of the Most Reverend Dr. John Tillotson, late Lord Archbishop of Canterbury : containing two hundred sermons and discourses, on several occasions. To which are annexed, Prayers composed by him for his own use : A Discourse to his servants before the sacrament : and a Form of prayers composed by him, for the use of King William*. 2 vols. London, 1712）の説教105—説教119（訳者はC. L. ドゥ・ボゾブル）と，説教120—説教134，説教140および説教158（訳者不明）の仏訳版（2巻）が出版された。

にフローニンゲン大学の公法・私法教授の職に就任した。フローニンゲンに移った後、1720 年に自らが編集したグロティウス『戦争と平和の法』のラテン語版、1724 年に同書の仏訳版を出版した。その他、『教父道徳論』（1728 年）、『古代の論説の歴史』（全 2 巻、1739 年）、イングランドのピータバラ主教リチャード・カンバランド（Richard Cumberland, 1631-1718）の『自然法論』の仏訳（1744 年）等を出版し、『ヨーロッパ賢人の著作についての理論的文庫』等の雑誌に多数の記事を執筆した。1744 年 5 月 3 日に 70 歳で生涯を閉じている。

2 『道徳哲学史』の紹介

『道徳哲学史』はドイツの法学者プーフェンドルフの著作『自然法と万民法』（全 8 篇、1672 年）の仏訳版に、バルベラックが「訳者序文」として記した倫理学説史である。バルベラックによる『自然法と万民法』の仏訳版の各版の出版年、出版地、巻数、判を以下に掲げる。

初版：1706 年、アムステルダム刊、全 2 巻、4 折判。
第 2 版：1712 年、アムステルダム刊、全 2 巻、4 折判。
第 3 版：1712 年、パリ刊、巻数不明、4 折判（第 2 版の海賊版として出版）[24]。
第 4 版：1732 年、バーゼル刊、全 2 巻、4 折判。
第 5 版：1734 年、アムステルダム刊、全 2 巻、4 折判（生前最後の改訂版）。
新版：1740 年、ロンドン刊、全 3 巻、4 折判。

---

22) バルベラックの『自伝』において、「世紀の英雄」ことオーストリアの軍人サヴォイア公オイゲン（オイゲン・フランツ・フォン・ザヴォイエン＝カリグナン［Eugen Franz von Savoyen-Carignan］、1663-1736）が『娯楽論』に強い関心を示したことが記されている（Barbeyrac 1744, 277）。このことはバルベラックがある牧師（パッラディーニはマルカート・ルートヴィヒ・フォン・プリンツェンと推定している）に宛てた 1710 年 10 月 2 日の手紙でも言及されている（Palladini 2007, 309-310）。また、1712 年から 1714 年にかけて、『娯楽論』批判に対する応答として『賢人雑誌』に論文を 3 本発表し、『運の本性について』（1714 年）を出版した。
23) Le Clerc 1709, 242-269.
24) Meylan 1937, 60. Othmer 1970, 200. バルベラックによれば、仏訳版『自然法と万民法』第 3 版の出版の日付は第 2 版（アムステルダム刊、1712 年）と同じだったが、実際に出版されたのは 1713 年末だったという（Barbeyrac 1744, 284）。

第 6 版：1750 年，バーゼル刊，全 2 巻，4 折判。

新版：1759 年，ライデン刊，全 2 巻，4 折判。

1771 年，バーゼルとライデン刊，全 2 巻，4 折判。

『道徳哲学史』は全 33 章から成る。第 1 章から第 5 章が序論，第 6 章から第 11 章が聖職者批判（異教の祭司，ユダヤ教の律法博士，偽教師，教父，教父支持者，プロテスタント牧師・神学者），第 12 章から第 15 章が東洋人の哲学（カルデア人，エジプト人，ペルシャ人，インド人，中国人），第 16 章から第 27 章が古代ギリシャの詩人と哲学者，第 28 章が古代ローマの哲学者，ローマ法学者，スコラ学派，近代の決疑論者，第 29 章から第 32 章がプーフェンドルフまでの 17 世紀の道徳学者，最終章の第 33 章が『自然法と万民法』の翻訳方針について述べた章となっている。なお，初版の構成は全 32 章であったが，第 2 版で教父支持者批判（教父批判も含まれる）の章（第 10 章）がもう 1 章追加され，第 2 版以降の構成は全 33 章となった。

バルベラックの「訳者序文」は聖職者批判の章（第 6 章から第 11 章まで）が「グレイズ・インのある紳士」[25]によって英訳され，『道徳性に関するすべての時代のあらゆる聖職者の精神の検討，とりわけ古代教父の精神の検討。ローザンヌ大学法学および歴史学教授バルベラック氏著』（以下『聖職者の精神』と略記）という題で，1722 年にロンドンで出版された[26]。この英訳の序文の作者は「インディペンデント・ウィッグの著者」[27]と記されている。その後，バルベラックの「訳者序文」の最終章（第 33 章）を除く英訳が，バジル・ケネット（Basil Kenett, 1674-1715）がラテン語原典から英訳した英訳版『自然法と万民法』[28]第 4 版（1729 年）の冒頭に付け加えられた。訳者は「リンカンズ・インのケアリ氏」である。この英訳版の「訳者序文」には『最も初期の時代からプーフェンドルフの著作の刊行に至る展開過程の歴史的・批評的解説』という題が付けられた。ケネットの英訳版第 5 版（1749 年）の「訳

---

25) 『インディペンデント・ウィッグ』の献辞には次のように記されている。「[バルベラック氏の] この序文は非常に優れているので，私 [ゴードン] は友人のグレイズ・インのある紳士に，平信徒の教育のために，それを英訳するよう説き伏せた」(Anon. [Trenchard and Gordon] 1721, 1)。

者序文」(『道徳哲学史』)には,仏訳版第5版に基づいて加筆修正が加えられ,最終章の部分訳が追加された。なお,仏訳版『自然法と万民法』の本文中のバルベラックの訳注は,同第2版(1712年)を底本として,英訳版『自然法と万民法』第3版(1717年)にその英訳が追加された。

『道徳哲学史』初版における痛烈な教父批判は,第2版で教父支持者批判の章(第10章)が追加されたことからも,大きな反響を呼んだと推測される。その後,フランスのベネディクト会修道士のレミ・セイエ(Rémy Ceillier, 1668-1763)は1718年にパリで『ローザンヌの法学・歴史学教授ジャン・バルベラック氏の不当な非難に対する教父道徳の擁護』(以下『教父道徳擁護論』と略記)を出版した。これに対して,バルベラックは1728年にアムステルダムで反論の書『教父道徳論——サン＝ヴァンヌおよびサン＝ティデュルフ修道会のベネディクト会修道士セイエ神父の「教父道徳の擁護」に対して,プーフェンドルフの序論を擁護する際に示される多くの重要な主題についてのさまざまな見解』(以下『教父道徳論』と略記)を出版した。『教父道徳論』はオランダ語訳が1734年にアムステルダムで出版されている[29]。

26) バルベラックは『道徳哲学史』第5版で,聖職者批判（第6-11章）の英訳（『聖職者の精神』）が1722年に出版され,その序文の著者がトマス・ゴードン（Thomas Gordon, d. 1750）であることを指摘している（Barbeyrac [1706] 1734, xxiin)。『聖職者の精神』が出版された翌年（1723年）に,「一信者」（匿名）による『無信仰の精神の暴露——道徳性に関するすべての時代のあらゆる聖職者の精神の検討,とりわけ古代教父の精神の検討。ローザンヌ大学法学および歴史学教授バルベラック氏著』という題のパンフレットへの反論』がロンドンで出版された。1735年に出版された同書の第2版増補改訂版には,著者名がザカリ・グレイ（Zachary Grey, 1688-1766. イングランド国教会の聖職者）と明記され,『人間と市民の義務』の仏訳最新版（アムステルダム刊,1735年）の緒言におけるバルベラックのウォータランド博士（Daniel Waterland, 1683-1740. イングランドの神学者）への非難に対し,グレイの反論が追加されている。
27) バルベラックは「インディペンデント・ウィッグの著者」をゴードンと推定しているが,『インディペンデント・ウィッグ』（1720年創刊）の創刊者の一人ジョン・トレンチャード（John Trenchard, 1662-1723）の可能性もある。
28) 第5篇の訳者はクライスト・チャーチの文学修士ウィリアム・パーシヴァル,第8篇の訳者はイチナである。
29) Barbeyrac 1744, 300.

III 『道徳哲学史』における教父批判——教会史および哲学史との比較

1 『道徳哲学史』と教会史

『道徳哲学史』は，道徳科学(Science des Mœurs)[30]の研究を怠った聖職者(ministres publics de la religion) への批判と，非聖職者（東洋と西洋）による道徳科学の展開過程という二つの部分から構成されている。バルベラックは「道徳科学」を「道徳科学や道徳という名称で一般に呼ばれているもの」だけでなく，「自然法と政治学，つまり各人が自らの状態と境遇に応じてどのように振舞うべきかを知るために必要なすべてのもの」と定義している。

聖職者批判のうち，ユダヤ教の律法博士，偽教師，教父，プロテスタント牧師・神学者は，教会史の範疇に入る。例えば，ルイ・エリ・デュパン(Louis Ellies Dupin, 1657-1710) の『教会史概説』（1712 年）では，旧約聖書と新約聖書の記述，紀元後 1 世紀から 17 世紀までの教会会議，教会著述家，教義，規律，宗派等に関することが，最初の 3 世紀から 17 世紀まで世紀毎に取り上げられている。また，クロード・フルリ（Claude Fleury, 1640-1723) の『教会史』全20巻（1691-1720 年）は，聖マティア[31]の使徒選出から1414年までを扱い，ジャン＝クロード・ファーブル[32]とクロード・ピエール・グジェ[33]による同書の続刊（全16巻）が，1401 年から1595年までを扱っている。

『道徳哲学史』の聖職者批判の大半を占める教父および教父支持者批判（第9, 10章）において，古代の教会史（エウセビオス[34]，テオドレトス[35]，ソクラテ

---

30) 英訳版ではScience of Morality と訳されている。なお，アバディーン大学のマーシャル・コリッジで道徳哲学教授（1760-1796 年）をつとめたジェイムズ・ビーティは，自身の講義の内容を全 2 巻の『道徳科学要綱』（*Elements of Moral Science*）にまとめ，1790 年と 1793 年にエディンバラで出版した。内容としては，ニューマトロジー（心理学と自然神学），（狭義の）道徳哲学（倫理学，家政学，政治学），論理学が含まれる。
31) Saint Matthias. イエスの復活後，ユダにかわり，くじで 12 人目の使徒に選ばれた。聖マタイとも表記される。
32) Jean-Claude Fabre, 1668-1753. フランスの翻訳家，歴史家。オラトリオ会から脱会。
33) Claude Pierre Goujet, 1697-1767. フランスのオラトリオ会の神父。
34) Eusebius of Caesarea, 263/265-339. 教会史家，カイサリア司教。「教会史の父」と称される。主著『教会史』（Historia ecclesiastica. 325 年までの時期を扱う）。

ス・スコラスティコス[36]）よりも，近代の教会史家の著作に言及されることが多い。とくにデュパンの『教会著述家新叢書』（第1巻から第5巻）から多く引用されている。一方，フルリの『教会史』への言及は少なく，『古今東西文庫』（ベルナールが執筆した第21巻）で抜粋された箇所からの孫引きにとどまる。また，アルミニウス派の神学者ジャン・ル・クレールの著作（『文芸批評術』，『批評家と聖職者の書簡』，『オランダの神学者の見解』等）に言及することが多く，ル・クレールが編集・執筆した『古今東西文庫』と『精選文庫』の記事も多用される。当時出版された教父の著作（殉教者ユスティノス[37]）や著作集（アレクサンドリアのクレメンス[38]），ナジアンゾスのグレゴリオス[39]，アタナシオス[40]）の新版についての記事からは，頻繁に引用されている。仏語雑誌では，ジャック・ベルナールが執筆した『古今東西文庫』の一部の巻（第20巻の大半と第21巻から第25巻）や『文芸共和国便り』も使用されている。その他，『道徳哲学史』第9章の一部の教父（ヨアンネス・クリュソストモス，アブダス[41]）の記述に関しては，ピエール・ベールの『歴史批評辞典』に依拠している。

　バルベラックの聖職者批判の主題の一つは，宗教を理由とする迫害への批判である。とくにアウグスティヌスへの批判は辛辣である。バルベラックは「フランスの近年の迫害を正当化するため」にアウグスティヌスの二通の手紙が利用されたことを指摘し，ベールとジャン・クロード（Jean Claude, 1619-1687）によるアウグスティヌス批判を援用しつつ，アウグスティヌスを「キリスト教迫害者の偉大なる総大司教」[42]と称するまでに至っている。アウグ

---

35) Theodoret of Cyrus, 386/393-458/466. キュロス主教。エウセビオスの『教会史』を引き継ぎ，325年から428年までの時期を扱った教会史を著す。
36) Socrates Scholasticus, c. 380-after 439. 教会史家。コンスタンティノポリスに生まれる。エウセビオスの『教会史』に続き，306年から439年までの時期を扱った『教会史』を著す。
37) Iustinus martyr, c. 100-c. 165. 聖人，護教家教父。
38) Clemens Alexandrinus, c. 150-c. 215. アレクサンドリア派のキリスト教神学者。
39) Gregorius Nazianzenus, c. 330-c. 390. 聖人，東方の四大博士，カッパドキアの三教父の一人。
40) Athanasius, c. 295-373. 聖人，教会博士，アレクサンドリア司教。ニカイア公会議が宣言した教理の主な代弁者。
41) Abdas of Susa, ?-420. スーサの主教。

スティヌスはヒッポの司教であり、アウグスティヌスの生前に総大司教という地位自体存在しなかったため、これは皮肉と考えられる。また、この痛烈なアウグスティヌス批判は、ナント王令の廃止によってフランスからプロテスタント諸国への亡命を余儀なくされたバルベラック自身の体験に起因するところもあるだろう。バルベラックはさらに教父や司教による異端派（プリスキリアヌス派、ネストリオス派、エウテュケス派）への迫害や、第11章ではジャン・カルヴァン（Jean Calvin, 1509-1564）とその弟子テオドール・ドゥ・ベーズ（Théodore de Bèze, 1519-1605）によるミシェル・セルヴェ（ミカエル・セルウェトゥス）焚刑を擁護する論説にも言及している。『道徳哲学史』の教父批判は後に拡充され、『教父道徳論』という著作に結実するが、同書の内容の「一部は主流派の宗教と異なる人々への寛容」[43]に関するものである。

なお、バルベラックはスコラ学派の道徳を「アリストテレスの思想、国法、教会法、聖書の格率、教父の格率の混合物」[44]と評し、中世を道徳科学が停滞したいわば死の時代と見なしている。そのせいか『道徳哲学史』には中世に関する記述の量がきわめて少ない。これは聖職者批判の大半を教父に関する記述が占めることにも関係がある。教父は古代（および中世初期）の教会著述家の中で特定の条件を満たす者を指す呼称である。『道徳哲学史』の聖職者批判の特徴の一つとして、中世の代表的な教会博士・神学者トマス・アクィナス（Thomas Aquinas, c. 1225-1274）の名前が登場せず、中世の聖職者・神学者はごく少数の者（聖マクシモス[45]、テオファネス[46]、フォティオス[47]、テオフュラクトスら[48]）しか言及されていないということが挙げられる。

---

42) PT, xlix／訳 116.
43) Barbeyrac 1744, 300.
44) PT, cxv／訳 390-391.
45) Maximus Confessor, c. 580-662. 証聖者マクシモス。聖人、ビザンティンの神学者、神秘思想家。
46) Theophanes the Confessor, c. 765-817. 歴史家。テオファネス・ホモロゲテス（証聖者テオファネス）とも呼ばれる。友人ゲオルギウス・シュンケロス（Georgius Syncellus, ?-c. 810/811）の仕事を引き継ぎ、284年から813年までを扱った年代記『クロノラフィア』（*Chronographia*）を著述。
47) Photius, c. 810/820-893. コンスタンティノポリス総主教（在職 858-867、877-886年）、神学者。386人の古代著作家の著作解題集『ミュリオビブロン（図書目録）』（*Myriobiblon*）を著す。

2 『道徳哲学史』と哲学史

『道徳哲学史』の後半部分は，聖職者によって無視され排除された道徳科学が，東洋および西洋の非聖職者によってどのように展開されているのかについての歴史的記述である。

東洋人：カルデア人，エジプト人，ペルシャ人，インド人，中国人

西洋人：古代ギリシャ人（詩人，タレス[49]，ピュタゴラス[50]，アナクサゴラス[51]，アルケラオス[52]，ソクラテス[53]，プラトン[54]，キュニコス派，キュレネ派，アリストテレス[55]，新アカデメイア，ピュロン派，エピクロス[56]，ストア派）

古代ローマ人（キケロ[57]，プルタルコス[58]，セネカ[59]，エピクテトス[60]，マルクス・アントニヌス[61]）

ローマ法学者

スコラ学派

---

48) Theophylactus, c. 1050–1107/1108. マケドニアのオフリドの大主教。ビザンティンの釈義家。
49) Thales, c. 624–c. 546BC. ギリシャの哲学者，政治家。ミレトス出身。七賢人の一人。イオニア学派の開祖として「哲学の父」と呼ばれる。
50) Pythagoras, c. 570–c. 495BC. ギリシャの哲学者。イタリア学派の創始者。
51) Anaxagoras, c. 500–c. 428BC. イオニアからアテナイに哲学を持ち込んだ最初の哲学者。
52) Archelaus. 紀元前5世紀のギリシャの哲学者。アナクサゴラスの弟子。ソクラテスの師とされている。
53) Socrates, 469–399BC.
54) Platon, 427–347BC. 古アカデメイアの創始者。
55) Aristoteles, 384–322BC. プラトンの門下生。ペリパトス派の創始者。
56) Epicurus, 341–270BC. 前311年頃ミュティレネに学派を創始。306年頃アテネ郊外の庭園に移ったことから，彼の学派は庭園学派と呼ばれる。
57) Marcus Tullius Cicero, 106–43BC. ローマの雄弁家，政治家，哲学者。
58) Plutarch, c. 46–120. ギリシャの倫理学者，伝記作家。
59) Lucius Annaeus Seneca, c. 4BC–AD65. ローマの後期ストア派の哲学者，詩人。大セネカの息子。
60) Epictetus, c. 55–c. 136. ストア派の哲学者。奴隷の身分に生まれた。弟子アリアノス（Lucius Flavius Arrianus, c. 95–c. 175）による『語録』と『要録』が残されている。
61) バルベラックはマルクス・アウレリウス・アントニヌス（Marcus Aurelius Antoninus, 121–180）をマルクス・アントニヌスと表記している。

近代の決疑論者
17世紀の道徳学者(メランヒトン[62]，ヴィンクラー[63]，グロティウス，セルデン，ホッブズ，プーフェンドルフ)

『道徳哲学史』では，ギリシャ人が「バルバロイ」と称したカルデア人，エジプト人，ペルシャ人の道徳は，ギリシャ人の道徳の起源として位置づけられる。バルベラックが利用する哲学史の資料としては，ギリシャ人が残した文献とともに，17世紀に出版された以下の文献が挙げられている。

トマス・スタンリ[64]『カルデア人の哲学史』(1662年)，
ジョン・マーシャム[65]『エジプト人，ヘブライ人，ギリシャ人の年代記』(1672年)
トマス・ハイド[66]『古代ペルシャ宗教史』(1700年)
フィリプ・クプレ[67]『中国の哲学者孔子』(1687年)[68]
ニコラウス・ヒエロニュムス・グントリンク[69]『道徳哲学史』(1706年)[70]

なお，グントリンクの『道徳哲学史』は東洋人を中心に扱った第1部しか出版されていない。バルベラックの『道徳哲学史』で東洋人の道徳として紹介されている内容は，現代では一般に宗教に分類されるゾロアスター教，ヒンドゥー教，儒教[71]，仏教が含まれるが，バルベラックは一貫して異教哲学

---

62) Philipp Melanchthon, 1497-1560. ドイツの神学者，宗教改革者，教育者。
63) Benedikt Winkler, 1579-1648. ドイツの法学者。
64) Thomas Stanley, 1625-1678. イギリスの詩人，古典学者。『哲学史』(全3巻，1655-1661年)の続巻として，カルデア人の哲学と教義，ペルシャ人とシバ人の教義を扱った『カルデア人の哲学史』(1662年)を著す。
65) Sir John Marsham, 1st Baronet, 1602-1685. イングランドの古典学者。
66) Thomas Hyde, 1636-1703. イングランドの東洋学者。
67) Philippe Couplet, 1623-1693. ベルギーのイエズス会宣教師。中国で布教活動を行い，四書のラテン語訳を掲載した『中国の哲学者孔子』(1687年)を編纂。中国名は柏応理。
68) 『道徳哲学史』における同書からの引用は『古今東西文庫』第7巻(1687年)に掲載された同書に関する記事からなされている。
69) Nicolaus Hieronymus Gundlingius, 1671-1729. ドイツの法学者。
70) エジプト人，カルデア人，ペルシャ人，アラブ人，インド人，ガリア人，古代ゲルマン人，ヘブライ人，フェニキア人が取り上げられる。

第 1 章　バルベラック『道徳哲学史』と自然法学

という枠組みで捉えている。これはバルベラックが参照する上記の文献の影響によるものだろう。また，『道徳哲学史』の第 15 章は，初版では中国人の道徳のみが論じられていたが，第 2 版でインド人の道徳が追加された。

　古代ギリシャの哲学者で著作を残していない人物の場合，3 世紀に活躍した哲学史家ディオゲネス・ラエルティオス（Diogenes Laertius, 生没年不詳）の『ギリシャ哲学者列伝』やピエール・ベールの『歴史批評辞典』の記述に依拠することが多い。なお，『道徳哲学史』の第 5 版以後は，注記にスタンリの『哲学史』（1655-1660 年）が参照文献として追加されている。スタンリの『哲学史』で扱われる範囲および順序は古代（七賢人からエピクロスまで）であり，『ギリシャ哲学者列伝』と類似している[72]。既述のように，『道徳哲学史』には中世への言及自体少ないが，バルベラックはアリストテレスの著作が西欧にほとんど伝わっていなかったことを指摘している。例えば，『道徳哲学史』第 24 章の注記（f）で，「ギリシャ教父が最も利用しなかったのがアリストテレスであった」[73]というナジアンゾスのグレゴリオスによるアリストテレス評を引用する。また，同第 28 章で，11 世紀のイスラム経由での西欧へのアリストテレスの伝播について触れている[74]。そこでバルベラックが参照するのは，ドイツの神学者ヨハン・フランツ・ブッデウス（Johann Franz Buddeus, 1667-1729）の『哲学史の簡潔な素描』（*Historiae philosophicae succincta delinatio*. Halae, 1703. 以下『哲学史概説』と略記）である[75]。『哲学史概説』の目次によると，第 5 章でアラブ人がアリストテレスの哲学を蘇らせ，スコラ哲学がアラビア―アリストテレス哲学に由来することが論じられている。

---

71)　儒教が「宗教」に該当しうるかどうかについては議論がある（池澤 2012, 214）。
72)　スタンリの『哲学史』は，18 世紀から 19 世紀初頭にかけてブリテンの他，全ヨーロッパで不朽の成功を収めた。ボッティンによれば，スタンリの後，「哲学史の概説」（general history of philosophy）のジャンルを復興したのが，ドゥーガルド・ステュアートが『エンサイクロピーディア・ブリタニカ』第 4・5・6 版の補巻の第 1 巻（1815 年）と第 5 巻（1821 年）に序文として書いた『近代西欧哲学史』である（Bottin 2015, 383）。ステュアートの同書の詳細については，本書第 5 章を参照。
73)　PT, xciii, note（f）／訳 290.
74)　PT, cxv／訳 390. また，バルベラックは『道徳哲学史』第 24 章の注記（g）で，ベールの『歴史批評辞典』においてピエトロ・ポンポナッツィ（Pietro Pomponazzi, 1462-1525）とアゴスティーノ・ニーフォ（Agostino Nifo, c. 1473-1533/45）による霊魂の不死性に関する論争に言及された箇所の参照を指示している（PT, xciii, note（g）／訳 290）。

3 『道徳哲学史』と『自然法史』

『道徳哲学史』で参照されるブッデウスの著作には,『哲学史概説』の他に,『自然法史』(*Historia iuris naturalis*. Halae, 1695) がある[76]。バルベラックは『道徳哲学史』で, 1704 年に出版された『自然法と万民法選集』所収の版を参照している。『自然法史』はイングランドの道徳哲学者トマス・ジョンスン (Thomas Johnson, 1702 / 1703-37) が編集したプーフェンドルフの『人間と市民の義務』(ラテン語版) の第 2 版 (1737 年) の本文の前に追加されている。ジョンスン版の『義務論』に収録された『自然法史』には目次がない。各節冒頭の余白に記載された節のタイトルは, 1704 年版の目次にあるタイトルよりも簡素化されている。

『自然法史』の構成は以下の通りである[77]。

第 1 節―第 7 節:自然法の成り立ち,自然法と市民法,神話,神学との混合

第 8 節―第 15 節:教父,スコラ学派,ローマ・カトリック,イエズス会士

第 16 節―第 21 節:古代ギリシャ・ローマの哲学者

第 22 節―第 58 節:近代の自然法思想家グロティウスの『戦争と平和の法』の注釈・概要・翻訳,グロティウスとプーフェンドルフを巡る論争,万民法,その他のトピック。

---

75) 『哲学史概説』は『道具主義哲学入門』(*Elementa philosophiae instrumentalis*. Halae-Saxonum, 1703) に収録された最初の論説である。『道具主義哲学入門』は『折衷主義哲学』(全 3 巻) の第 2 巻にあたる。同第 1 巻は『実践哲学入門』(1697 年),第 3 巻は『理論哲学入門』(1703 年) である。ブッデウスの哲学体系 (折衷主義) における哲学史の位置づけについては,Bottin and Longo 2011, 345-346 を参照。ブッデウスの哲学史については,Braun 1973, 97-99 で解説されている。

76) ブルックはブッデウスとバルベラックによるストア派哲学の分析手法を比較し,ストア派の倫理学を自然学と切り離して評価するバルベラックのアプローチが,後にモンテスキューらにつながったと指摘している (Brooke 2012, 144-145)。

77) 同書の目次については,本書巻末の付録 2 を参照。

『道徳哲学史』が古代の聖職者・哲学者を中心としているのとは対照的に，『自然法史』はその大半（約4分の3）を第22節以降の近代に関する記述が占めている。ブッデウスはキリスト教神学が自然法を再建し，教父が自然法を育成したと評価する。教父アンブロシウス（Ambrosius, 337/339–397）の『聖職者の義務について』（以下『義務について』と略記）に関して，「トゥッリウス［キケロ］の手本に完全に従い，『義務について』3巻を作成したアンブロシウスが，この［自然法の］教義の部分においてどれほど熟練していたかを知らない者はいないと私は思う」[78]と称賛している。ただし，ブッデウスは教父が自然法と道徳神学を十分に区別せず，両者を混合した点について批判しており，バルベラックは『道徳哲学史』の中でこの見解をブッデウスから得ている。また，ブッデウスはスコラ学とスコラ派の学徒が自然法を曇らせ，イエズス会士が自然法を腐敗させた点についても批判している。しかし，『自然法史』には，『道徳哲学史』とは異なり，プロテスタントの牧師・神学者批判を主題とする節は見当たらない。

　これに対して，バルベラックの『道徳哲学史』はすべての聖職者を批判の対象とし，聖職者対非聖職者（俗人）の構図が鮮明に示されている。『道徳哲学史』において道徳科学は「自然法と政治学，つまり人が自らの状態と境遇に応じてどのように振舞うべきかを知るために必要なすべてのもの」[79]と定義される。とりわけ第19章以下は，古代ギリシャの哲学者の哲学体系における自然法思想について言及されており，「自然法の歴史」とも言いうる内容が含まれている。バルベラックは，聖職者が道徳科学を民衆に教示する義務を怠り，その発展に何の用も為さなかったと糾弾する。その中で最も槍玉に挙げられているのが教父である。アンブロシウスの『義務について』に対しても，「文体の明晰さと流暢さ，著作の構成と主題の配列，思考の確実さと推論の正しさのいずれにおいても，模倣［アンブロシウス］は原典［キケロ］よりも無限に劣っている」[80]と辛辣な評価を下す。両著作の分析を通じて，教父批判に関しては，バルベラックの『道徳哲学史』がブッデウスの

---

78) Buddeus 1704, 16.
79) PT, xvi, note（b）／訳3.
80) PT, xlvii／訳107.

『自然法史』よりも徹底していることが見いだせる[81]。

4 聖職者批判と福音道徳

(1) 聖職者批判

バルベラックは，道徳科学の唯一の確固たる基礎として自然宗教の基本原理を挙げ，宗教が何の用も為さない道徳体系を，「砂上に構築された思弁的道徳」[82]と述べている。したがって，民衆に道徳を教示する義務において，聖職者は学者以上に重要な役割を担うことになる。聖職者が道徳研究を行う目的は「聖職者自身がいかなる場合にも道徳に従って人生を歩むこと」と「確固とした徳を生み出しうる道徳の正しい観念を人々に示すこと」である[83]。聖職者は民衆に道徳を教示するとともに，自らの行いで範を示すことが求められる。古代ギリシャの祭司，神学者，占い師そしてユダヤ教の祭司や律法博士は，そのいずれも怠った。イエス・キリストと彼の弟子の使徒は，道徳の実践における清らかさを回復し，道徳の真の源を明らかにするとともに，人間の全般的義務と各人の個別的義務に関する完全な規則（福音の光）を示したという点で，バルベラックは高く評価する。しかし，その使徒の時代にも既に偽教師によるキリスト教道徳の腐敗が始まっており，時代が下るにつれて腐敗は進行し，道徳科学は沈滞したのである。

『道徳哲学史』第9章で，バルベラックは主としてル・クレールの見解に依拠し，古代の聖職者（l'Antiquité Ecclésiastique）の特徴を以下のように挙げる。

① 寓話と寓意，見せかけの雄弁，異教哲学者のばかげた考えへの極度の心酔。
② 正しい推論の技術や聖書解説の適切な方法についての深刻な無知。
③ 掻き立てられた空想による，常軌を逸した行動への耽溺。

---

81) ただし，バルベラックは『道徳哲学史』第9章で教父であるラクタンティウス（Lactantius, c. 240–c. 320）を批判する一方で，彼の『神聖教理』を論拠として引用する場合がある。
82) PT, xxxvi／訳 66.
83) PT, xxxvi／訳 66.

④　自らの権利を守ることに汲々とし，規律の論点と，抽象的な問題の議論に集中した大半の聖職者の野心と不品行。
⑤　教会を頻繁に分裂させた恐るべき放蕩と恥ずべき不和。
⑥　愚劣な悪習。
⑦　古代の聖職者の著作に見いだされる不確実さ。

また，教父道徳の欠陥を次のように総括する。

①　そもそも思弁的な主題または聖職者の規律，道徳の論点に関する議論が乏しく，体系的でも厳密でもないこと。
②　道徳に関する説教において，見せかけの雄弁術や不要な装飾語，仰々しい演説に真理が埋もれ，不適切な寓意と比喩に基づく推論から道徳の教訓が導き出されること[84]。
③　人間の義務とキリスト教徒の個別的義務，自然道徳とキリスト教道徳を頻繁に混同すること[85]。

これらの「愚劣な誤謬」について，教父ごとに多くの例が列挙され，最終的に「道徳に関して不正な主人であり，哀れむべき案内人」という評価が教父に下される。

続く第10章では，教父支持者にも批判の矛先が向けられる。第10章は第2版で追加され，『道徳哲学史』最長の章である。教父支持者が誰を指すの

---

[84] バルベラックはティロットスンの仏訳版『説教集』第2巻の訳者序文で，キリスト教説教師を「キリスト教の義務と真理を説明することを職業とする」(Tillotson, 1743-1744, II, xiii) ものと定義し，雄弁は説教壇の厳粛さとキリスト教説教師の性格にふさわしくないと批判する。また，教父の華麗で誇張した文体について「最も平凡な良識［を備える者］にとって避けがたい障害物」(Tillotson, 1743-1744, II, xiv) だと非難する一方，ティロットスンの文体を「彼の表現は正しく，自然である。彼の考えは高尚ではあるが平俗である。彼は冗長ではなく，簡潔すぎることもない」(Tillotson, 1743-1744, II, ix) と評価する。ただし，バーネットの『故ティロットスン氏追悼演説』(1694年) によれば，ティロットスンは教父の著作を熱心に読んでいたということである (Tillotson, 1743-1744, I, xl)。

[85] 野沢協は，バルベラックによる自然道徳とキリスト教道徳の対比について，ドルバックの政治道徳と宗教道徳の区別との類似を指摘し，バルベラックの方がベールよりも啓蒙主義的だと評価している（野沢1984, 1301）。

かについて，具体的な人名は挙げられず，「プロテスタントに生まれた人々やプロテスタントに転向した人々で，古代の聖職者のきわめて熱狂的な支持者であり，それを崇拝する信奉者であることを大胆にも明言する人々」[86]といった表現がされている。なお，『道徳哲学史』の第9章の注記によれば，極度の教父賛美者についての記述が，ルイ＝イザーク・ルメートル・ドゥ・サシ（Louis-Isaac Lemaistre de Sacy, 1613-1684）の聖書注解やドミニーク・ブウール（Dominique Bouhours, 1628-1702）の『教父の創意に富んだ思想』（1700年）に見られると述べている。バルベラックは教父支持者または賛美者に対して，教父が真に敬虔で啓発された人々ではなく，キリスト教の唯一にして主要な普及者[87]でもないということを論証すべく，前述のル・クレール，ベルナール，デュパン，ジャン・ダイエ（Jean Daillé, 1594-1670）の著作，古代の教会史（エウセビオス，テオドレトス）の他，歴史書（アンミアヌス・マルケッリヌス[88]，プロコピオス[89]等）やさまざまな文献から，教父間の論争・対立，教父の道徳面での退廃，異教徒への迫害，不寛容を引証している。とりわけ，5世紀以後の東ローマ帝国における教父やユスティニアヌス1世（Justinianus I, 483-565. ビザンティン皇帝：在位527-565）によるキリスト教分派・異端派への迫害，追放，大量虐殺の事例に基づき，教父が「真に敬虔で啓発された人々」という讃辞に値しないことを強調する。さらに，教父における「正しい判断力，思考の確実性と広範な知識」[90]の欠如の例が示され，無知と迷信が増大した結果，聖職者の間で良識と徳の輝きが消滅したと結論する。

　プロテスタントの牧師と神学者に関して，バルベラックは宗教改革に一定の効果（プロテスタントの間での教義と実践の清らかさの回復）を認めるが，カルヴァンとベーズのセルヴェ焚刑に関する論説については，不寛容（宗教を理由とする迫害）の教義を擁護するものだと非難している。また，ラ・プラ

---

86) PT, li／訳 124-125.
87) バルベラックの見解では，「キリスト教の普及者」と呼びうる存在は使徒である。
88) Ammianus Marcellinus, c. 330-c. 400. ローマの歴史家。タキトゥスの『同時代史』の続編を執筆。
89) Procopius, c. 500-c. 554. ビザンティンの歴史家。『戦史』（全8巻，551-553年），『秘史』（550年頃）等を著す。
90) PT, lx／訳 148.

セット，ジャン＝フレデリク・オステルヴァルド（Jean-Frédéric Osterwald, 1663-1747），ベルナールといったカルヴァン派牧師の証言を取り上げ，キリスト教説教師または牧師は思弁的教義の研究に没頭するあまり，道徳研究を怠ったと主張する。最後に，自然法の科学の体系を示したグロティウスの『戦争と平和の法』がローマ・カトリック教会の異端審問官によって仮禁書目録に掲載され，プロテスタントの神学者からも非難されたことと，プーフェンドルフの『自然法と万民法』がウィーンのイエズス会士により発禁処分を受け，ドイツ領邦国家およびスウェーデンのルター派の神学者が同様の処置を下したことに言及する。

『道徳哲学史』第2版での教父批判の章の増補から，バルベラックが教父批判に力点を置いていたことは明らかである。セイエの『教父道徳擁護論』（1718年）や，聖職者批判の章の英訳である『聖職者の精神』（1722年）の序文[91]から，『道徳哲学史』の教父批判がフランスとイングランドに衝撃を与えたことがうかがえる。『道徳哲学史』では教父批判にとどまらず，古代ギリシャの宗教[92]，ユダヤ教，プロテスタントも含めた聖職者批判という形式が取られる。ローマ・カトリック，イエズス会およびルター派によるプロテスタント自然法学者グロティウス，プーフェンドルフへの批判に対し，『自然法と万民法』の翻訳者として反駁が必要だと考えたのだろう。バルベラックは自らの訳者序文で，道徳研究における聖職者の怠慢を批判し，聖職者道徳に反論することによって，『自然法と万民法』を真のキリスト教道徳（福音道徳）の書として正当化することに努めたと考えられる。

(2) 福音道徳と三義務論

『道徳哲学史』の後半部分（第12章から第27章）では，キリスト教徒にとっての「異教徒」すなわち東洋人，古代ギリシャの詩人・賢人・主要な哲学者

---

91) 『聖職者の精神』の序文には，イングランドの非国教徒が狂信（fanaticism）と非難されることに対して，狂信という点では教父の方が勝っていると記されている（Anon. 1722, Preface）。ボールドウィンは，『聖職者の精神』の背景として，1720年代のイングランド国教会における高教会派と低教会派の対立に言及している（Baldwin 2007, 123）。
92) 『道徳哲学史』第6章における「異教の祭司」は，第16章以下の古代ギリシャの詩人，賢人，哲学者との対比で取り上げられたと考えられる。

の道徳体系が分析される。異教徒の道徳体系は,キリスト教とは元来相容れない宗教(多神教,無神論)もしくは世界観(唯物論,世界の永遠性など)に立脚している。バルベラックは道徳科学を各人の行動の義務を提示する学問と定義し,異教徒の著作や思想から,徳の観念,自然法,政治,自然宗教などの主題に関する議論を蒐集する。異教徒の中でも,啓示(福音と律法)の助けを借りず,「自然の光」(理性)のみに導かれ,福音と一致する水準にまで到達したと評価されるのは,(とくに後期の)ストア派である。ストア派の道徳に対して,バルベラックは「その格率のいくつかを修正し若干異なる方法で説明することで,福音道徳つまり正しい理性の光に完全に合致する唯一の道徳にきわめて類似する体系に帰着させることは容易である」[93]と述べ,とくに三義務論を「ストア派哲学者の道徳の優れた側面」[94]と評価する。

　国教会聖職者トマス・ガタカ(Thomas Gataker, 1574-1654)は,1652年に出版されたマルクス・アウレリウス『自省録』のラテン語訳の「序言」で,マルクス・アウレリウス,エピクテトス,セネカ,キケロの著作から収集した「称賛に値する考え」[95]を,「神と神に払われるべき敬意に関するストア派の原理」(=神への義務)と,ストア派が「人類に対して抱く見解」(=他人への義務)に分類する[96]。バルベラックはガタカが引用したこれらの多数の文章を「ストア派の道徳の最も見事な教訓の簡潔な概要」[97]と評し,その一部を省略または補正した上で『道徳哲学史』第27章に引用する。

　バルベラックはガタカの「人類に対して抱く見解」という文章を「自らの同胞に対する人間の義務に関すること」[98]と訳している。この引用文の後半部分が始まる箇所について,ガタカの原文では「さらに(Adhaec / Farther)」[99]と記されているところを,バルベラックは「我々自身に関して」[100](=自己への義務)と言葉を補足する。つまり,バルベラックは神・他者・自己とい

---

93) PT, cvi／訳344.
94) PT, cviii／訳363.
95) Marcus Aurelius 1701, 23
96) Marcus Aurelius 1701, 24
97) PT, cvii／訳350.
98) PT, cvii／訳358.
99) Marcus Aurelius 1652, Praeloquium／Marcus Aurelius 1701, 25.
100) PT, cviii／訳359.

う三区分を明確に提示し，ストア派の道徳に三義務論を読み取ろうとしたのである[101]。神への義務，他者への義務，自己への義務から成る三義務論は，プーフェンドルフの『人間と市民の義務』において定式化され，グラーズゴウ大学のカーマイクルの翻訳・講義を経て，ハチスン，リードに受け継がれることになる。

Ⅳ　『道徳哲学史』と『娯楽論』

プーフェンドルフの『自然法と万民法』仏訳版（1706年）の3年後に出版された『娯楽論』（全4篇）は，「この主題に関する自然法と道徳についての主要な諸問題の検討」という副題が付けられ，『道徳哲学史』と関連の深い著作である。『娯楽論』では『道徳哲学史』で扱われる予定だったテーマ（「道徳の著作や論説の大半に存在する欠陥」と「正しい理性が我々に教示する義務と福音の格率との一致」）について論じられている。

前者の「道徳の著作や論説の大半に存在する欠陥」とは，「実際に邪悪なものを誇張し，使用と誤用をまったく区別しない」[102]ことを指す。ヨアンネス・クリュソストモスの「娯楽は悪魔の贈り物であり，神の贈り物ではない」という娯楽批判に対して，バルベラックは「教父の仰々しい演説」は「罪のない使用と最も明白な誤用を区別しないだけでなく，聴衆と読者を娯楽から引き離すためのくだらない論拠を含んでいた」[103]と反論する。さらに，ジャンセニストのブレズ・パスカル（Blaise Pascal, 1623-1662）がすべての気晴らしを「水準の低い楽しみであり，誤った偽りの快楽であり，人間の不幸と堕落の結果」[104]と見なすのに対し，「人間が概してどんなに堕落していようとも，自然の贈り物，より正確に言えば神の寛大さの贈り物を適度に使用する人々は，時と場所に応じて，多かれ少なかれつねに存在する」[105]と主張する。バルベラックがアウグスティヌス的なキリスト教的人間像を斥け，（神

---

101)　バルベラックの三義務論の詳細については，本書第3章を参照。
102)　TJ, I, xvii.
103)　TJ, I, vi.
104)　Pascal [1670] 1701, 142-144／訳,（六），196-198, 205.
105)　TJ, I, 11.

からの賜物としての諸能力の）使用と誤用を区別可能な理性的被造物という人間像を抱いていることが，ここから明確に読み取れる。

　バルベラックによって娯楽が福音精神に反しないことを論証すべく用いられた論拠が，「正しい理性が我々に教示する義務と福音の格率との一致」すなわち自然法と福音道徳の一致である。『道徳哲学史』第32章で引用された「ローマの信徒への手紙」第2章第14，15節の以下の言葉は，『娯楽論』（第1篇第3章第2節）でも使用されている。

　　たとえ律法（モーセの律法のような成文法）を持たない異邦人も，律法の命じるところを自然に（つまり啓示なしに）行なえば，律法を持たなくとも，自分自身が律法なのである。こういう人々は，律法の要求する事柄がその心に記されていることを示しています。彼らの良心もこれを証しており，また心の思いも，互いに責めたり弁明しあって，同じことを示しています[106]。

　バルベラックはこの言葉を次のように解釈する。「イエス・キリストの道徳の原理および教訓は，キリスト教徒としての性質を前提とする少数の原理および教訓が除かれるとしても，実際には自然道徳の格率および教訓，つまり理性のみがすべての人間に教示できる義務の格率および教訓と同じである」[107]。つまり，福音が定める義務は理性の不変の格率に基づいているということである。また，「聖なる著述家（Ecrivains Sacrez [sic]）」[108]つまり聖書記者（使徒）が道徳の格率を提案する方法が「自らの理性を用いる能力と意志を持つ人々」[109]を対象としていることから，「正しい理性が我々にいかなる罪も示さない事柄が，聖書で明確に禁じられず，必然的帰結によっても禁じられなければ，そのときから我々はその事柄を罪がないものと見なすべきである」[110]と結論される。

---

[106]　新共同訳，新275。丸括弧内の言葉はバルベラックによる補足である。
[107]　TJ, I, 32-33.
[108]　ホクストラサーは「聖なる著述家」を教父と見なしている（Hochstrasser 1993, 302）。この言葉が意味するものが，聖書記者すなわち使徒であることは，バルベラックが『道徳哲学史』第32章で「聖なる著述家は次のように断言する」として「ローマの信徒への手紙」の一節を引用することからも明らかである。
[109]　TJ, I, 36.

キリスト教における神が人間に理性を与えた目的について，バルベラックは「ある事柄それ自体が悪であるかどうかを知るためと同時に，きわめて罪のないものが不法となりうる事例を識別するため」[111]であると推論する。それを証明するために取り上げられるのが，アンブロシウスの例である。アンブロシウスは「今笑っている人々は，不幸である。あなたがたは悲しみ泣くようになる」（「ルカによる福音書」第6章第25節）[112]という言葉に基づき，聖職者に戯言を発することを禁じた。つまり，「聖書によって明確に許可されず，認められないものを，人々は合法的に生み出しえない」[113]というのである。アンブロシウスのこの解釈は，人間社会を破滅させ，恐怖と疑念を無尽蔵に生み出すことになるとバルベラックは反論する。立法者がある行為を許可または禁止することに逐一立ち入るようになれば，彼は無限の仕事に巻き込まれ，不要な事柄が増大することになる。また，膨大な法典を読破できるほど人々の人生は長くない[114]。禁止される行為または命じられる行為が入念に示されれば，そこから誰もが理性に基づき判断し，残りのすべての行為が許可されることを理解できる[115]。したがって，「人間のすべての行動の二つの不謬の指針」である理性と聖書に誇り，悪が判明しない事柄は善悪無記と見なすべきなのである[116]。このような論理に基づき，娯楽そのものは自然法に反するものではなく，また娯楽の非難を意図した聖書の文章もないため，娯楽は善悪無記の事物であり，それは誤用によってのみ悪となる，というバルベラックの主張が導かれる。

バルベラックは福音（啓示）を解釈する際に，「自然の光」（理性）のみに依拠した異教徒の思想を援用するが，これは「福音道徳の格率と教訓が自然法の格率と教訓に同じである」[117]という前提に基づく。『娯楽論』ではこの

---

110) TJ, I, 37.
111) TJ, I, 40.
112) 新共同訳，新113.
113) TJ, I, 38.
114) TJ, I, 39.
115) TJ, I, 39.
116) TJ, I, 41.
117) バルベラックは，信仰の光と理性の光の間に永続的な対立を見出すベールのピュロン主義的見解を批判している（TJ, I, 65-72）。

ようにして，娯楽，現世的欲望，市民生活，社交を肯定的に捉え，現実の生活に即したキリスト教道徳が導き出される。福音精神とは「苦行，禁欲，自己放棄，この世とその虚栄への無関心」[118]と正反対のものであり，「真のキリスト教徒」は「完全な世捨て人」などではない[119]。つまり，後者は「最も罪のない快楽と，逸楽に陥らせる可能性が最も少ない生活便宜品の享受さえも自らに禁じ，この世のすべての事物に対して完全な無関心しか抱かず，むしろ極度の軽蔑とともにそれらを眺める。そして，絶え間ない苦行を自分自身に強制し，つねに祈り，自らの肉体を容赦なく扱うことしか頭になく，来世の幸福を自らのすべての欲望とすべての考えの終生の目的とする」[120]ような人々である。

これに対しバルベラックは，「真のキリスト教徒を育成するために必要なもの」すなわち福音道徳を，節制，正義，信仰心の義務と定義する[121]。各々の義務には自己，他人，神を対象とする徳が含まれる[122]。節制すなわち欲望の統御に関わる義務について，バルベラックは「キリスト教的節制」を過度の禁欲を推奨するものと捉えていない。『道徳哲学史』では，富，快楽，名誉への無関心と一切の生活便宜品の放棄を謳ったキュニコス派の道徳に対して，バルベラックは厳格にすぎると非難する。ベールのアナクサゴラス評（「完徳の道をさっさと歩もうと思ったら，俗世とその富を捨てねばならない，と福音が教える前から，そのことを理解して，知恵の研究と真理の探究に自由に打ち込むために自らの財産を手放した哲学者たちがいた」[123]）に対しても，福音に「極端な道徳の観念」を見いだしていると批判し，「富は善用することができ，真理と徳の研究に身を捧げるために富を完全に手放す必要はない」[124]と主張す

---

118) TJ, I, 31.
119) 「真のキリスト教徒」を巡る議論は，『娯楽論』の注記から，遁世的なキリスト教徒像の提唱者ベールとその批判者ベルナールとの論争を念頭に置いていると推測されるベール―ベルナール論争の詳細については，野沢 1997, 1708-1709 を参照。一方，バルベラックは『道徳哲学史』においてベールの禁欲主義的な道徳を批判しているが（第19章），ベールの『歴史批評辞典』の記述を論拠として引用することも多い。
120) TJ, I, 31-32.
121) TJ, I, 42.
122) TJ, I, 42-43.
123) Bayle [1697] 1702, I, 214, note (A) ／訳, (三), 309.
124) PT, lxxix／訳 228.

る。バルベラックにおいて，教父道徳の「愚劣な誤謬」の一つは，「人間とキリスト教徒との間に過大な隔たりを置くことがよくあるため，このような差異を誇張することによって，実行不可能な戒律を定める」[125]点にあるとされる。

V おわりに

『道徳哲学史』では聖職者と非聖職者（俗人）の対比に重点が置かれた。道徳科学の進展に対する聖職者の貢献が完全に否定され，聖職者道徳には自然法の原理に反するもの以外見いだしえないという立場が貫かれる。とりわけ教父道徳に対して，バルベラックは雑誌記事，教会史，歴史書等多数の文献に依拠しながら，峻烈な姿勢を示す。この点はブッデウスの『自然法史』と比較しても顕著である。『道徳哲学史』の聖職者批判（とくに教父批判）はイングランドと大陸（フランス，オランダ）で反響を呼んだ。バルベラックの聖職者批判の一因は，『道徳哲学史』第11章の記述にあるように，ローマ・カトリック，イエズス会およびルター派の聖職者・神学者による自然法学者への非難に対して，教父道徳を中心とする聖職者道徳の「愚劣な誤謬」を暴露し，『自然法と万民法』をイエス・キリストおよび使徒の道徳に合致する福音道徳の書として擁護しようとしたものと考えられる。

『娯楽論』第1篇では，聖職者やベールによる厳格なキリスト教道徳に対抗して，『道徳哲学史』とも共通する論理（自然道徳と福音道徳の一致）に基づき，福音道徳が三義務の形式で提示され，市民生活に適合する実践的なキリスト教道徳が導き出される。「人間本性の腐敗」を強調する伝統的なキリスト教的人間像（神の恩寵を待つしか魂の救済の手段を持たない無知無力な人間）とは対照的に，バルベラックのキリスト教的人間像（使用と誤用が区別可能な理性的被造物）は人間本性に洗練可能性を見いだすところに起因する[126]。

『道徳哲学史』において，「他者への義務」に相当する孔子の体系[127]，「福

---

125) PT, xli／訳86.
126) バルベラックの自己愛概念については，本書第2章および第3章を参照。
127) PT, xviii／訳11.

音の光に値する」[128]と評されるソクラテスの祈りについての格率（神への義務）とともに，後期ストア派の思想に見いだしうる三義務論が，自然道徳における福音道徳との一致として評価される。バルベラックは福音道徳を三義務論の形式で提示し，三義務論の重要性を繰り返し指摘している[129]。プーフェンドルフの三義務論は18世紀のグラーズゴウ大学道徳哲学講座教授カーマイクルを経由して，ハチスン，リードに受け継がれた。歴代教授のなかでスミスだけが三義務論を採用しなかったのは，彼が自然法学の体系から不完全権を排除したことを鑑みると，彼独自の道徳理論を模索していたためと考えられる[130]。もっとも，バルベラックを決疑論者に分類するスミスの道徳哲学体系において，バルベラックの教父批判がどのように位置づけられるのかは定かではない。いずれにせよ，スコットランド啓蒙（グラーズゴウの系譜）における大陸自然法学の継承と道徳哲学の発展を考察する上で，バルベラックの三義務論の強調とティロットスン[131]への関心が有する意義は看過できないと思われる。ティロットスンの説教はスコットランドの「牧師啓蒙」の代表的知識人であるリードによって愛読された。大陸から流れてきた「三義務論」（バルベラックらによれば，キリスト教の根本思想と結びつくもの）はスコットランドでの主流派（教会・大学の穏健派知識人集団）に受け継がれ

---

128) PT, lxxxii／訳239.
129) ムーアはバルベラックの自然法思想における「敬神」（reverence for God）の意義について懐疑的である（Moore 2002, xv）。
130) 水田洋は，『法学講義』Bノートの序論における自然法学の系譜の整理に基づき，スミスの自然法学はプーフェンドルフからグラーズゴウ大学（カーマイクル，ハチスン）への自然法学の継承関係の断絶を意図するものであったと指摘する（水田2011, 11）。
131) ラティテュディネリアニズムとスコットランド教会の関係については，Herman 2001, 4.／訳3-4を参照。また，ティロットスンの説教の特徴の一つに，感覚の確実性の強調がある。それはカトリックの教義である実体変化への論駁を主題とする説教だけでなく，自己放棄について論じた『二〇〇説教集』の説教12（Tillotson 1820, V, 1020）等にも見られる。このような議論はキリスト教の神が授けた人間精神の諸能力（知性，理性，諸感覚）への信頼に基づくもので，バルベラックはティロットスンの主張に賛同している（Tillotson, 1743-1744, III, xiv）。感覚の確実性に関する議論はラティテュディネリアンの神学者エドワード・スティリングフリート（Edward Stillingfleet. 1635-1699）も行っており（Simon 1967-1976, I, 92），リードやケイムズによる諸感覚の証言への信頼（篠原1986, 229）へとつながる。リードは道徳的善悪を決定する力を道徳感覚に帰する際に，「我々の諸感覚が与える自然の直接的な証言」（Reid［1788］2010, 176）への信頼性を強調するが，ここで批判の対象とされているのは「懐疑論者」すなわちヒュームである。

る。

　バルベラックは，道徳の基礎を揺るぎないものとするのは，「悪徳を罰し徳に報いる神への畏怖」という「宗教の基本原理」であると主張する。「この世において最も見事な体系を作ったとしても，宗教が何の役割も果たしていなければ，その体系はほとんど，いわば砂上に構築された思弁的道徳にすぎないだろう。したがって，聖職者が主として道徳研究を行なうのは当然のことであった」[132]。しかし，聖職者は道徳科学の研究の義務を怠り，イエス・キリストと彼の使徒を除き，聖職者道徳は腐敗し，教父は「道徳に関して不正な主人であり，哀れむべき案内人」にすぎなかった。宗教改革の光によってプロテスタントの間では「教義と実践の清らかさ」が回復されたとはいえ，宗教改革者のカルヴァンと弟子のベーズは「不寛容または宗教を理由とする迫害の恐るべき教義」の軛に縛られ，カトリックとルター派の神学者・聖職者のいずれも自然法思想を弾圧した。道徳科学は庶民でも素直に理解できる内容であったのが，特定類型の「学者たち」によって特定の観点から歪められていたということが，バルベラック自身のユグノーとして迫害された経験と結びつき，『道徳哲学史』において教父批判を中心とする聖職者批判が展開されたと考えられる。バルベラックは自然法思想に基づき，教父道徳とは異なる実践的で世俗的なキリスト教道徳の構築を試みた。「啓発された自己愛」をはじめとして，バルベラックの思想には18世紀的人間像に基づく啓蒙主義に通じるものが見られるが，それは三義務論を前提としており，スコットランド啓蒙における（主流派ではないという意味での）異端としてのヒュームとスミスが示す新たな方向（三義務論に基づかない道徳思想）とは別種のものであった。

---

132)　PT, xxxvi／訳 66.

第 2 章

バルベラック『娯楽論』研究序説
——福音道徳と理性

I はじめに

バルベラックはプーフェンドルフ，グロティウス，カンバランド等の自然法学の著作の仏訳者として著名であるが，翻訳以外にも数多くの著作を残している[1]。本章では，彼の代表的な著作である『娯楽論——この主題に関連する自然法と道徳の主要問題の検討』（以下『娯楽論』と略記）を取り上げる[2]。『娯楽論』初版（全2巻）は 1709 年に出版され，活発な論争を惹起した。論争におけるバルベラックの応答は，1737 年に出版された同書の増補改訂版である第 2 版（全3巻）の第 3 巻の巻末附録に収録された[3]。1740 年にはブレーメンでドイツ語訳が出版されている[4]。

---

1) メランによるバルベラック著作目録（Meylan 1937, 245-248）を本書巻末の付録 1 に再録している。
2) バルベラックは 1696 年から 1710 年までベルリンのコレージュ・フランセでギリシャ語とラテン語を教授していた。『娯楽論』執筆の過程に言及したユグノー移民の息子ヨハン・ハインリヒ・ザームエル・フォルメ（Johann Heinrich Samuel Formey, 1711-1797）の手紙が Palladini 2007, 310-311 に掲載されている。
3) 『娯楽論』を批判するジャン・フラン・デュ・トランブレ（Jean Frain du Tremblay, 1641-1724）にバルベラックが応答した『賢人雑誌』（*Journal des savants*）の 1712 年 8 月号および 1713 年 12 月号（パリ版）の記事，ハーグのワロン人教会牧師ピエール・ドゥ・ジョンクール（Pierre de Joncourt, 1650-1725）の『運任せの娯楽に関する四通の手紙』（1714 年）への駁論『運の本性についての論説』（*Discours sur la nature du sort*, 1714）の他，三通の手紙の抜粋が収録されている（Meylan 1937, 113, note 4. Barbeyrac [1709] 1737, 731-896）。
4) 『娯楽論』ドイツ語訳の訳者名は J. W. Lustig. 題名は *Tractat vom Spiel* と訳されている（Meylan 1937, 66, note 3）。

バルベラックは『娯楽論』を，その副題にあるように「道徳の主要問題」との関連で論じている。道徳に関する大半の著作には，「抽象的な原理に基づき推論し，それらを基に度を越した格率を築く」[5]誤謬が存在する。その特徴は「非常に罪のない事物が非難され，実際に悪である事物が誇張され，使用と誤用がまったく区別されない」ことであり，バルベラックはそれらの著作を「最も確固とした真理と格率が，無意味な空想と奇妙な論拠との雑然とした混合物によって，まるで窒息したかのようだ」と批判する[6]。

『娯楽論』は全4篇から成る。各篇の題名は以下の通りである。

第1篇　娯楽それ自体が考察されれば，自然法によっても宗教の戒律によっても不正ではないことの証明。
第2篇　娯楽の本質に関するものの検討。
第3篇　娯楽に伴う外的状況の検討。
第4篇　娯楽の誤用の詳細の検討と，この気晴らしを誤用する人々の反論への応答。

第1篇は全3章から成り，各章の題名は以下の通りである。

第1章　娯楽それ自体は誤用されなければ完全に善悪無記の事物である。
第2章　運任せの娯楽の短所に例外を設けるべきか。
第3章　娯楽は福音精神に反するか。若干の人々の極端な観念とは対照的なキリスト教道徳の精髄および全般的原理の正しい観念。

バルベラックは第1篇第3章において「真のキリスト教徒」像を示し，彼らの育成のための福音道徳（節制・正義・信仰心の義務）を「啓示」から「理性」を経由して導く際に，「純粋な理性の思想」すなわち「異教徒の哲学」を援用する。それは「福音道徳（la Morale Evangélique）の格言と教訓が，実際には自然法のそれらと同じである」[7]ことに基づく。本章では，『娯楽論』

5） TJ, I, xvi.
6） TJ, I, xvii.

第1篇の内容を中心に紹介し，バルベラックがキリスト教道徳の議論に「異教徒の哲学」を導入することによって，娯楽の正当性をどのように論証しているのかを明らかにしたい。

II 「善悪無記の事物」としての娯楽

1 バルベラックの娯楽観

『娯楽論』第2篇第1章において，「娯楽（Jeu）」は次のように定義される。「問題となる娯楽は気晴らしのための闘い（combat récréatif）の一種である。娯楽においては，二人または複数人がいくつかの規則を取り決めた後，ある動作に関して，より器用であろうとするか，より幸運であろうとする。その結果は彼らの管理にまったく依存しないか，少なくとも部分的に依存する。ここから三種類の娯楽が生じる。すなわち，純粋に細かい技巧を競う娯楽，純粋に運任せの娯楽，そして，この二つに類似する混合の娯楽と呼びうるものである」[8]。

バルベラックは『娯楽論』で，キリスト教の神学者・聖職者による娯楽および気晴らしへの批判に応答している。序文では，ヨアンネス・クリュソストモス（Iohannes Chrysostomus, ?-407）の『マタイ福音書の講話』第6篇の「娯楽は悪魔の贈り物であり，神のそれではない」という言葉に対して，「教父の仰々しい演説」は「罪のない使用と最も明白な誤用を区別しないだけでなく，聴衆や読者を娯楽から引き離すためのくだらない論拠を含んでいた」[9]と反論する。また，「あらゆる種類の娯楽を全面的に非難するほど気難しい人々はほとんどいない。技巧のみが勝利を決定する娯楽は［彼らの非難を］免れる。しかし，大多数の神学者や決疑論者は，運（Hazard [sic]）が関わる娯楽がつねに不正であるかのように，それらに怒り狂った」[10]と述べてい

---

7) TJ, I, xxxvii-xxxviii.
8) TJ, I, 101-102.
9) TJ, I, vi.
10) TJ, I, 17.

る。ジャン・ラ・プラセットの『良心の主題に関するさまざまな論説』(1697年) 所収の小論「運任せの娯楽についての論説」では，運任せの娯楽それ自体が罪深いかどうか，娯楽で獲得したものを返却すべきかどうかに関して議論されており[11]，娯楽の中でもとりわけ運任せの娯楽への批判が根強いものであったことがうかがえる。

キプリアヌス (Caecilius Thascius Cyprianus, c. 200-258) の作と誤って伝えられたホメリアの一種[12]には，「運任せの娯楽は悪魔の罠であり，悪魔がそれを取り仕切ること，この邪悪な霊もしくは悪魔の手先の何人かが運任せの娯楽を考案したこと，そして，運任せの娯楽を行なう誰もが，その考案者に生贄を捧げ，それゆえに偶像崇拝の行いを為すこと」[13]という一文がある。バルベラックはこれを「滑稽な空想」と呼び，運任せの娯楽がそのように「悪魔」に関係するものと見なされた原因を二つ挙げている。一つは，サイコロゲームやトリックトラックに使われたチェス板またはチェッカーボード上の絵によるものであり，もう一つは，多くの人々が運任せの娯楽の発明をエジプト人のメルクリウスに帰したことにある[14]。メルクリウスは「テウト」または「トート」と呼ばれ，死後は神々に列せられた。バルベラックによれば，プラトンは『パイドロス』274Cでメルクリウスのことを「神」(「テオス」または「ダイモーン」) と呼び，多くの人々が後者の訳語「デモン」(Démon) をキリスト教徒と同じように「悪魔」と解釈した[15]。そのことが，運任せの娯楽を忌まわしいものにするために用いられた論拠であったと述べている[16]。

気晴らし (Divertissement) についても，「誤用と使用は区別できないと根拠もなく予想する人々，または徳と信仰についてのどのような神秘的な思想も

---

11) TJ, I, xv-xvi.
12) 題名は『賭博師について』(*De aleatoribus*) (TJ, I, 19, note (a))。
13) TJ, I, 19-20.
14) TJ, I, 20, note (3).
15) TJ, I, 20, note (3).『パイドロス』の当該箇所にメルクリウスの名前は出てこない。「エジプトのナウクラティス地方に，この国の古い神々のひとりが住んでいた。この神には，イビスと呼ばれる鳥が聖鳥として仕えていたが，神自身の名はテウトといった。この神様は，はじめて算術と計算，幾何学と天文学，さらに将棋と双六などを発明した神であるが，とくに注目すべきは天文学の発明である」(Plato, *Phaedrus*. 274C／訳254)。
16) TJ, I, 20, note (3).

知らないと思われる人々が，あらゆる気晴らしは理性的被造物にふさわしくなく，『卑しい楽しみ，偽りで見せかけの快楽，そして人間の惨めさと堕落の結果』[17]であることを，我々に納得させることを望んだ」[18]のである。

娯楽と気晴らしはキリスト教道徳の観点から，これまで罪深く不正な事物として批判の対象とされてきた。バルベラックは序文において，娯楽による「楽しみは，それ自体が考察されれば，そのどのような面を検討しても，悪しきものを何も含まないように，ある特定の状況がそれを不正で罪深いものにしうるということについて，無数の人々が推測する気にならないだけである」[19]と述べている。娯楽は「誤用することによってのみ悪となり，それ自体は善悪無記の事物 (choses indifférentes)」[20]つまり「本来善でも悪でもない」[21]のである。

2　労働と娯楽

第1篇第1章第1節から第5節において，バルベラックは聖書と（キリスト教の観点からの）異教徒の著作に基づき，娯楽を労働の「休息」または「気晴らし」として位置づけている。

まず，「人間は労働する (travailler) ために生まれた」[22]ことが示される。すなわち，人間は，真剣で有用な何らかのことに可能な限り専念することを，創造主によって定められており，人間が有するあらゆる能力の生来の機能はそれを目指している[23]。「学問と技芸を生みだすことを可能にするこの技量，この技巧，この洞察力，これらすべての素晴らしい才能が，それらを隠すために，また不名誉にも軟弱な無為や絶えざる放蕩と気晴らしの中で失われるために，我々に与えられたことを誰が信じるだろうか」[24]。すべての人々が

---

17)　バルベラックは「パスカルの『パンセ』第26項第3節以下を参照」と記している（TJ, I, 9, note (a). Pascal [1670] 1701, 142-144／訳，(六)，196-198，205）。
18)　TJ, I, 9.
19)　TJ, I, iv.
20)　TJ, I, i.
21)　TJ, I, iii.
22)　TJ, I, xxxvi.
23)　TJ, I, 1-2.
24)　TJ, I, 2.

生まれながらに，また大多数の人々がその全人生において窮迫していることそれ自体が，自らの必要を満たすために，労働の不可欠の義務を彼らに課しているのである[25]。一方で，労働する必要のない裕福な人々も同様に，真剣で有用なことに可能な限り専念することを定められているのであり，正当な仕事に従事することを免除されない[26]。正当な仕事は，裕福な人々を無為への誘惑から保護するとともに，人間社会全般にとっても，また彼らがその一員として属する政治社会にとっても，彼らを一層有用な存在にするからである[27]。したがって，労働に対して自発的な愛着を持つことが，理性を持つ人間と他の動物とを最も明確に区別するものの一つである[28]。

「異教の哲人（les Sages du Paganisme）」の一人であるキケロもまた，人間が自らの本性それ自体によって活動するために生まれたことを，『善と悪の究極について』第5篇第20, 21章で説いている。キケロが述べているのは，ただ時間を過ごし，無為の倦怠を一掃することにしか役に立たない軽い仕事についてではない[29]。彼の『義務について』第1篇第29章から，バルベラックは「自然が我々を産み落としたとき，我々が造られた目的は遊びや戯れではなく，むしろ，真摯さとある種のもっと重要で偉大なことへの傾倒であった」[30]という一文を引用するとともに，マルクス・アウレリウスの『自省録』第5篇第1章から同様の主旨の文章を引用している[31]。

---

25) TJ, I, 2.
26) TJ, I, 2.
27) TJ, I, 2.
28) TJ, I, 2.
29) TJ, I, 3.
30) TJ, I, 3-4. Cicero, *De officiis*, I, 29／訳 187.
31) 「夜明け方に，起き上がるのが嫌なときには〔次のことばを〕手元に用意せよ。『私は人間の仕事をするために起きるのだ。それなのに，まだ私はむずかるのか。私は，それらのために自分が生まれた仕事，それらのゆえに自分がこの宇宙へと生み出された仕事を行なうために歩みを進めるのであるのに。それとも私の素質は，寝具の内に横たわって身をぬくぬくと暖めるように出来上がっているのか』『しかしこの方がもっと快適なのだ』では君は自分が快適であるということのために，また一般に感受〔情念〕のために生まれたのか。社会〔邦訳：活動〕のためにではないのか。植物が，スズメが，アリが，クモが，ミツバチが，自分たちの固有の仕事を果たして，それぞれがある秩序〔社会〕を作り上げているのを君は見ないのか。〔見ていながら〕しかも君は，人間の務めを果たすことを欲しないのか。君の自然に適する仕事へ向かって走らないのか」（TJ, I, 4-5. Marcus Aurelius [1916] 2003, 98-99／訳 78）。

バルベラックは異教徒の著作から「休息を取らずに労働してはならない」ことを示す数多くの例を提示している。キリスト教において，全知全善の創造主は，人間を労働させるためにつくったが，休息もなく絶えず労働させるためにつくったわけではない[32]。このことは，人間本性の構造が，活動する必要性を人間自身に明らかにしているように，人間は時折休養できること，または休養しなければならないことを示している[33]。人間の肉体と精神は一つの機械を構成するが，機械が永久に動く状態に保たれればただちに調子が狂う[34]。異教徒側の例として，1世紀ローマの寓話詩人パエドルス (Gaius Julius Phaedrus，生没年不詳) の『イソップ風寓話集』第3篇第14話の「弓は，常に張ったままなら，じきにつぶれてしまう」[35]という比喩や，オウィディウス (Publius Ovidius Naso, 43BC-18AD) の『黒海からの手紙』書簡四の「閑暇は身体を養い，心も閑暇により養われますが，それに反して，過度の労苦はその両方を損ないます」[36]という文章が引用されている。バルベラックは「労働の義務それ自体が，労働に押しつぶされず，より熱意を持ってそれを再開するために，労働を時折中断することを要求する」[37]と述べ，労働の余暇の必要性を訴える。さらに，5世紀ギリシャのストバイオス (Joannes Stobaeus, 生没年不詳) が編集した『精華集』第14章 (Serm. XIV) から，バルベラックは古代ギリシャの原子論者デモクリトス (Democritus, c. 460-c. 370BC) の箴言「祝祭のない人生は泊まる宿のない長い道」[38]を引用し，これを「最も純粋な理性の思想」(les idées de la Raison la plus pure)[39]と評価する。

---

32) TJ, I, 5.
33) TJ, I, 5.
34) TJ, I, 5-6.
35) TJ, I, 6. Babrius and Phaedrus [1965] 1990, 282-283／訳 74.
36) TJ, I, 6, n. 1. Ovid, *Ex Ponto*, IV／訳 265.
37) TJ, I, 6.
38) TJ, I, 7. Stobeus [1894-1912] 1958, I, 485／訳, (四), 219. デモクリトスの箴言の出典は，『娯楽論』第2版 (1737年) ではジュネーヴ版の『精華集』第17章 (Serm. XVII) に改められている (Barbeyrac [1709] 1737, I, 7-8, note (6))。なお，当該の箴言は，クルト・ヴァクスムートとオットー・ヘンゼによる校訂版『精華集』(*Anthologium*. ベルリン刊，全5巻，1884-1912年) において第3巻第16章の22に相当する。当該校訂版はヴァクスムートが校訂した『自然学抜粋集』(*Eclogae physicae*. 前巻：全2巻，1884年) とヘンゼが校訂した『精華集』(*Florilegium*. 後巻：全3巻，1894-1912年) から成り，この箴言は後巻 (*Florilegium*) の第1巻に収録されている。

また,「啓示」(Révélation) も同様に,休息を取らずに労働してはならないことを認めているとバルベラックは主張する[40]。神はすべての生命をもつ被造物の休息のために夜を作った[41]。「出エジプト記」第20章第10節[42]等に記されているように,奴隷や召使が,人間本性の弱さをまったく斟酌しないほどに冷酷で非人道的な主人と関わりを持つとしても,神は彼らの安息のために安息日を設けた[43]。宗教の戒律で定められた他のすべての祝日も,すべての神の民のための休息と祝祭の時間となるのである[44]。

　バルベラックによれば,「道徳と宗教は,あらゆる種類の気晴らしを禁止するのではなく,逆に,気晴らしが労働によって枯渇した我々の力を回復するために必要である場合には,適当かつ適切な何らかの気晴らしを取ることを人間に命じている」[45]。したがって,神の心遣いによってすべての人間に与えられるこうした罪のない快楽を横柄に拒否することは忘恩であり,それらの快楽を,節度を保って使用する人々を完全な独断で非難することは不正であり,ほとんどすべての人間が休息を必要とする[46]。つまり,「娯楽の自然的かつ適正な目的は,時間を割くことを義務づけられた重要かつ真剣な事柄を遂行した後に,適度な休息と適当な気晴らしをもたらすこと」なのである[47]。

3　使用と誤用の区別

　バルベラックは「快楽それ自体に罪はない (innocent)」[48]ことを強調する。その論拠となるのが,「異教の哲学者」のテュロスのマクシモス (Cassius Maxi-

---

39)　TJ, I, 7.
40)　TJ, I, 7.
41)　TJ, I, 7.
42)　「七日目は,あなたの神,主の安息日であるから,いかなる仕事もしてはならない。あなたも,息子も,娘も,男女の奴隷も,家畜も,あなたの町の門の中に寄留する人々も同様である」(新共同訳,旧126)。
43)　TJ, I, 7-8.
44)　TJ, I, 8.
45)　TJ, I, 8.
46)　TJ, I, 8.
47)　TJ, I, 198.
48)　TJ, I, xxxvi.

mus Tyrius, 2世紀の人物，生没年不詳）の『談義』第33談義の以下の一文である。「快楽それ自体が悪であるならば，それは我々とともに生じなかっただろうし，我々が自らの保存の恩恵を受けているものの中で最も古くはなかっただろう」[49]。バルベラックは，「正しい限度内にとどまることが不可能であると信じているらしい人々，また，それゆえに最も真面目な気晴らしを完全に断つことを求める人々」を「経験に反することを提唱している」と批判する[50]。「人々が概していかに堕落していようとも，自然の贈り物，より正確に言えば神の恩恵による贈り物を，節度をもって使用する人々は，多かれ少なかれ，時と場所に応じてつねに存在する」[51]。大多数の人々は「自然の贈り物」を誤用し，各国または各世紀において，それを申し分なく使用する者は僅かであるかもしれない[52]。しかし，「それで十分であ」[53]り，人間が「正しい限度内にとどまること」すなわち快楽の「誤用」（abus）ではなく「使用」（usage）は可能なのである。

4 聖書における娯楽

バルベラックは「娯楽」または「遊技者」（Joueur）に関する記述が，聖書の原典に存在するかどうかを検証している。

『旧約聖書』に関して，「詩編」第1章第1節において，原典とウルガタ訳聖書では「傲慢な者と共に座らず」[54]となっている箇所を，イエズス会の東方への宣教師が「いかに幸いなことか［中略］遊技者と共に座らず」とペルシャ語に訳したことに対し，それは「敬虔なる詐欺行為によるもの」だと批判する[55]。また，『娯楽と気晴らしについての論説』（1686年）の著者であるフランスの神学博士ジャン＝バティスト・ティエール（Jean-Baptiste Thiers, 1636-1703）が，「エレミヤ書」第15章第17節[56]に「私は遊技者と同席しな

---

49) Tyrivs 1994, 258.
50) TJ, I, 11.
51) TJ, I, 11.
52) TJ, I, 11.
53) TJ, I, 11.
54) TJ, I, 15. 新共同訳，旧835.
55) TJ, I, 15.

かった」という一文を見いだしたことに対し，それは「彼がウルガタ訳聖書の用語の曖昧さに騙された」ことによるものであり，「原典の言葉では『戯れる』，『遊ぶ』または『踊る』を意味するにすぎない」と反論する[57]。さらに，「気晴らし」という言葉自体についても『旧約聖書』のどこにも見当たらず，「神は気晴らしを禁じるのが適当と判断しなかったと信じることができる」[58]とバルベラックは述べている。

『新約聖書』に関して，イエス・キリストと使徒の教訓には，悪しき事物に対する寛容さがまったく混じらないが，彼らは娯楽に反対することをまったく述べていない[59]。娯楽の観念の痕跡が垣間見られる箇所があるとすれば，「エフェソの信徒への手紙」第4章第14節[60]のみであるが，これは「運任せの娯楽から引き出された隠喩の言葉であり，悪く解釈されたとしても，娯楽の誤用を非難しているにすぎない」[61]。また，バルベラックによれば，「コリントの信徒への手紙一」第10章第7節[62]中の原典の単語「パイゼイン」[63]は，前述のように「遊ぶ」ではなく「踊る」を意味する[64]。

バルベラックは第1篇第1章の最後で，「私がこの章で述べたすべてのこと」に加えて，聖書における「この深い沈黙」に基づき，「娯楽それ自体は，その誤用を除けば，実際には善悪無記の事物である」[65]と結論した。

---

56) 「わたしは笑い戯れる者と共に座って楽しむことなく御手に捕らえられ，独りで座っていました。あなたはわたしを憤りで満たされました」（新共同訳，旧1206）。
57) TJ, I, 15, note（1）.
58) TJ, I, 15.
59) TJ, I, 15.
60) 「こうして，わたしたちは，もはや未熟な者ではなくなり，人々を誤りに導こうとする悪賢い人間の，風のように変わりやすい教えに，もてあそばれたり，引き回されたりすることなく」（新共同訳，新356）。
61) TJ, I, 16.
62) 「彼らの中のある者がしたように，偶像を礼拝してはいけない。『民は座って飲み食いし，立って踊り狂った』と書いてあります」（新共同訳，新312）。
63) TJ, I, 16, note（b）.
64) TJ, I, 16.
65) TJ, I, 17.

Ⅲ　福音道徳と理性

　バルベラックは第1篇第3章第2節の冒頭で，「イエス・キリストの道徳の格言および教訓は，まさしくキリスト教徒の特性を前提とする少数のものを除けば，実際には自然道徳（*Morale Naturelle*）のそれら［＝格言および教訓］，すなわち，理性のみがすべての人間に知らせることができる義務のそれらと同じである」[66]という格率（maxime）を提示する。この格率は「ローマの信徒への手紙」第2章第14-15節[67]から導かれる。

> たとえ律法（Loi）[68]を持たない異邦人も，律法の命じるところを自̇然̇に̇（NAURELLEMENT）行なえば，律法を持たなくとも，自分自身が律法なのです。こういう人々は，律法の要求する事柄がそ̇の̇心̇に̇記̇さ̇れ̇て̇い̇る̇（ECRITS DANS LEURS COEURS）ことを示しています。彼らの良心もこれを示しており，また心の思いも，互いに責めたり弁明し合って，同じことを示しています[69]。

　ここで問題となっているのは「律法の道徳的教訓」であり，次の二つの結論が導かれる[70]。一つは，神がユダヤ人にある事柄を明白に命じたり禁じなかったとしても，そのことから，その事柄がそれら自体においても，律法が与えられた彼らに対しても善悪無記であるということにはならないこと，もう一つは，注意深い精神は，律法が沈黙を守る行為の善悪を，理性の格率に基づく反論の余地のない教訓に明白に含まれる結論によって見分けられること，である[71]。

　また，「ローマの信徒への手紙」第1章第32節に基づき，異教徒も悪徳に反する徳を知ることができた，とバルベラックは推論する[72]。そして，「異

---

66)　TJ, I, 32-33.
67)　バルベラックは「第15節」と注記している（TJ, I, 33, note (a)）。
68)　「モーセの戒律のような成文法または啓示された法」を指す（TJ, I, 33）。
69)　TJ, I, 33. 新共同訳，新275.
70)　TJ, I, 33.
71)　TJ, I, 33-34.

教徒の著者によって称賛されなかった徳はほとんどなく，彼らの中で誰かが非難しなかった悪徳もほとんどない」[73]というル・クレールの言葉に基づき，徳が「自然の光」と一致し，悪徳がそれと一致しないことは明白であると主張した[74]。

「ローマの信徒への手紙」第12章第1節において，「自分の身体を神に喜ばれる聖なる生けるいけにえとして献げる」[75]という「キリスト教的徳の実践・・・・・・」を，聖パウロが「なすべき礼拝（culte raisonnable）」[76]と呼んでいるのは，その行為が「モーセの儀式」[77]とは正反対のものであることの必然的帰結によるとして，バルベラックは同節を福音の定める義務が理性の不変の格率に基づく証拠として挙げる[78]。

聖パウロをはじめとする「聖なる著述家（Ecrivains sacrez [sic]）」は「道徳科学（Science des Mœurs）の整然とした体系」を残さず，すべての徳を正確に定義せず，何らかの機会における一般的格率を示したにすぎない[79]。しかし，一般的格率を各々の状態と特定の事例に適用するためには，それらから多くの結論を導き出さなければならない。このことから，バルベラックは，「聖なる著述家は，自らの理性を用いる能力と意志を持つ人々に語りかけることを前提としていた。そうでなければ，この世のあらゆる勧告が無駄になるからである」[80]と述べている。つまり，聖なる著述家は，完全な道徳を提示することよりも，人々の間で受け入れられた道徳の観念に不足しているものを補うこと，すなわち，悪しき慣習が自然の光それ自体に反して導入し，認めたものをそれから削除することを，より重視したのである[81]。

72）TJ, I, 34.
73）バルベラックは「これはル・クレール氏が同節［「ローマの信徒への手紙」第1章第32節］に付した注記である」と記している（TJ, 34, note (1)）。
74）TJ, I, 35.
75）TJ, I, 35. 新共同訳，新291.
76）TJ, I, 35. 新共同訳，新291.
77）「レビ記」に記された，神がモーセに命じるさまざまな捧げ物の行為を指すと考えられる（新共同訳，旧63-209）。
78）TJ, I, 35.
79）TJ, I, 35.
80）TJ, I, 36.
81）TJ, I, 36.

また，啓示が人々に自らの義務を伝えることや，義務について人々に一定数の一般的格率を示すことの必要性を，バルベラックは認めている[82]。その理由として以下の二点を挙げている。一つは，経験と議論という長々とした骨の折れる手段が，社会状態にある一般庶民にとって実現することがほぼ不可能だからであり，もう一つは，各自が遵守することを義務づけられる法として，道徳の教訓を受容させるために，神の権威が必要とされたからである[83]。しかし，「一般的規則を説明し，一般的規則から結論を導き出し，それらを多様な状況に適切に適用するためには，理性に相談することが必要であることに変わりはない」[84]のである。したがって，「正しい理性が我々にいかなる罪も示さない事物が，聖書において明確に禁じられることもなく，必然的帰結によっても禁じられないとすれば，そのときから我々はそれを罪がないと見なさねばならない」[85]。

他方で，教父アンブロシウスの『義務について』第1篇第23節では，これと正反対の原理を確立し，あらゆる種類の冗談（Railleries）を少なくとも聖職者には完全に禁じ，最も罪のない事物がつねに不正であることを望んだ[86]。アンブロシウスの主張の根拠は「聖書によって明確に許可されず認められないものを，人々は合法的に行なうことができない」[87]というものである。これに対しバルベラックは，このような根拠は社会を破滅させるか，少なくとも恐怖と疑念の無尽蔵の源になると指摘する[88]。「為すべきこと」や「為すべきでないこと」の認可に立法者が逐一立ち入ることになれば，無限の仕事に巻き込まれることになり，禁止されるもの，または命じられるものを入念に示すだけで十分であり[89]，人々はそれに基づき各自が判断し，残り

---

82) TJ, I, 36.
83) これら二点について，バルベラックはジョン・ロックの『キリスト教の合理性』（ピエール・コストによる仏訳版の第1巻，324ページ以下）の参照を指示する（TJ, I, 36, note (a). Locke［1695］1999, 148, 153／訳 192, 196）。
84) TJ, I, 36-37.
85) TJ, I, 37.
86) TJ, I, 37-38.
87) TJ, I, 38.
88) TJ, I, 38.
89) TJ, I, 39.

のすべてが許可されることを理解することができる[90]。神が人間に理性を与えたのは，ある事物がそれ自体悪であるかどうかを知るためと同様に，罪のない事物が不正となりうる事例を識別するためである[91]。バルベラックは「この研究に関して，異教徒は自然の光のみに助けられ，十分に高い水準に達していた」[92]と述べている。

また，バルベラックは啓示の重要性について次のように述べている。「人間は，律法と福音という「二重の啓示」(double Révélation) の限りなく明確で，確実で，広範な光に助けられ」[93]ており，福音を「試金石」として用いる際には，決して律法を無視してはならない。しかし，「多くの人々は良き原理を抱かず，道徳科学をその真の源（キリスト教はそれを非常に確実かつ明白に見いだしているが）に帰着させないがゆえに，彼らは異教の哲学者の道徳から導き出しうる有用性を十分に知らないか，良識ある優れたものを役立てることができない」[94]のである。したがって，「聖書と理性は，それらが結合されれば，我々のあらゆる行動の二つの不謬の指針」[95]となり，「聖書と理性の双方に申し分なく相談し，両者がある事物における悪を示さなければ，その事物は善悪無記である」[96]。

Ⅳ　節制・正義・信仰心の義務

第1篇第3章第4節以下では，娯楽が「福音精神」(Esprit de l'Evangile) に矛盾しないことを論証するとともに，より重要な他の主題に関して，巧妙に吹き込まれた「誤った観念」を一掃するために，福音と使徒の著作に散らばる道徳の主要な論点が検討される。

バルベラックは，「テトスへの手紙」第2章第11-12節を，福音道徳につ

---

90) TJ, I, 39.
91) TJ, I, 40.
92) TJ, I, 40.
93) TJ, I, 40.
94) TJ, I, 41.
95) TJ, I, 41.
96) TJ, I, 41.

いて簡潔に要約しているものとして提示する[97]。

　実に，すべての人々に救いをもたらす神の恵みが現われました。その恵みは，わたしたちが不信心と現世的な欲望を捨てて，この世で，思慮深く（AVEC TEMPÉRANCE），正しく（AVEC JUSTICE），信心深く（AVEC PIÉTÉ）生活するように教えた[98]。

　バルベラックは，これが「真のキリスト教徒（vrai Chrétien）を育むために必要なもののすべて」[99]であると主張する。この「テトスへの手紙」の一文が意味するのは，「世も世にあるものも愛してはなりません」[100]ということではなく，「世にある悪しきもの，迷信と偶像崇拝，世の人々の間で猛威を振るう罪深い情念を断たねばならない」[101]ということである。そうでなければ，人間が「節制（*Temperance*），正義（*Justice*），信仰心（*Piété*）を含む義務を履行することが不可能」[102]となるだろう。バルベラックは「節制には我々自身に関わるすべての徳が含まれ，正義は他の人間に関わる徳，信仰心は神（Divinité）を対象とする徳である」[103]と述べる。

　このような義務の区分は，「非常に自然的であり，複数の異教徒の著者に見いだされる」[104]。この三義務論は，バルベラックが仏訳したプーフェンドルフ『自然法と万民法』第2篇の訳注に詳述されている[105]。例えば，キケロは『トゥスクルム荘対談集』第1篇第26章において「哲学は，まず我々に神々を敬うこと，次いで人間という種族の社会に根ざしている人間の正義を，さらに魂の節制と偉大さを教え」[106]ると述べている。マルクス・アウレリウスは『自省録』第8篇第27節において「三つの関係――第一に自分を

---

97) TJ, I, 42.
98) TJ, I, 42. 新共同訳，新397.
99) TJ, I, 42.
100) TJ, I, 42.「ヨハネの手紙一」第2章第15節（新共同訳，新442）．
101) TJ, I, 42.
102) TJ, I, 42.
103) TJ, I, 42-43.「神への義務，他者への義務，自己への義務」という三義務の区分は，プーフェンドルフの他，カーマイケル，ハチスン，リード等の著作に見られる。
104) TJ, 43.
105) DNG, I, 217, note du traducteur（1）．
106) DNG, I, 217, note du traducteur（1）．Cicero, *Tusculanae Disputationes*, I, 26／訳53.

包容する器にたいして,第二に万人にとって万人の源泉なる神的原因にたいして,第三に生活をともにしている人々にたいして」[107]と述べている。

『娯楽論』第1篇第3章では,第5節で節制,第6,7,8節の各節で節制の対象となる三つの欲望（名誉・富・快楽），第9節と第10節で「我々のあらゆる義務の第二の源」である正義,第11節で信仰心について各々論じられる。

V　節制と欲望

バルベラックは,「節制」を「欲望を規制し,正しい理性の限界内にそれらを含めること,または,それらが邪悪で過度の情念に堕するのを防ぐことにある」[108]と定義している。「節制」という語には,原典の用語「ソープロシュネー」と同義語「エンクラテイア」が含まれ,この二つの語は異教の哲学者にとって非常に一般的で,前者は「1. 精神の健全さ,中庸,思慮分別。2. 欲望における中庸,自己統御,自制,純潔,禁酒」[109]を意味し,後者は「1. 人または事物の支配,2. 自己統御」[110]を意味する。バルベラックによれば,異教の哲学者は,節制が「あらゆる欲望と,快楽および満足のあらゆる追求とを人生から完全に排除すること」を意味するとは一度も明言しておらず,また,聖書にも,非常に禁欲的な意味をこの二つの語に与えることを勧めるものは何もない[111]。

「神がつくった人間は,ある事物を望み,その所有を快いと思う傾向を抗し難く有しているため,神がそのような人間本性を変えずに,人間の心に置いたこれらの強力な性向を完全に除去することを人間に強いるなら,神は自ら矛盾したことを言うことになる」とバルベラックは指摘する[112]。福音に関して,イエス・キリストには,「神とは,我々の感覚を楽しませる無数の

---

107)　DNG, I, 217, note du traducteur (1). Marcus Aurelius［1916］2003, 210-211／訳172.
108)　TJ, I, 43.
109)　Liddell and Scott 1972, 789.
110)　Liddell and Scott 1972, 222.
111)　TJ, I, 43.
112)　TJ, I, 43.

事物で我々を取り囲むにもかかわらず，我々の欲望と愛情の最もわずかな部分さえ，それら［我々の感覚］に与えることを我々に禁じ，絶えず我々に罠を仕掛ける厳しく残酷な主人である」という恐ろしい観念の下で，彼の父たる神を表現する意図はなかった[113]。イエス・キリストが望んでいることはただ，「我々が何よりも神の国と神の義を求めること」[114]であった。

また，「世の事にかかわっている人はかかわりのない人のようにすべきです」[115]という聖パウロの言葉は，人々が「世の事」を誤用しうるのと同様に，悪意を持たずに使用できることも明白に想定していると，バルベラックは述べる[116]。聖パウロが「フィリピの信徒への手紙」第4章第19節[117]と「コロサイの信徒への手紙」第3章第2節[118]において「地上のもの」の追求を禁じているとしても，それは「上にあるもの」の追求に反しうる限りにおいてでしかないか，または「地上のもの」を理由に，「上にあるもの」を無視することによって，「地上のもの」のことしか考えないという限りにおいて，でしかない[119]。

最も罪のない事物や，その使用が最も正当な事物を完全に断つ必要があるとすれば，それは，それらの事物の自由使用を守るために，福音の明白な格率を侵害することが余儀なくされる場合である[120]。しかし，自らの義務を妨げずに欲望を満たす限りは，神の恩恵の結果によって人間にもたらされるものから，人間が感謝の祈りとともに，利益を得ることを妨げるものは何もない[121]。「キリスト教的節制（Tempérance Chrétienne）が正当な限度を超えて拡大することを防ぐには，以上で十分である」[122]。

---

113) TJ, I, 44.
114) TJ, I, 44. 「マタイによる福音書」第6章第33節（新共同訳，新11）。
115) TJ, I, 44. 「コリントの信徒への手紙一」第7章第31節（新共同訳，新308）。
116) TJ, I, 44.
117) TJ, I, 44, note (d).「わたしの神は，御自分の栄光と富に応じて，イエス・キリストによって，あなたがたに必要なものをすべて満たしてくださいます」(新共同訳,新366-367)。
118) TJ, I, 44, note (d).「上にあるものを心に留め，地上のものに心をひかれないようにしなさい」(新共同訳，新371)。
119) TJ, I, 44-45.
120) TJ, I, 45.
121) TJ, I, 45.
122) TJ, I, 45.

VI 自己評価と「キリスト教の謙遜」

　節制は「欲望の規制」を意味するが，人間の欲望の対象には一般的に，名誉（*Honneurs*），富（*Richesses*），快楽（*Plaisirs*）の三種類がある[123]。名誉は「評価」（ESTIME）への欲望であり，それは自然的な欲望で，福音はそれに敏感であることを，完全に禁じているわけではない[124]。例えば，「フィリピの信徒への手紙」第4章第8節には，次のように記されている。

　　そのうえ，兄弟たち，すべて真実なこと，すべて気高いこと，すべて正しいこと，すべて清いこと，すべて愛すべきこと，すべて名誉なこと（APPROUVÉ），また徳や称賛（LOUABLE）に値するものがあれば[125]，それを心に留めなさい[126]。

　「聖パウロは，ある意味において，評価を追求することを人々に勧めており，評価を徳と一対のものとする」[127]とバルベラックは解釈する。イエス・キリストがもっぱら非難するのは，「神からの誉れよりも人間の誉れの方を好む」人々，つまり「神の承認を無視してまでも，人々の評価と，彼らが人々の間で保持する名誉ある地位を獲得し守ることを，何らかの犠牲を払ってでも望む人々」[128]である。バルベラックは「重要な地位にある人々が，キリスト教に改宗したとき，彼らの中に，自らの職を捨てよという命令に応じた者はいなかった」[129]として，『新約聖書』からエチオピア人の宦官で女王の高官，キプロス島の地方総督セルギウス・パウルス，百人隊長コルネリウス，

123） TJ, I, 45-46.
124） TJ, I, 46.
125） バルベラックはロックの『人間知性論』第2篇第28章第11節の参照を注記で指示する（TJ, 46, note（1））。「およそ徳はどこでも，称賛に値すると考えられるものであり，公衆の敬重（publick [*sic*] Esteem）の許されるものだけが徳と呼ばれるものである。徳と称賛とはまったく合一していて，しばしば同じ名まえで呼ばれるほどだ」（Locke [1690, 1975] 2012, 354／訳，（二），344-345）。
126） TJ, I, 46. 新共同訳，新366.
127） TJ, I, 46.
128） TJ, I, 46.「ヨハネによる福音書」第12章第43節（新共同訳，新193）。
129） TJ, I, 46.

コリントの市の経理係エラストの例を挙げている[130]。また，数人の兵士が彼らを洗礼した聖ヨハネに，自分たちが為すべきことを尋ねたとき，聖ヨハネが「兵役に就くな」とは言わず，「誰からも金をゆすり取ったり，だましたりするな。自らの給料で満足せよ」[131]という義務を兵士に提示することで満足したという訓話に言及する[132]。この訓話は一兵卒と同様に最高官や将軍にも関わり[133]，さらに，戦争それ自体がキリスト教徒の特性と矛盾しないことを前提としているように，軍隊の職務や軍隊で必要な最高位を切望することを，暗黙のうちに許していると，バルベラックは述べている[134]。したがって，「評価への愛と名誉の追求それ自体は，本来善悪無記の事物であり，正しい理性（droite Raison）が明白に定める規則を注意深く遵守する限り，悪になることはない」[135]のである。その規則は，以下の通りである。

(1) 自分に欠けているいかなる長所（avantage）も自分のものであると主張しないこと。
(2) 各々の事物を正しく評価すること。
(3) 可能なことのみ，希望すること。
(4) 正当な手段によってのみ，評価と名誉を求めること。
(5) それら［評価と名誉］を良い目的と結びつけ，それらを善用すること。
(6) 他人よりも多く有する特権を自慢しないこと。
(7) 目下の者を軽蔑しないこと。
(8) 自らを満足させるために，すべてを犠牲にする過剰な野心に決して身を委ねないこと[136]。

バルベラックによれば，これらの規則は「謙遜（HUMILITÉ）」をもたらす

---

130) TJ, I, 47.
131) TJ, I, 47, note (c). 「ルカによる福音書」第3章第14節（新共同訳，新105-106）。
132) TJ, I, 47.
133) TJ, I, 47.
134) TJ, I, 47-48.
135) TJ, I, 48.
136) TJ, I, 48.

すべてである[137]。Humilité の概念は，異教の哲学者によって，「慎み深さ(Modestie)」という言葉とともに，聖書で用いられる言葉「謙遜（Humilité）」でも知られていた[138]。バルベラックは Humilité の概念をプラトンの『法律』第4篇 716A, B に見いだそうとした[139]。

> 常にその神に随行するのは，神の掟をないがしろにする者への復讐者たる，正義の女神。幸福であろうと心がける者は，謙遜と節度をわきまえて（HUMBLEMENT），その正義の女神にしっかりと随行するのだ。しかるに，もしひとが，財産，名誉あるいは若さ愚かさを伴う容姿の端麗さゆえに思い上がり，慢心からいい気になり，自分には支配者も指導者も必要ではない，むしろ他の人々を指導する力量がある，などという驕りの炎で魂を燃え上がらせたりすれば，彼は，神に見捨てられて孤立するのだ[140]。

謙遜（humilité）はある種の慢心（présomtion [sic]）に反するものである。慢心は，自己の中に実際に見いだされる取るに足りない長所に基づくか，あるいは確固たる長所に基づいているが，それは元々自分には欠けているものであり，不当に自分のものと主張されたものにすぎない[141]。バルベラックは「我々が他人について抱く判断（jugement）において，真理（Vérité）と自然的公正（Equité naturelle）に反することが許されないとすれば，自己について抱く意見(opinion)において，なぜそれらに反しなければならないのだろうか」[142]と述べ，自己評価を肯定的に捉えている。「我々が故意に目を悪くしなければ，自己の長所を無視することができないほどにそれらが明白である場合」，自己の長所を完全に無視したり否定しなくてもよい[143]。しかし，「我々がその点について，奇妙な幻想を抱きうることは十分すぎるほど確かである」[144]として，「自己を非常に高く評価すると思われる人々」を例に挙げている。「彼

---

137) TJ, I, 48.
138) TJ, I, 48.
139) TJ, I, 48.
140) TJ, I, 49, note（1）. Plato *Leges*, IV, 716A, B／訳．（上）．256.
141) TJ, I, 49, note（1）.
142) TJ, I, 49.
143) TJ, I, 49-50.
144) TJ, I, 50.

らは，自己のわずかな真価（mérite）について内向的で混乱した感情（sentiment）で満たされている。そして，懇願された，大抵は偽りの証拠の中に他人の有利な意見を探し求める。そうした意見は，彼らが貪るように耽っている無益な幻想を作り出すために必要ではあるが，彼らがいかに自惚れる気になろうとも，自己の中に見つけるのにきわめて苦労する真の長所（qualitez [sic] réelles）を培うために必要ではない」[145]。つまり，彼らは「実際には，人がそのことを信じうるほどには自己を評価していない」のである。一方で，「自己の真価を十分に確信する人々」について，「彼らは結果によって自己の真価を示すことを望む場合に，それが知られないままでいることはほとんどあり得ないと容易に想像するため，自己の真価を識別することを進んで他人に任せる」[146]。

　理性と福音の双方が，「自らを過大に評価してはなりません。むしろ，神が各自に分け与えてくださった賜物（don）の度合いに応じて慎み深く評価すべきです」[147]と我々に注意するよう尽力すれば，我々が身の程を知ることと，自己を慎み深く（modestement）正しく評価することを妨げるものは何もない[148]。

　バルベラックが「慎み深く」という語に込めた意味は，彼が引用するミシェル・ドゥ・モンテーニュ（Michel de Montaigne, 1533-1592）の『随想録』第2篇第6章[149]の文章に基づくなら，自己を実際の価値よりも低く評価することではなく，「真理が示すものをありのままに見る」ことを示すものと考え

---

145) TJ, I, 50.
146) TJ, I, 50. バルベラックは「自己評価」に「他人による評価」の観点を導入する。前述のように，ロックは「世論ないし世評（Opinion or Reputation）」に基づく「敬重と悪評（Esteem and Discredit）」を「徳と悪徳」に結びつけている（Locke [1690, 1975] 2012, 353-356／訳，（二），343-346）。彼の道徳思想（「自己評価」論）については，次節を参照。バルベラックにおける自己評価と「衡平」の関係の議論は，スミスの『道徳感情論』第6版（1790年）第6部第3篇「自己規制について」の後半で展開されている「自己評価の原理」（the principle of self-estimation）と比較してみるのも興味深いと思われる（TMS, 246-262／訳，（下），173-212）。
147) TJ, I, 50.「ローマの信徒への手紙」第12章第3節（新共同訳，新291）。新共同訳では「賜物」は「信仰」と訳されている。
148) TJ, I, 50-51.

られる。

　バルベラックによれば，キリスト教は，実質を伴わない名誉と自己愛 (Amour Propre)[150] への最小限の誘惑を警戒するという点で，良識 (Bon-Sens) と完全に一致する[151]。そして，「へりくだって，互いに相手を自分よりも優れた者と考え」[152]ることを，つまり，他人が明らかに我々の味方であるというのでない限りは，つねに他人に有利なように発言し，他人に利益を譲る傾向にあることを求める。このような場合においても，「謙虚な人」(personne humble) は，衡平が要求するよりもはるかに低く自己が評価されたことを知っても，悲しむことなくそのことに耐える[153]。また，「自己の真価の確固とした輝きに満たされた人」は，それ［輝き］を曇らせようとする［他人からの］嫉妬の影が生じるのを平然と眺める[154]。

　いずれにせよ，希少な長所の最初の源まで遡りさえすれば，神に帰着するとバルベラックは主張する[155]。「いったいあなたの持っているもので，いただかなかったものがあるでしょうか。もしいただいたのなら，なぜいただかなかったかのような顔をして高ぶるのです」[156]。この「コリントの信徒への手紙一」の一節は「傲慢 (Orgueil) へのあらゆる誘惑の最高の予防法であり，我々よりも下位に在る人々を軽蔑しないようにするための非常に強力な論拠である。下位の人々に対する優越は，神の恩恵の純然たる結果だからである」[157]。この「予防策」は，「みな互いに敬意 (déférence) を持ち合いなさい」[158]

---

149) 「自分のことを，実際よりも悪くいうのは，愚かなことであり，謙虚さ (modesties) などではない。アリストテレスによれば，自分を実際の価値よりも安く売るのは，卑怯であり，意気地なしということになる。いかなる美徳も，偽物の手を借りることはないし，真理はけっして誤謬の種などにはならない」(Montaigne [1595] 2007, 398／訳，(三)，103-104)。
150) バルベラックによれば，「啓発された自己愛」(Amour propre éclairé) は「自己に対して直接的に行なうべきすべてのもの」を含み，自然法の全般的基礎の一つである。他の基礎は「宗教」(神に対する人間のすべての義務を含む) と「社交性」(他人に対して行なうべきすべてのものを含む) である (DNG, I, 195, note du traducteur (5))。
151) TJ, I, 51.
152) TJ, I, 51, note(a).「フィリピの信徒への手紙」第2章第3節（新共同訳，新362-363)。
153) TJ, I, 51.
154) TJ, I, 52.
155) TJ, I, 52, note (a).
156) TJ, I, 52.「コリントの信徒への手紙一」第4章第7節（新共同訳，新303)。

および「尊敬をもって (par des honnêtetez [*sic*]) 互いに相手を優れた者と思いなさい」[159]という『新約聖書』の教訓を一層促進する[160]。

バルベラックは，雅量と大度の純然たる原理によって抱かれる「称賛すべき競争心 (Emulation louable)」や「崇高な野心 (noble Ambition)」が「キリスト教の謙遜 (Humilité Chrétienne)」と矛盾せず，その主要部分を成すと主張する[161]。「称賛すべき競争心」と「崇高な野心」を抱き，最高の地位にあっても，「福音と理性に等しく適うように謙虚 (humble) でありうる」[162]例として挙げられるのが，マルクス・アウレリウスである。バルベラックの「キリスト教の謙遜」は，上記の『新約聖書』の教訓すなわち「みな互いに謙遜を持ち合いなさい」と「尊敬をもって互いに相手を優れた者と思いなさい」を意味すると考えられる。自己の長所の源を神に求める「傲慢へのあらゆる誘惑の最高の予防法」は「キリスト教の謙遜」を促すとともに，「慎み深く正しく自己を評価すること」を妨げない[163]。「キリスト教の謙遜 (Humilité Chrétienne)」は異教の哲学者によって提示される「慎み深さ (Modestie)」と矛盾せず，また「慎み深さ」は「キリスト教の謙遜」の主要部分を成す[164]。これがバルベラックにとっての「真の謙遜 (vraie *Humilité*)」[165]の観念である。

Ⅶ　自己評価論とキリスト教的人間像

1　ロックにおける「世論ないし世評の法」

前節で見たように，バルベラックは『娯楽論』第1篇第3章第6節で「評

---

157) TJ, I, 52.
158) TJ, I, 52, note（b）.「ペトロの手紙一」第5章第5節（新共同訳，新434）。新共同訳では「敬意」は「謙遜」と訳されている。
159) TJ, I, 52, note（c）.「ローマの信徒への手紙」第12章第10節（新共同訳，新292）。
160) TJ, I, 52.
161) TJ, I, 52.
162) TJ, I, 52, note（1）.
163) TJ, I, 52.
164) TJ, I, 52.
165) TJ, I, xxxviii.

価（ESTIME）への欲望は自然的な欲望である。福音はそれに敏感であることを我々に完全に禁じているわけではない」[166]と主張した。彼が自らの主張の根拠としたのは，「フィリピの信徒への手紙」第 4 章第 8 節の聖パウロの言葉であった。バルベラックはこの新約聖書からの引用文に付した注記の中で，「［聖書の］原典（l'Original）には一語一語『称賛があれば』（s'il y a quelque LOUANGE, εἴ τις ἔπαινος）とある」[167]と指摘した上で，ロックの主著『人間知性論』第 2 篇第 28 章第 11 節の参照を指示する。ロックは当該箇所で次のように述べている。

　およそ徳はどこでも，称賛に値する（Praiseworthy）と考えられるものであり，公衆の敬重（publick [sic] Esteem）の許されるものだけが徳と呼ばれるものである。徳と称賛とはまったく合一していて，しばしば同じ名まえで呼ばれるほどだ。（中略）すべての人が自分の利益と見いだすものを敬重と好評（Reputation）とで奨励し，その反対を非難して賛成しないことほど自然なものはあるはずがないから，敬重と悪評，徳と悪徳がどこでも神の法の確立しておいた正と不正の不変の規則といちじるしく対応するというのも，怪しむべきではない[168]。

　同節の最後には，「それゆえ，啓示を受けた師［聖パウロ］の勧めさえ，世間一般の評判（common Repute）に訴えることを恐れなかった」[169]として，バルベラックと同様に「フィリピの信徒への手紙」第 4 章第 8 節から「すべて愛すべきこと，すべて名誉なことを，また徳や称賛に値することがあれば」という言葉を引用している。

　『人間知性論』第 2 篇第 28 章第 7 節は，「およそ人々が一般に自分たちの行動を準拠させて，行動の方正（Rectitude）か不方正（Obliquity）かを判定する法」として，「神法（*Divine* law）」，「市民法（*Civil* law）」，「世論ないし世評の法（Law *of Opinion or Reputation*）」の三つの法を挙げている[170]。初版では「世

---

166)　TJ, I, 46.
167)　TJ, I, 46, note（1）.
168)　Locke［1690, 1975］2012, 354-356／訳，（二），344-345.
169)　Locke［1690, 1975］2012, 356／訳，（二），346.
170)　Locke［1690, 1975］2012, 352／訳，（二），341.

論ないし世評の法」の代わりに「学問法」(the *philosophical* Law) という語が使われていたが、第 2 版で変更された[171]。ロックが徳と悪徳の尺度を「世論ないし世評の法」に求めている点について、国教会聖職者ジェイムズ・ロウド (James Lowde, c. 1640-1699) は『人間の自然的および政治的能力、理性的被造物および市民社会の成員としての人間の本性に関する論説、これに関するホッブズ氏の見解の検討を付す』(1694 年) の「読者への序」(The preface to the reader) で次のように問いかける。「人間が実際にはそれに値しない相手を称賛または非難するほどに思い違いをするならば (そのことは時として起こりうるだろう)、このことは事物の本性を改変して、悪徳を徳に、徳を悪徳にするのではないだろうか」[172]。ロックは『人間知性論』第 2 版 (1694 年) の「読者への序」(The epistle to the reader) で、このロウドの見解に対し、「[『人間知性論』] 第 2 巻第 28 章[173]で人々がその行動を準拠させる第三の法則にかんして言ったことで、まるで私が徳を悪徳に、悪徳を徳にしようとしたかのように暗示した」[174]と批判し、次のように反論している。

> 私が聖パウロの上述の語句 [[「フィリピの信徒への手紙」第 4 章第 8 節] を引いたのは、世界中で人々が徳や悪徳と呼ぶものの一般的な尺度が個々の社会それぞれの内部での世評・風習であったことを証明するためでなく、たとえそう〔した世評・風習が尺度〕だったとしても、私がそこで挙げた理由によって、人々は、自分たちの行動をそのように〔徳や悪徳と〕呼称するさい、おおむね自然法からひどく外れてはいなかったことを明示するためであり、この自然法こそ、人々がその行動の方正と劣悪を判定して、それによって行動を徳あるいは悪徳と呼称すべき定常の、変更できない規則なのである[175]。

---

171) Locke [1690, 1975] 2012, 35／訳、(二)、34.
172) Lowde 1694, The preface to the reader.
173) 『人間知性論』第 2 版では「第 2 巻第 27 章」と記されている (Locke [1690] 1694, The epistle to the reader)。
174) Locke [1690, 1975] 2012, 354, editor's note／訳、(二)、346. ロウドの『人間本性論』の概要については、妹尾 2005, 303-321 を参照。
175) Locke [1690, 1975] 2012, 355, editor's note／訳、(二)、348.

『人間知性論』の上記の箇所に関して，ロックの死後，第三代シャーフツベリ伯爵が匿名で執筆した『ある貴族によって大学の若者宛てに書かれた数通の手紙』(1716 年) の書簡八では，次のように批判的に言及されている。

　　ロック氏によれば，徳は流行 (*Fashion*) や慣習 (*Custom*) 以外に尺度，法または規則を持たない。道徳，正義，公正は法と意志にのみ依存する。そして実際には，彼の意味するところでは，神は完全に自由な主体すなわち悪であるいかなるものに対しても自由な主体である。神が悪を望むなら，悪は善にされるだろうからである。神が望むなら，徳は悪徳となりうるし，逆に悪徳は徳になりうる。それゆえ，正も邪も，徳も悪徳も，本来いかなるものでもない。人間精神に生まれながらに刻み込まれたそれらの痕跡も観念も存在しない。経験と我々の公会問答 (*Catechism*) が，我々にすべてを教えてくれるのだ！[176]

　書簡八の冒頭で，シャーフツベリは「非常に熱心なキリスト教徒および信者としての彼 [ロック氏] の誠実さを保証する」と述べつつも，ロックの教義がマシュー・ティンダル (Matthew Tindal, 1657-1733) ら当時の「自由著作家 (Free Authors)」によって採用されたことを指摘する[177]。

2　ニコルとバルベラックの自己評価論

　ロックはジャンセニストのピエール・ニコルの『道徳論集』(全4巻，1671-1677 年) に収録された 24 篇のエッセイのうち 3 篇を英訳している。ロックによる英訳版エッセイは初代シャーフツベリ伯爵夫人マーガレットに献呈され，ロックの生前には刊行されていない。トマス・ハンコック (Thomas Han-

---

[176]　Anon. [Shaftesbury] 1716, 40-41. クラインはシャーフツベリのこの文章について，「ホッブズと同様に，ロックは道徳の因習的性格と神についての唯名論的見解を提唱した」と指摘している (Klein 1994, 65)。シャーフツベリはホッブズと「自由著作家」の関係について次のように述べている。「概して実際にあったことなのだが，昨今の自由著作家 (*Free-Writers*) と呼ばれているすべての者が，ホッブズ氏がかつてたくらんでいた諸原理を信奉したのである」(Anon. [Shaftesbury] 1716, 38)。

[177]　Anon. [Shaftesbury] 1716, 38-39.

cock）によって編集されたものが，1828 年に初めて出版された[178]。ロックが英訳した 3 篇のエッセイは，以下の順に収録されている。

1. 「神の存在と魂の不死の自然的証拠の概要を含む論説」（原典第 2 巻，1671 年）
2. 「人間の無力さについて」（同第 1 巻，1671 年）
3. 「人々との平和を維持する方法について」（同第 1 巻，1671 年）

ハンコックはエッセイの収録順について，次のように述べている。「これら三つ［のエッセイ］が，原典のさまざまな部分からニコルの『［道徳］論集』の中で最良のものとして，ロックによって選ばれたことも理解されるべきである。それゆえ，ロックが配置した順番は彼自身のものである」[179]。ニコルは「人間の無力さについて」において，「他人の称賛」または「世論」が自己評価に与える影響について次のように述べている。

> 人々に他人の称賛をあれほど熱望させるものは，それ［他人の称賛］が，彼らが自らの卓越について抱く評価を自らの中で強固にし，ますます確かなものにすることだろう。このような世評（sentiment public）は彼らに自らの評価を確信させ，彼らの称賛者は，彼らが自らに下す判断（jugement）において間違えていないことを自らに確信させる証人だからである[180]。

ロックはこの段落を次のように英訳している。

> 人々が他人の称賛（approbation）を非常に熱心に求める理由はおそらく，そのような称賛が，彼らが自分自身に対して抱く高い評価（good opinion）を確実なものとし，その評価を自らに定めることに非常に役立つということであろう。彼らは自分のことを優れた何かであると想像する。そして，

---

178) ライデンは，ニコル『道徳論集』の英訳の方法論について記されたロックの速記稿（MS Locke c. 28, fol. 42）を翻刻している（Leyden 1954, 254）。また，ジーン・S・ヨルトンの編集による『道徳論集』の原文とロックの英訳の対訳が 2000 年に出版された（Nicole 2000）。
179) Hancock 1828, xv.
180) Nicole［1671a］1999, 29.

世間の評判が自らの想像に有利になるだけであれば (if the public vogue move but that way), 世間の評判は, 自らが形成し自らの内部で溺愛するその評価に生命を吹き込む。そのときその評価は疑いを越えて真実で確固たるものとなり (it becomes past doubt true, & reall), 非常に多くの称賛者の一致した証言のある物事において, 彼らは間違いえないのである[181]。

　ニコルの『道徳論集』は, ロックではない匿名の人物による全訳 (全4巻) が 1677 年から 1684 年にかけてロンドンで出版されている。この匿名の人物による英訳において, 同箇所は次のように訳されている。

　　おそらく, 我々に非常に熱心に他人の称賛を希求させるものもまた, これによって, 我々が我々自身の美点について抱く評価 (Idea) が定められ, 確証されることである。というのは, この公的な証言 (publick [sic] testimony) は我々にその保証を与えるからである。我々の称賛者は多数の目撃者として, 我々が我々自身に抱く評価 (opinion) において間違えていないことを, 我々に納得させるのである[182]。

　上記のロック訳と匿名の人物の英訳を比較すると, ロック訳は「世間の評判」を受けた自己の内部で「自己評価」が形成されるプロセスについての説明を補足しており, ニコルの原文を敷衍する内容になっている。このように自己評価に影響を及ぼす「世間の評判」に対するロックの関心は, 人間行動の準拠の一つに「世論ないし世評の法」を据える『人間知性論』の主張に通じるものがある[183]。

　しかし, ニコルは「他人の称賛」を追求することが無意味であり, 無益であることを主張している。そもそも,「我々は他人に自らの欠点を隠すことによって, 我々自身にもそれらを隠そうとし, そのことに大いに成功する」[184]。こうして得られるものは「自己満足 (complaisance)」すなわち「無分

---

181) Nicole 2000, 47.
182) Nicole 1677-1684, I, 4.
183) ロックは 1686-1688 年頃に書かれた草稿「このように私は考える」で, この世において「最も永続する快楽が何から成り立つのか」ということについて,「健康」,「評判 (Reputation)」,「知識」,「善行」,「あの世での永遠かつ無限の幸福を期待すること」を挙げている (Locke 1997, 296／訳 241-242)。

別，誤謬，幻想に満ちた我々自身を見ること」にすぎない[185]。このように「我々をぬか喜びさせる判断」について，ニコルは「我々が自問自答するかむしろ我々自身の経験を探れば，その経験は我々に，このような評価(estime)以上に，無意味で安定しないものは何もないと告げるだろう」と主張する[186]。というのは，「ある特定の機会に我々を称賛するだろう者は，別の機会には我々をけなすつもりがあるだろうということに変わりはない」[187]からである。

> 彼ら［我々を称賛する者］は，無意味で不毛な賛辞を吐き出した後，我々よりも自らの利益に適う最も下種な人々の方を好むだろう。彼らは，我々の欠点について悪意に満ちた指摘をすることにより，我々が有する優れたものに認められる証言を台無しにするだろう。彼らは我々の中にあるより尊敬すべきでないものを評価し，我々の中にある称賛に値するものを非難するだろう[188]。

かくしてニコルは「このように評価を顧慮すること（regard d'estime）はこの上なくはかない善であるため，我々に落ち度がなくても，おびただしい機会が我々にそれを失わせうる。偽りの報告，不注意による過失，ささいな奇行がこの評価のすべてを消し去るか，その評価を有益なものにするよりもむしろ，有害なものにするだろう」[189]と述べている。さらに，他人が我々に下す評価について，「我々が見ないときにはまったく役に立たず，我々が見るときには有害であり，無意味で，無益で，不安定で，危険であるというこれらすべての性質を併せ持つこの善とは，何なのだろうか」[190]と問う。

一方で，バルベラックは，自己評価に際して「自分自身を非常に高く評価すると思われる人々」と「自分自身の真価（mérite）を十分に確信する人々」

---

184) Nicole［1671b］1999, 156.
185) Nicole［1671b］1999, 156.
186) Nicole［1671b］1999, 156.
187) Nicole［1671b］1999, 156-157.
188) Nicole［1671b］1999, 157.
189) Nicole［1671b］1999, 157.
190) Nicole［1671b］1999, 158.

の相違を指摘していた。前者が他人の評価から得られるものは、ニコルの言葉を借りれば、「自己満足」である。

> 自らの乏しい真価についての内に秘めた混乱した見解（sentiments）で満たされた彼ら［自らを非常に高く評価すると思われる人々］は、たいていは上辺だけの、懇願された証拠の中に他人の好都合な意見を求める。それは、彼らがどんなに自己を過大評価する気になろうとも、彼ら自身の中に見つけるのに非常に苦労する真の美点（qualitez ［sic］ réelles）の代わりに、彼らが貪るように耽っている無益な幻想を生み出すのに必要なものである[191]。

後者の「自分自身の真価を十分に確信する人々」に対しては、「結果によって真価を示すことを望むとき、その真価が知られないままでいることはあり得ないことに容易に理解が及ぶ。彼らはそのように考えて、真価を見分けることを進んで他人に任せる」[192]として、他人の評価を求めることを、バルベラックは容認している。

自己評価という点では、バルベラックもニコルも「傲慢」（Orgueil）を悪しきものとして非難している。前節で述べたように、バルベラックは「傲慢へのあらゆる誘惑の最高の予防法」として「希少な長所の最初の源まで遡りさえすれば、神に帰着する」ということを挙げている[193]。ニコルもまた、傲慢を是正する手段を最終的に神に求める点で、バルベラックと共通する。

> 人間が自分自身の力や美点を有するという観念から傲慢が生じるとすれば、彼をへりくだらせる（humilier）最良の手段は、自らの無力さ（faiblesse）を自分に認めさせることだと思われる。このような思い上がり（enflure）をもたらす虚栄（vent）を追い出させるには、思い上がりを突き刺さねばならない。彼が自らの卑小さと弱さを自らに示すことで、自分自身の偉大さを自称する幻想から彼の目を覚まさせねばならない。それは彼を意気消沈と絶望に追い込むためではなく、彼が自らの存在の中にも、彼がそれに伴わ

---

191) TJ, I, 50.
192) TJ, I, 50.
193) TJ, I, 51-52.

せるいかなるものにも見いだしえない支え，庇護，高潔さと力を，神に求めるよう彼を導くためである[194]。

「へりくだらせる最良の手段」が「自らの無力さを自分に認めさせること」であるというのがニコルの見解であるのに対し，バルベラックにとって「キリスト教の謙遜（Humilité Chrétienne）」は，「雅量と大度の純然たる原理によって抱かれる称賛すべき競争心や崇高な野心」と決して矛盾しない[195]。各人の長所は「神の施しの純然たる結果」にすぎないのであって，そのことは「みな互いに敬意を持ち合うこと」[196]と「尊敬をもって互いに相手を優れた者と思うこと」[197]をさらに促進する[198]。「福音と理性が『神が各自に分け与えてくださった賜物の度合いに応じて慎み深く評価する』[199]ことに尽力すれば，人は他人を正しく評価するように，自分の身の程を知ることと，自らを慎み深く正しく評価することを妨げるものは何もない」[200]。バルベラックの「キリスト教の謙遜」概念の基礎にあるのは，「人間は使用と誤用を区別することができる」という考え方である。「評価への愛つまり名誉の追求は本来，善悪無記の事物（chose indifférente）である」[201]ため，人間が「評価への愛」を正しく使用する場合には，それは善となり，誤用する場合には悪となる。人間は正しく自己を評価することが可能であるというバルベラックの見解は，ニコルとは対照的である。自己評価に関する両者の見解の相違は，キリスト教的人間像の相違に起因している。バルベラックのキリスト教的人間像は，「使用と誤用が区別可能な理性的被造物」というものである。一方で，ニコルは正統派カルヴァン主義者に近い見解を有するジャンセニストであり，「人間本性の腐敗」を強調する伝統的なキリスト教的人間像（神の恩寵を待つしか魂の救済の手段を持たない無知無力な人間）に基づいている。

---

194) Nicole [1671a] 1999, 29-30.
195) TJ, I, 52.
196) 「ペトロの手紙一」第5章第5節（新共同訳，新434）。
197) 「ローマの信徒への手紙」第12章第10節（新共同訳，新292）。
198) TJ, I, 52. 一方，ニコルは次のように述べている，「各人の心はすべて自分自身に注がれ，生まれながらに他人の昇進を敵視する」（Nicole [1675] 1999, 390）。
199) 「ローマの信徒への手紙」第12章第3節。新共同訳，新291。
200) TJ, I, 50-51.
201) TJ, I, 46.

Ⅷ　おわりに——「真のキリスト教徒」と『娯楽論』

　バルベラックは福音道徳の教訓および格言が，キリスト教徒の特性を前提とする少数のものを除けば，自然道徳の教訓および格言と同一であることを示した。さらに，「純粋な理性の思想」すなわち「異教徒の哲学」を援用することによって，『新約聖書』から真の「福音道徳」を導く試みを行った。このことは「異教の哲学者の指導を受けてキリスト教徒に再会する」[202]との端的な表現で示される。

　この試みは「娯楽は福音精神に反するか」という問いから始められた。「娯楽は，苦行，禁欲，自己放棄，現世および現世の虚栄への無関心のみを説く福音精神とは矛盾するという誤解が，人々の間で確立されている」[203]。しかし，そのような誤解が必然的に福音道徳を滑稽なものに変え，福音道徳を遵守する人々に，それが完全に実現不可能なものであると意気阻喪させることになる。バルベラックは「真のキリスト教徒（vrai Chrétien）」の誤った観念として「完全な世捨て人（parfait Anachorete［sic］）」を提示する[204]。「完全な世捨て人」とは，「最も罪のない快楽と，逸楽に陥らせる可能性が最も少ない生活便宜品を自らに禁じ，現世のすべての事物に対して完全な無関心しか抱かず，むしろ極度の軽蔑とともにそれらを眺め，絶え間ない苦行を自己に強制し，つねに祈り，自らの肉体を容赦なく扱うことしか頭になく，また，来世の幸福を自らのすべての欲望とすべての考えの終生の目的とする」[205]人々である。

　バルベラックは『娯楽論』第 1 篇第 3 章第 7 節で「生命に絶対に必要なもの以外の商売は，福音の戒律によって完全に不正かどうか」を検討する。富

---

202) TJ, I, 99.
203) TJ, I, 31.
204) TJ, I, 31.
205) TJ, I, 31-32. バルベラックは『娯楽論』の構想と目的に関して，「人々が作り出すことを望んだキリスト教道徳のおぞましい肖像を示す機会が生じたことで，私はそれを利用するのが適当と考えた」と述べている。「おぞましい肖像」は「完全な世捨て人」を指すと考えられる（TJ, I, 99）。

への欲望それ自体は名誉への欲望と同様に善悪無記の事物である。生活便宜品を好むことが自然であるように，生活便宜品を入手する正当な手段を望み，追求することは悪ではない。人間は，富を必要以上に蓄えるとしても，多額の富を人類と社会に対して無害に利用できるだけでなく，それらを役立てることができる。それは自然法にも福音の規則にも矛盾しない。「福音の格率に基づき，生活に絶対に必要なものに関するもの以外のすべての商売は本質的に罪深いと主張することほど，滑稽なことはない」[206]。さらに，バルベラックは「正当な利益を生み出そうとする商人の取引それ自体が真のキリスト教徒（véritable Chrétien）の特性と矛盾するなら，聖なる著述家がその点について深い沈黙を守ったことを理解しうるのか」[207]と述べている。また，ピエール・ベールの『田舎の人の質問への答』第4巻における「地上の財貨に熱をあげるのを断罪する聖書の多くのはっきりした言葉よりこういう消極的な論拠の方を好んだら，錯誤に陥る危険があります」[208]という主張に対し，「聖書のはっきりした言葉は，人々がそこから推論したいと思うものを意味すると，まったくの独断で推測するのでなければ，それでも構わない。しかし，公正な精神を持ち，良識と批評の明白な規則に従って，聖書のはっきりした言葉を十分に検討すれば，それはただ，貪欲（Avarice）つまり『それで十分だ』とは決して言わない飽く事を知らない欲望に反対することを目的とすることが見いだされるだろう」[209]と反論している。

　また，『娯楽論』第1篇第3章第11節で，バルベラックは「神への義務」である信仰心について論じている。信仰心は「内的感情」と「外的行為」が含まれる[210]。「内的感情」には，「最も些細な事柄において，最も重大な事柄と同様に，神に対して払うべき崇敬に背きうることを行なわないように，つねに用心する」[211]ことが含まれる。したがって，「真のキリスト教徒がすべてのことを神の栄光のために行なう」ということは，「神についてつねに

---

206)　TJ, I, 55.
207)　TJ, 56.
208)　TJ, I, 56, note (b). Bayle 1704-1707, IV, 409／訳．（八），178.
209)　TJ, I, 57.
210)　TJ, I, 77.
211)　TJ, I, 77.

考えているということではなく、彼が自らの行為のすべてを直接的かつ明確に神の栄光に結びつけるということでもない」[212]。「外的行為」すなわち「礼拝（*Dévotion*）」についても、「真のキリスト教徒」にとって絶対的かつつねに必要とされるものではない[213]。「真のキリスト教徒」は信仰心の実践に可能な限り時間を割かなければならないが、つねにもしくは自らの時間の大半を祈りに割かねばならないとすれば、市民生活の仕事と職業に従事する方法がなくなり、自らの天職を放棄しなければならず、福音の目的に明白に反することになる[214]。一方、「隠遁生活（*Vie Monastique*）」について、バルベラックは福音の戒律にまったく基づいていないと主張する[215]。自らの義務を心中に抱く者なら誰でも、指導を受けることなく神に仕えるために、また現世の悪徳から身を守るために必要な避難所を、現世に見いだすことができるからである。したがって、「真のキリスト教徒」は、人との一切の交際を断つことも、森の奥や広大な砂漠で生きることも必要ではないのである[216]。

　バルベラックは、娯楽が福音精神に反しないことを示すために、「真のキリスト教徒」を「完全な世捨て人」とは異なり、欲望（名誉・富・快楽）を追求するとともに、天職としての労働に従事し、市民生活を営む存在と規定した。「真のキリスト教徒」を育成する福音道徳として「テトスへの手紙」第2章第11-12節から導かれたのが、節制・正義・信仰心の三つの義務である。また、「二重の啓示」（律法と福音）を解釈することによって、娯楽と欲望それ自体は、誤用されない限り、善悪無記の事物であるという結論を導いた。さらに、「異教徒の哲学」に由来する「慎み深さ」を内包する「キリスト教の謙遜」概念を提示した。「自然の光」（理性）のみに基づく「異教徒の哲学」を援用することも理性の行使の一環であろう。バルベラックは『娯楽論』第1篇において、キリスト教道徳の誤謬を「純粋な理性の思想」の導入によって克服し、真の「福音道徳」の構築を試みたのである。

---

212) TJ, I, 78.
213) TJ, I, 78-79.
214) TJ, I, 79.
215) TJ, I, 80.
216) TJ, I, 80.

第3章
バルベラックの「啓発された自己愛」

I　はじめに

　バルベラックはベルリン滞在中の 1706 年にプーフェンドルフの『自然法と万民法』の仏訳版，翌年に『人間と市民の義務』の仏訳版を出版し，ローザンヌ大学法学・歴史学教授職（1711-1717 年）を経て，フローニンゲン大学公法・私法学教授在職中の 1724 年にグロティウスの『戦争と平和の法』の仏訳版を出版した。ホーコンセンによれば，バルベラックによるプーフェンドルフとグロティウスの仏訳版は，これらの著作の英訳版の基礎となって[1]，スコットランドで重大な影響を及ぼし，カーマイクルとハチスンにも影響を与えた[2]。バルベラックは仏訳版『自然法と万民法』の訳注で三義務論（神への義務，自己への義務，他者への義務）の枠組みを強調する。三義務論はプーフェンドルフの『人間と市民の義務』で明示され，グラーズゴウ大学道徳哲学講座の歴代教授カーマイクル，ハチスン，リードの道徳哲学体系にも見られる[3]。

　また，バルベラックは，ラティテュディネリアンにシンパシーを抱いていたピータバラ主教リチャード・カンバランドの『自然法論』（1672 年）の仏

---

[1]　Haakonssen 1996, 59. バジル・ケネットは『自然法と万民法』のラテン語原典を英訳し，1703 年に出版した。英訳版の第三版（1717 年）以降には，バルベラックによる仏訳版の訳注の英訳が追加され，第四版（1729 年）以降の冒頭には，バルベラックの「訳者序文」（『道徳哲学史』）の英訳が追加されている。

[2]　カーマイクルが倫理学講義のテキストに『人間と市民の義務』を選定した経緯について，前田 2011, 58-60 を参照。

訳版(1744年)と, 同派のカンタベリ大主教ジョン・ティロットスンの全 2 巻の『著作集』(1696年)の仏訳版(1708年から1716年に出版された全 6 巻の内第 5 巻まで)を手がけている[4]。ラティテュディネリアンの道徳は, 人間の生来の社交性が強調される点で[5], プーフェンドルフと共通する[6]。

　プーフェンドルフによれば, 自然状態にはトマス・ホッブズ (Thomas Hobbes, 1588-1679) が主張する「すべてのものに対する権利」は存在せず, 「正しい理性」から導き出される自然状態(平和状態)の法には, 自己の保存とともに他人の保存への配慮が含まれている。プーフェンドルフの「正しい理性」は, 社交性 (Sociabilité) とは矛盾しない自己愛 (Amour propre) を自然法の基礎として据えている。バルベラックはこの「自己愛」を「自己への義務」に位置づけ, 「啓発された自己愛」(Amour propre éclairé) と解釈する。このような「自己愛」観は, 他人の苦痛に対する「同情」を「自己愛の感情」と見なすバルベラックの著作『娯楽論』(1709年) の見解と共通するものである。一方, ジャンセニストのピエール・ニコルの自己愛もまた, 「真の利益がどこにあるかを見抜き, さらに他人の怒りを買わないように理性的に振る舞うことができる」という点で「啓発された自己愛」と解釈されている[7]。本章では, バルベラックの自己愛および「啓発された自己愛」が, ニコルの自己愛とは一線を画するものであることを示したい。

---

3) この 3 名はそれぞれ, 初代, 第二代, 第五代の道徳哲学教授(第三代がトマス・クレイギ [Thomas Craigie, d. 1751], 第四代がアダム・スミス)である。グラーズゴウ大学道徳哲学教授(初代から第五代)の就任期間は以下の通りである。カーマイクル (1727-1729年), ハチスン (1730-1746年), クレイギ (1746-1751年), スミス (1752-1764年), リード (1764-1781年)。カーマイクルは1694年にグラーズゴウ大学のリージェントに任命され, 1727年に同大学のリージェント制度が廃止されたことにより, 同年初代道徳哲学教授に就任した (Moore and Silverthorne 2004, 170)。
4) Meylan 1937, 245-247.
5) Rivers 1991-2000, I, 77.
6) パッラディーニは, プーフェンドルフとホッブズはともに, 自然法の基礎として「社交性」(socialitas) を据え, 両者の基礎は非常に類似するものであったと主張している (Palladini 2008, 59)。
7) 米田 2016, 43.

Ⅱ　プーフェンドルフの自然状態論

1　ホッブズへの反論

プーフェンドルフは『自然法と万民法』第2篇第2章で自然状態（Etat de Nature）について論じている[8]。「他人との関係において考察される自然状態は戦争状態（état de guerre）であるのか，または平和状態（état de paix）であるのか」というホッブズが提起した問題を，プーフェンドルフは「互いに服従し合うことなく自然的自由（Liberté Naturelle）の状態で生きる人々は，互いに敵または友のいずれと見なさねばならないのか」[9]と言い換える。ホッブズの自然状態は，孤立した人々が相互の交際（commerce）を避けて生活している状態である[10]。彼らは戦争状態にあって，他人が所有するものを横取りし，他人からそれを奪う意図を抱いていると見なされる。

ホッブズの主張の真の意味について，プーフェンドルフは次の二点にまとめている。(1) 我々の保全に資するものが相互の協定によって分割されるまでは，自然はそれらを共有状態にしておくこと，(2) この世に上位者が存在しない限り，各人は自らの「理性の光」すなわち「正しい理性」に従って，自らを長期間保全するのに資するすべてのことを行いうること[11]，である。

プーフェンドルフは『市民論』第1章第7節から第10節で展開されるホッブズの原理を修正する必要があると述べている[12]。ホッブズは「生まれながらの権利の第一の基礎は『すべての人は自分の生命や四肢を守るために自分ができる限りの努力をする』ということである」[13]という前提に基づいている。そして，彼は「目的への権利を持つ人が，もしそれに必然的に伴う手段への権利を否定されたならば，それは空しいことになるので，当然の帰結と

---

8)　『人間と市民の義務』における自然状態論の研究として，森岡 2012, 96-99 がある。
9)　DNG, I, 159.
10)　DNG, I, 160.
11)　DNG, I, 155.
12)　DNG, I, 155.
13)　Pufendorf [1672] 1934, I, 108. Hobbes [1642] 1983, 94／訳 762.

して，すべての自己保存の権利を持つ人はまた『その人がそれなしには自己保存ができないすべての手段や行動を行う』権利が許されなければならない」[14]と主張する。ホッブズによれば，自然状態において，自らの意志と判断を従属させる上位者がこの世に存在しないため，「彼がまさに使おうとしていたり，行うつもりである手段が彼の生命と四肢の保存に必要であるのかそうではないのかについては，生まれながらの権利によって，彼自身が裁判官である」[15]。したがって，ホッブズは「自然は『すべてのものに対する権利をすべての人に』与えた。すなわち，すべての人々は，まったくの自然状態においては，もしくは何らかの同意によって義務付けられる以前の時点においては，すべての人が，どのような人に対してもどのようなことをすることも許され，そして，自分が欲し入手可能であるどのようなことも，保持し，使用し，享受することが許された。［中略］我々は，自然状態においては，利益が権利の尺度であると理解する」[16]と結論したのである。

これに対しプーフェンドルフは，ホッブズのこの論証から「各人は自らが望むすべてのことを，自らが望む者に対して行うことができる，と推論してはならない」[17]と反論する。なぜなら，ホッブズは自然状態にある人間を「自然法と正しい理性の指導」(la direction des Loix Naturelles & de la droite Raison)[18]に服従させているからである。ホッブズが「正しい理性」を「全く不可謬な能力 (Facultatem infallibilem) と理解しているのではなく，自己の便益や他人の損害をもたらす自己の行為に関する自分自身の正しい推論の行為」[19]と理解していることに対して，バルベラックは，ホッブズの言う「正しい推論」は『市民論』第1章第2節から第6節で論証された原理つまり「すべての人々が生まれながらに互いに戦争状態にあるという誤った仮説」[20]に基づくものであると注記している。

---

14) Pufendorf [1672] 1934, I, 108. Hobbes [1642] 1983, 94／訳 763.
15) Pufendorf [1672] 1934, I, 108. Hobbes [1642] 1983, 95／訳 763.
16) Pufendorf [1672] 1934, I, 108. Hobbes [1642] 1983, 95／訳 763-765.
17) DNG, I, 154.
18) DNG, I, 154.
19) Hobbes [1642] 1983, 99／訳 779（一部，本田訳 2008, 50）.
20) DNG, I, 154, note du traducteur (1).

プーフェンドルフによれば，理性を有する人間の精神は，人間を長期間保全するのに適した手段として，「無限の放縦さ」(license sans bornes) を認めておらず，自然は誰に対してもそのような放縦さを認めていると仮定することもできない[21]。ある人間が「無限の放縦さ」を行使しようと不当に試みるなら，人々が自然状態においてすべてのものに対し有する「この権利と称されるもの」(ce droit prétendu) が自らにとっていかに有害であるかを，彼はただちに悟ることになるからである[22]。

2　スピノザへの反論

プーフェンドルフは，「すべてのものに対するこの権利 (ce droit sur toutes choses)」をホッブズ以上に「率直に」主張する論者として，バルーフ・デ・スピノザ (Baruch de Spinoza, 1632-1677) を挙げ，彼の著作『神学・政治論』第16章[23]から「この権利と称されるものについての不快な記述」を引用し，その各々に批判を加えている[24]。プーフェンドルフが引用したスピノザの二つの文章を以下で取り上げる。

プーフェンドルフの批判は，スピノザが「自然の権利と自然の法則 (le droit & l'institution de la Nature)」[25]の概念に「不適切な意味」を与えていることに帰着する。

> 自然の権利と自然の法則を私は各個物の本性〔自然〕の諸規則そのものと理解する。我々の考えによれば，この諸規則によって各物は一定の方法において存在し・活動すべく自然から決定されるのである。例えば魚は泳ぐように，また大なるものが小なるものを食うように自然から決定されているのだ[26]。

---

21) DNG, I, 154.
22) DNG, I, 154.
23) Pufendorf [1672] 1934, I, 109-111. Spinoza [1670] 1843-1846, III, 207-208／訳，（下），163-167.
24) DNG, I, 155.
25) DNG, I, 155.
26) Pufendorf [1672] 1934, I, 109. Spinoza [1670] 1843-1846, III, 207／訳，（下），163-164。訳文加筆。

スピノザの言う「権利」は，人間が従わねばならない法 (Loi) でも，各人が他人に損害を与えずに行いうることでもなく，「活動する (agir) 生来の能力」を指し，理性を欠く被造物 (Créatures) に見られる活動する力と方法も含意する[27]。プーフェンドルフは「活動する権利」は本来，知的存在 (Etres Intelligens [sic]) にしかふさわしくなく，各々の事物が自らの作用を特定の決められた方法で生み出す物理的性質を，スピノザが「自然の法則」(Loi Naturelle) と呼ぶことは，不適切であると反論している[28]。

さらに，プーフェンドルフはスピノザのこの「誤った原理」から導き出された結論を俎上に載せる。

> 各物は出来る限り自己の状態に固執しようと力めること，しかもそれは他物を斟酌することなく単に自己をのみ斟酌してそうなのであることが自然の最高の法則であるから，これからして，各々の個物は自己の状態に固執する最高の権利を，換言すれば（既に言ったように）自然から決定されている通りに存在し・活動する最高の権利を，持つということが帰結される[29]。

プーフェンドルフは次のように反論する。(1) スピノザは「自然の法則」という用語を不適切な意味で解釈している。(2) 人間本性は，他人を斟酌せずに，自らの利益だけを目的として，自己を保存するようには定められていない。(3) スピノザの思想には，自由な主体とは対照的な，一定で不変の行動様式を課される事物しか存在しない。(4) その管理が人間に依存する行動を，何らかの行動様式に定めるべきは，法であって，自然ではない。(5) 人間があることを行う生来の力を有するというだけでは，彼がそれを行う権利を有することにはならない[30]。

プーフェンドルフの理論的枠組みにおいて，自然状態と自然法は「正しい理性」の使用を必然的に前提としており，自らの欲望だけで行動する人々は，

---

27) DNG, I, 155.
28) DNG, I, 155.
29) Pufendorf [1672] 1934, I, 109. Spinoza [1670] 1843-1846, III, 207／訳（下），164. 訳文加筆。
30) DNG, I, 156.

第 3 章　バルベラックの「啓発された自己愛」

権利の対象にも法の対象にもならない。したがって，人間が理性に一致して生きることを余儀なくされるには，他人に損害を与えたり，悲しみをもたらすことを慎むための十分な力を生来有しているだけでよいのである[31]。

3　自然状態における「正しい理性」

　プーフェンドルフにおいて，自然状態について問題となるのは，「その主要な部分と他の諸能力を管理する理性を有する動物の状態であって，分別を欠く衝動と感覚の印象のみによって行動する動物の状態ではない」[32]。自然状態においても，理性は「一般的で，確実で，確固とした一定の規則」すなわち「事物の本性」(nature des choses) を有する[33]。「事物の本性」はすべての注意深い人々に，人生の一般的教訓と自然法の基本的格率を付与する。プーフェンドルフは，自然状態の正しい観念を示すためには，「正しい理性」の使用を排除せず，その使用を人間の他の諸能力の働きと固く結び付ける必要があると述べている[34]。人間は自らの情念の声のみを聞く能力を有しておらず，本人が望むなら，自らの理性の助言に従う能力を有している。過度の情念が「各人の各人に対して想定される戦争」を唆す一方で，理性は，攻撃を受けずに企図される戦争がいかに下品で有害であるかを指摘し，人々を思いとどまらせることができる[35]。

　誰もが自分自身だけで存在しているのではなく，上位の存在 (Etre Supérieur) から生命と卓越を得ている[36]。したがって，人々は上位の存在がその者に対して権限を有することを容易に確信できる。このことが認められるなら，人々は次の二つの行動原理に気づくことができる[37]。一方の原理は，現在のことにのみ取り組み，危険で不確実で下品な物事へと推し進め，他方の原理は，欠けているものや最も離れた将来に着目し，確実で正当な物事へと推し進め

---

31)　DNG, I, 157.
32)　DNG, I, 165.
33)　DNG, I, 165.
34)　DNG, I, 165.
35)　DNG, I, 165.
36)　DNG, I, 165.
37)　DNG, I, 165.

る[38]。創造主が望んでいるのは，人間が後者の原理の導きに従うことである[39]。人々が過度の情念に服従して理性の助言を無視した後，誤った選択をしたことを軽蔑すべき経験として認める場合，そのような経験によって，彼らは今後，理性の光に反して同様の間違いを犯さないようにしようと努めるだろう。そして，理性が人々に想起させる平和は明白に有益であるため，彼らは生まれながらに平和へと導かれざるをえないのである[40]。

したがって，プーフェンドルフの場合，政治社会（Société Civile）の外部で生きる人々自身にとっての自然状態は，戦争状態ではなく平和状態である[41]。平和状態における主要な法は以下の四点である。すなわち，(1) 自らに損害を与えない人々に損害を与えないこと，(2) 各人が自らの財産を平穏に享受させておくこと，(3) 約束したことを几帳面に守ること，(4) より厳格でより免れられない義務が可能にする限りにおいて，隣人の役に立つことを願う傾向にあること[42]，である。このように，理性の使用は自然状態と不可分であるため，理性が想起させる義務についても自然状態と切り離すことはできないし，また切り離すべきではない。他人の敵意よりもむしろ好意を招くように行動することが有益であることを，人々は自らの経験によって確信することができる。また「同一本性の一致」(conformité d'une même nature)[43]によって，人々は他人が自分と同様の感情を抱くことを容易に推測できる。そのため，自然状態における人々，少なくともその大半が，自然が人間の行動の最高の管理者として据え付けた高貴な能力である理性の格率を平然と踏みにじると主張するのは誤った推測である。プーフェンドルフはホッブズを念頭に置き，「すべての原理の中で最も自然的な原理の軽視または誤用が生み出すものを自然状態と呼ぶことは誤りである」[44]と結論している。

---

[38] DNG, I, 165.
[39] DNG, I, 165.
[40] DNG, I, 165.
[41] DNG, I, 165.
[42] DNG, I, 165.
[43] DNG, I, 166.
[44] DNG, I, 166.

III 「正しい理性」と「啓発された自己愛」

1 自然法と「正しい理性」

　『自然法と万民法』第2篇第3章「自然法全般について」の冒頭で，「自　　　．．
法」(Droit de Nature, ou LOI NATURELLE) は，人間の行動の最も一般的な規則，すなわち，各人が理性的動物の資格において従わねばならないものと定義される[45]。それは，人間の自然的条件は，人間が確固たる行動原理もなく，気まぐれに行動することを許さないということに基づいている。自然法は，すべての人々がそれを遵守しなければならないことから「普遍法 (Loi Universelle)」と呼ばれ，「実定法 (Droit Positif)」のように変化を被らないことから「永遠法 (Loi Perpétuelle)」とも呼ばれる[46]。

　プーフェンドルフは「自然法の規則が啓発された理性 (Raison éclairée) の格率から生じる」ことに基づいて，「聖書そのものが，われわれに自然法を『人の心に記されたもの』[47]と示している」[48]と述べている。聖書の著述者は，自然法の原理をより確実かつ明瞭に知るための光を示したが，啓示の助けなしに，創造主 (le Créateur) がすべての人間に与えた自然的理性の力だけでは，それらの原理を発見し，確実に証明することはできない[49]。プーフェンドルフによれば，最も一般的な自然法の原理は，人間とともに生じたものではなく，人間が誕生した瞬間から知性 (Entendement) の中に存在する明瞭な命題の形で，人間の精神 (Esprit) に刻まれているものでもない[50]。人間が正と不正を区別する能力は，幼児期または自らの理性を使用し始めて以後，善が称賛され，悪が罰せられるのを見るたびに，少しずつ形成されてきた習慣から生じる。「自然法は正しい理性の格率に基礎づけられる」という言葉が意味

---

[45] DNG, I, 169.
[46] DNG, I, 169.
[47] 「ローマの信徒への手紙」第2章第15節（新共同訳，新274）。
[48] DNG, I, 189.
[49] DNG, I, 189.
[50] DNG, I, 189.

しているのは,「人間の知性は人々の本性と構造を熟考することで,自らの行為を自然法に一致させる必要性を明瞭に発見する能力を有し,これらの自然法が確実で説得力のある論証によって演繹されるような基本的原理を見いだす」ということである[51]。

プーフェンドルフによれば,ある格率が「正しい理性」に一致するか反するかを,人間は次のようにして知ることができる。すなわち,「正しい理性」の格率は,十分に検討された事物の本性に一致するか,それ自体は真である何らかの第一原理から正当な帰結によって推論される真の原理である。逆に,誤った原理に基づく場合,または,それ自体は真である原理から誤った結論を導き出す場合,それらは「堕落した理性(Raison corrompue)」の格率である。したがって,自然法の格率として与えられたものが,実際に事物の本性に基づいている場合,それは真の原理として,したがって「正しい理性」の原理として確実に見なすことができるのである[52]。カンバランドも『自然法論』において,「実際の事物とは異なるように判断する者は正しい理性に従って判断していないか,自らの判断力を十分に使用していない。実際の事物に応じて肯定または否定する者は正しい理性に従って判断しているということを,異論の余地のない格率として定立しよう」[53]と述べている。

プーフェンドルフは,自然法が理性を使用するすべての人々に知られていると主張するには,すべての人々が理性の格率を体系的に論証できなくてもよいと述べている。つまり,最も平凡な人間がこのような論証を提示された場合に,それを理解することができ,彼ら自身の本性の構造とその論証を比較し,その論証が真であることを明確に認めうるということで十分なのである[54]。

2 社交性と「啓発された自己愛」

プーフェンドルフは『自然法と万民法』第 2 篇第 3 章で,自然法の真の基

---

51) DNG, I, 190.
52) DNG, I, 190.
53) Cumberland 1744, 116.
54) DNG, I, 191.

礎は，ある物事を正または不正と見なす人々の同意 (consentement) や，実践における人々の一致 (accord) ではなく，また，人々の個別の便益 (utilité particulière) もその基礎のすべてではなく，人間の構造そのものから導き出される必要があると主張する。人間とその他のすべての動物に共通するのは，自らを大いに愛すること，あらゆる手段によって自己保存に努めること，そして善を求め，悪を避けることであるが，一般に自己愛 (Amour propre) はその他のどの性向よりも強力である[55]。人間は自己保存を非常に好む動物であるが，生まれながらに貧しく困窮しており，善行を施し合うことのできる同胞の援助がなければ，自己保存は不可能である[56]。他方，人間は悪意を抱き，無礼で，他人を容易く怒らせ，侵害する傾向があり，十分な武力で武装もする。このために，人間は社交的でなければ，つまり，同胞と協調して暮らし，彼らの利益を維持するように，彼らと共に行動することを望まなければ生活は維持できず，この世における身分にふさわしい財産を享受することもできない[57]。したがって，自然法の真の基礎となる法は，「各人が，社会に依存する限りにおいて，その他のすべての者とともに全人類の構成と目的に例外なく従い，平和な社会を形成し保全しなければならない」ということになり，また，「全般的な社交性 (Sociabilité Universelle) に必然的に貢献するあらゆるものが，自然法によって命じられたと見なされねばならない。そして，逆にそれを妨げるあらゆるものが，同法によって禁じられていると見なされなければならない」ということになる[58]。

「人間は社交的でなければならない」という言葉は，「他人の利益とは無関係に自らの個別的利益を気に掛けてはならない」[59]ことを意味している。つまり，「他人の利益を斟酌せずに，彼らに損害を与えることに甘んじてはならず」，「他人を不正に侵害するなら，また，他人に関わるすべてのことに完全に無関心であれば，誰も幸福に生きることを期待しえない」[60]というこ

---

55) DNG, I, 192.
56) DNG, I, 194.
57) DNG, I, 194-195.
58) DNG, I, 195.
59) DNG, I, 197.
60) DNG, I, 197.

とである。これがプーフェンドルフの「社交性の原理 (principe de la Sociabilité)[61]」である。

　人間が「社会的動物 (un animal sociable)」と呼ばれる理由の一つは、すべての動物の中で、人間が自らの相互的利益を最も推進できるからである[62]。人間は他人の利益に資することによって、確固たる真価を獲得することができる。このような意図のもとで為される行為は最も高貴であり、能力と知恵を最も要求する行為と見なされる。多くの人々の主要な利益が相互に対立し合う場合には、これらの相反する意図のそれぞれが「正しい理性」に同時に一致すると見なされるか、または、ただ一人の人間が自らの個別の意図が他人の個別の意図に勝ると主張しうることが必要になる。しかし、このような権利は誰も有しておらず、他人の個別的利益を斟酌せずに自らの個別的利益のみを企図することは、理性に反すると見なされる。人々が相反することを望めば、すべての事物とすべての人間関係が各人の意志に従って調整されることは不可能であり、互いに身を滅ぼし合うことになる。プーフェンドルフは「同じものが一方によって求められ、他方によって拒否されるなら、人々の間に無数の対立が引き起こされることは避けられない」[63]と述べ、カンバランドの『自然法論』第5章の参照を指示している[64]。

　　実践理性 (*Raison Pratique*) もしくは慎慮 (*Prudence*) (これがいずれに向けられるにせよ) にとって間違いなく重要なことは、「正しい理性によって導かれるべきすべての者に対して、万人に共通の善悪の基準として唯一の目的が提示されるべきだということ」、もしくは「すべての理性的行為者がまったく同一の結果を目指すべきだということ」、そしてこの結果をもたらす構成要素と諸原因のうち、正しい理性の存在と維持と完成に貢献するものが善 (Bien) と呼ばれ、これらを妨げるものが悪 (Maux) と呼ばれるということである。そうでなければ、善と悪という名辞はあやふやで、まったく曖昧なものとなり、その語を使用する人によって異なった意味をもつ

---

61) DNG, I, 197.
62) DNG, I, 198.
63) DNG, I, 199.
64) Pufendorf [1672] 1934, 145.

ことになるだろう。そして一方が自らの個別的利益（avantage particulier）に役立つものを善と呼び，他方はそれが自分の欲望と合致しえないために，悪と呼ぶであろう。このようなことは，知識を相互に伝えあうという言葉（Parole）の目的とは両立しない。しかし，善と悪という語が人類の共通の利益に関わるものに適用されるなら，それらの語は定まった意味をもち，すべての人間にとって非常に有益である[65]。

カンバランドの議論に従えば，プーフェンドルフの上記の文章は，「同じものが一方によって［善として］求められ，他方によって［悪として］拒否されるなら，人々の間に無数の対立が引き起こされることは避けられない」ということを意味している。カンバランドは「万人に対する戦争」を「正しい理性」の帰結によるものと主張するホッブズに対し，次のように反論している。

　ある者が自らの個別的利益だけを配慮し，すべての理性的行為者にこのことだけを彼らの追求すべき最高の目的として遂行するよう強いるならば，彼は何事も達成しえず，おそらく自己破壊をもたらすことになるであろう。事物か人間かを問わずすべてのものが，相反することを望むすべての各人の意志によって命令されるべきだということが不可能であることは明白である。［中略］それゆえ，誰もがすべての事物と人物を自らに服従させることが不可能であるとすれば，このことを各人に提案する理性——こういう提案は当該本人にだけあてはまることだが——は，一度だけ可能であったことがらを，百万回以上も不可能なこととして提案することになるであろう。したがって，このような理性が正しいか間違っているのかどうかを誰もが簡単な計算によって容易に判断しうるであろう。他の人々は，自らの生来の能力（Facultez［sic］naturelle）と罪のない欲望（désirs innocens［sic］）を持ち，われわれが望もうと望むまいとその欲望を満たそうとするであろう。彼らは自分自身の理性（Raison）を持ち，その光（lumiéres［sic］）はただ一人の人間の快楽以上に重要なものを追求するように彼らを導き，彼らはそれに従うのである。また彼らは，一人，もしくは二，三人の横暴から

---

65) Cumberland 1744, 236. Cumberland［1727］2005, 529-530.

たやすく自分自身を守ることができるだろう。これらの帰結を予見しえず，「万人に対する戦争」（une *Guerre contre tous*）を企て，ホッブズ氏が確立したいと願うあの巨大な権利を，武力によって確保しようと試みる者は，分別を欠いていた（perdu le sens）にちがいない。ホッブズ氏自身によるそれ［権利］の定義は「正しい理性に従って行動する能力」（un *pouvoir d'agir selon la Droite Raison*）だということである[66]。これに対して私は，人間の実践理性を正しい（droite）[67]と呼びうるのは，実践理性が人間に可能なことがらを企てることを許すときと，すべての事物と人物に対する所有の権利（un droit de Propriéte）を彼一人が独占することを禁じ，そのような権利の享受が無益であるか，彼にとって有害でさえあることを彼に保証するときだけであると主張する[68]。

一方，カンバランドは「公共善（Bien Public）の達成に努めることは，決して徒労には終わらない」[69]と述べている。

> われわれが生み出しうるものが直接的にはただ一人の利益にしか関わらないとしても，われわれはそうすることによって，他の多くの人々にとって，われわれ自身を有益な存在にするということがよくある。そして，われわれが他人の繁栄に対し感じる喜び以外に，利益の成果が期待できないことがあっても，時とともにその心地よい収穫物を収集できるのである[70]。

カンバランドは自己愛と人類愛の関係について次のように述べている。「全ての理性的存在の共通善（Bien Commun）を促進することへの配慮は，罪の

---

66) 『市民論』（*De Cive*, I. 7）における「権利」の定義は次の通りである。「権利という名辞が意味するのは，各人が有する，正しい理に従って自然的能力を行使する自由にほかならない」（Hobbes [1642] 1983, 94／訳［本田訳］, 40）。「権利という言葉は，全ての人が正しい理性に従いながら自分の生まれながらの機能を利用する自由を意味することに他ならない」（訳［伊藤・渡部訳］, 762）。
67) 英訳版では「権利（Right）」（Cumberland [1727] 2005, 531）。
68) Cumberland 1744, 237. Cumberland [1727] 2005, 530–531.
69) この文章は次のように英訳されている。「公共（the Publick [*sic*]）のために奉仕するときには，決してむだ骨折りにはならない」（Cumberland 1744, 237. Cumberland [1727] 2005, 531）。
70) Cumberland 1744, 237. Cumberland [1727] 2005, 531.

ない自己愛（Amour propre innocent）にあるわれわれの意志のこのような完成 (perfection) に及ぼす影響力のみならず，それと同じだけの同様の善行をわれわれの同胞に対しても生じ，それによって，人類愛[71]の習慣（habitude de l'*Amour du Genre Humain*）を形成し終えるのである。自己愛（Amour Propre）[72]は，その［人類愛の］一部にすぎない」[73]。プーフェンドルフも，自己保存への配慮そのものが，「社交性の義務（Devoir de la Sociabiité）」を遵守する必要を人々に課すことになると主張する[74]。「自己愛あるいはわれわれ自身の保存への配慮（Amour propre, ou le soin de nôtre propre conservation）」は社交性を決して排除しないように，社交性も自己愛と非常に上手く調和しうる[75]。その根拠として，プーフェンドルフは「マタイによる福音書」第22章第39節のイエス・キリストの格率「隣人を自分のように愛しなさい」[76]およびキケロの『義務について』の文章「競技場の走者は精いっぱい頑張って力のかぎり勝とうとせねばならない。これと同じく人生においても，各人が自分に有益なものを求めるのは不当ではないが，他のものから奪い取る権利はない」[77]を引用する。つまり，「正しい理性」が示していることは，自己保存に専心する人は他人の利益に対するすべての配慮を無視しえないということである。「人間は自己を啓発された愛（Amour éclairé）で愛すれば愛するほど，他人に尽力し彼らを愛するように努めねばならない」[78]のである。バルベラッ

---

71) ラテン語原典および仏訳版の訳注には φιλανθρωπία（フィランスロピア）と付記されている（Cumberland ［1672］1683, 218. Cumberland 1744, 237, note du traducteur (a)）。この語は Philanthropy の語源である。

72) ラテン語原典および仏訳版の訳注には，φιλαυτία（フィラウティア）と付記されている（Cumberland ［1672］1683, 218. Cumberland 1744, 237, note du traducteur (b)）。この語は Self-love を意味する Philauty の語源である。

73) Cumberland 1744, 237. この文章は次のように英訳されている。「すべての理性的存在の共通善（*Common Good*）を研究し，それを追求することは，罪のない自己愛（Innocent Self-love）の上に，我々自身と同様な対象にとって利益となるような多くの高尚な行動をつけ加えることによって，人類愛の習慣（*Habit of Love towards Mankind*）を生みだし，それを完成させるのである。我々自身の愛（Love of our-selves）は，博愛心（Philanthropy）の最終部分にすぎない」(Cumberland ［1727］2005, 531)。

74) DNG, I, 198.

75) DNG, I, 199.

76) Pufendorf ［1672］1934, I, 146. 新共同訳，新44。

77) Pufendorf ［1672］1934, I, 146. Cicero, *De officiis*, III, 10／訳300。この文章はキケロが引用したクリュシッポスの言葉である。

クが「啓発された（éclairé）」と仏訳した語は，『自然法と万民法』のラテン語原典では cum ratione（理性を伴った）と記され[79]，ケネットによる英訳版（1703 年）には rationally と訳されている[80]。éclairé は理性に関する語であり[81]，自己保存への配慮を他人の利益への配慮と両立するように導く「正しい理性」に基づいていることを示している。

Ⅳ 「自己への義務」と「啓発された自己愛」

プーフェンドルフは『自然法と万民法』の翌年に出版された『人間と市民の義務』(1673 年)第 1 篇第 4 節で「神 (DIEU) に対する人間の義務 (Devoirs)」[82]，同第 5 節で「自己（LUI-MESME [sic]）に対する人間の義務」[83]，同第 6 節で「人々の相互的義務」（DEVOIRS MUTUELS DES HOMMES）[84]について論じている。神への義務，自己への義務，他者への義務から成るこの三義務論の枠組みは，グラーズゴウ大学道徳哲学講座初代教授のカーマイクルがプーフェンドルフの『人間と市民の義務』を講義のテキストとして使用したことで，ハチスン，リードらの道徳哲学体系にも受け継がれる。バルベラックは「神，われわれの隣人，われわれ自身」を「われわれのすべての義務の主要な対象にして，三つの大きな源」であり，「この区分は非常に自然的であり，非常に古い」[85]と述べている。この三義務の区分を，バルベラックは「福音」（Evangile）（「テトスへの手紙」第 2 章第 12 節）と，キケロ（『トゥスクルム荘対談集』第 1 篇第 26 章）およびマルクス・アウレリウス（『自省録』第 8 篇第 27 節）に見いだす[86]。

---

78) DNG, I, 200.
79) Pufendorf [1672] 1934, I, 146.
80) Pufendorf [1703] 1729, 140.
81) オウルドファーザーによる英訳版（Pufendorf [1672] 1934, II, 213）では，éclairé は訳出されていない。
82) Pufendorf [1707] 1741, I, 107.
83) Pufendorf [1707] 1741, I, 130.
84) Pufendorf [1707] 1741, I, 192.
85) DNG, I, 217, note du traducteur (1).
86) DNG, I, 217, note du traducteur (1).

第 3 章　バルベラックの「啓発された自己愛」

　プーフェンドルフは『自然法と万民法』第 2 篇第 3 章の最終節で「私［プーフェンドルフ］にとって最も適当と思われる自然法の区分は，私がこの著作で従う区分である。まず，各人が自己に対して負う義務を検討し，次に，他人に対して義務づけられた義務を検討する」[87]と述べているが，バルベラックは訳注で「神に対する義務を［ここに］付け加えるべきである」[88]と指摘し，プーフェンドルフにおける三義務論の枠組みを強調する[89]。

　バルベラックは『自然法と万民法』に訳者序文として付した『道徳哲学史』で，ストア派の道徳に対して，「その格率のいくつかを修正し，若干異なる方法で説明すれば，福音道徳（Morale de l'Evangile）つまり正しい理性の光に完全に合致する唯一の道徳に，きわめて類似した体系に帰着させることは，容易である」[90]と高い評価を与える。とりわけ「ストア派哲学者の道徳の優れた側面」[91]と見なされているのが，三義務論である。

　国教会聖職者トマス・ガタカは，マルクス・アウレリウスの『自省録』のラテン語訳を 1652 年に出版し，同書の「序言」（Præloquium）において，マルクス・アウレリウス，エピクテトス，セネカ，キケロの著作から多数の「称賛に値する考え」[92]を引用している[93]。そして，それらを「神と神に払われるべき敬意に関するストア派の原理」と，ストア派が「人類に対して抱く見解」[94]に分類する。バルベラックはガタカの引用文を「ストア派の道徳につ

---

87)　DNG, I, 216.
88)　DNG, I, 217, note du traducteur（1）.
89)　ブルックは，哲学史の観点から，バルベラックの『道徳哲学史』を取り上げ，バルベラックが同書の第 27 節でストア派の倫理学を自然学と区別して論じたことの意義について述べている（Brooke 2012, 145）。
90)　PT, cvi／訳 344.
91)　PT, cvi／訳 363.
92)　Marcus Aurelius［1701］1708, 23.
93)　Marcus Aurelius 1652, Praeloquium/Marcus Aurelius［1701］1708, 23-26. 国教会聖職者ジェレミ・コリア（Jeremy Collier, 1650-1726）は自らの英訳版『自省録』の第二版（1708 年）にガタカの「序論」の英訳を収録しているが（Marcus Aurelius［1701］1708, 1-36），コリアが英訳したのは「序論」のラテン語原典（全 30 ページ）の 19 ページ目までで，原典の注記にあったギリシャ語およびラテン語の原文は削除され，注記の一部は省略されている。バルベラックが『道徳哲学史』で引用した箇所は，ラテン語原典の 12-14 ページ目である。
94)　Marcus Aurelius［1701］1708, 24.

いての最も見事な教訓の簡潔な概要」[95]と評し,その一部を省略または補正した上で,『道徳哲学史』第27節に引用している。ガタカの言う「人類に対して抱く見解」を,バルベラックは「自らの同胞に対する人間の義務に関すること」[96]と訳し,その後半部分の引用の前に「我々自身に関して」[97]という言葉を補っている。バルベラックは神・他人・自己の三区分を明確に提示し,ストア派の道徳に三義務論を読み取ろうとしたのである。

　ガタカが提示した「概要」は,バルベラックによる区分に基づけば,最も多いのが「神への義務」に関する引用であり,最も少ないのは「自己への義務」である[98]。プーフェンドルフの『人間と市民の義務』においては,三義務は並列的に論じられるが,最もページ数が多いのは「自己への義務」である。また,「自己への義務」について論じられているのは『自然法と万民法』第2篇第4章であり。章題は「人間の自己への義務。自らの魂への配慮に関するものと,自らの肉体および生命への配慮に関するもの」である[99]。「神への義務」と「他者への義務」は独立した章で論じられず,三義務の中で「自己への義務」が強調されている。同章は全19節から構成され,以下にその目次（バルベラック訳に基づく）を掲げる。

　　第1節　人間は必ず自己に配慮しなければならない。
　　第2節　魂への配慮は何に存するか。
　　第3節　第一の義務。宗教感情を精神に抱くこと。
　　第4節　宗教に反するがゆえに罰せられるべき見解とは何か。
　　第5節　第二の義務。自己をよく知ること。

---

95) PT, cvii／訳 350.
96) PT, cvii／訳 358.
97) PT, cviii／訳 359.
98) ガタカの引用文の内訳：「神への義務」は37文（エピクテトス18,マルクス・アウレリウス18,セネカ1）,「人類への義務」は26文（マルクス・アウレリウス23,セネカ,キケロ,プルタルコス各1）,「自己への義務」に相当する文章は8文（マルクス・アウレリウス8）(Marcus Aurelius 1652, Praeloquium/Marcus Aurelius [1701] 1708, 23-26)。『道徳哲学史』では「神への義務」と「人類への義務」（同胞への義務）の一部が削除されている（PT, cvi-cviii／訳 354-363）。
99) DNG, I, 218.

第 6 節　自己についての知識から生じる義務。
　　　1. 神または人々に対する自己の従属と義務を認めること。
　　　2. 思慮深く行動すること。
　　　3. 公平に行動すること。
　　　4. 節度をもって行動すること。
第 7 節　われわれに従属するものを活用すること。
第 8 節　われわれの力を超えることを企ててはならないこと。
第 9 節　第三の一般的義務。評価または名誉をどのように追求すべきか。
第 10 節　第四の一般的義務。どのように富を追求すべきか。
第 11 節　第五の一般的義務。どのように快楽を追求すべきか。
第 12 節　第六の一般的義務。情念を理性の支配力に従属させること。
第 13 節　学問の研究について。
第 14 節　肉体への配慮は何に存するか。
第 15 節　生命をどのように使用すべきか。
第 16 節　われわれに他人の生命を保存することをどうしても余儀なくさせる義務は存在するかどうか。
第 17 節　どのような場合に，他人の利益のために，自分の生命を犠牲にすることが許されるのか。
第 18 節　あるいは，［どのような場合に］同じ主題［他人の利益］のために，自分の生命を危険にさらすのか。
第 19 節　自殺は許されるかどうか。

『自然法と万民法』第 2 篇第 4 章は，ラテン語原典初版（1672 年）では全 5 節構成で，上記の第 16-19 節を含んだ内容すなわち「自己保存への配慮（soin de se conserver）」が主として論じられた[100]。同第二版（1684 年）で，上記の第 2-15 節すなわち「自己改善への配慮」（soin de se perfectionner）」に関する節（第 2-13 節）と「自己保存への配慮」に関する節（第 14-15 節）が大幅に増補され，全 19 節構成となった[101]。

「自己改善への配慮」は魂への配慮に関わり，「自己保存への配慮」は肉体への配慮に関わる[102]。プーフェンドルフは，魂への配慮は肉体への配慮よ

りも優先されるべきであると主張している[103]。バルベラックは、「自己に対する人間の義務」は直接的であれ間接的であれ「啓発された自己愛」から生じ、「啓発された自己愛」は「自己への義務」すなわち「自己を保存することと、すべての幸福を可能な限り獲得するために、自らを可能な限り最善の状態に置くこと」[104]を人々に余儀なくさせると注記している。

バルベラックは、「われわれの著者」つまりプーフェンドルフの自然法 (Loi Naturelle) の全般的基礎として、宗教、自己愛、社交性を挙げ、それぞれを神への義務、自己への義務、他者への義務に位置づけている[105]。自己愛については、「私が意味するのは、啓発された自己愛 (Amour propre éclairé) であ」り、「自己愛」(Amour propre) は「あらゆる曖昧さを取り除くため」に「自分自身への愛 (Amour de soi-même) と表現する方がよい」と述べている[106]。ケネット版では「啓発された自己愛」は「真の意味でのわれわれ自身への愛」 Love of Ourselves, in a true Sense)」と英訳される[107]。パスカルは amour de soi-même と amour propre の相違について、次のように述べている。

> 神は、人間を造られたとき、二つの愛、すなわち、神への愛と、自己への愛とを人間に与えられたのでした。しかし、そこには、次のような定めがともなっておりました。すなわち、神への愛は、無限でなくてはならぬこと、つまり神ご自身のほかに、どんな目標をも持たないこと、しかし、自己への愛 (amour pour soi-même) は有限であり、神と離れてはあり得ないものであることという定めです。こういった状態にあってこそ、人間は、

---

100) 『自然法と万民法』第2篇第4章のラテン語原典初版と第二版の対応関係は、以下の通りである (Pufendorf 1672, 199-207. Pufendorf [1672] 1684, 251-267)。
　初版：第1節→第2版：第16節（ただし、節のタイトルが変更された）
　初版：第2節→第2版：消滅（ただし、一部の内容が第13節、第14節に引き継がれた）
　初版：第3節→第2版：第17節
　初版：第4節→第2版：第18節
　初版：第5節→第2版：第19節
101) DNG, I, 218, note du traducteur (2).
102) DNG, I, 218, note du traducteur (2).
103) DNG, I, 219.
104) DNG, I, 218, note du traducteur (2).
105) DNG, I, 195, note du traducteur (5).
106) DNG, I, 195, note du traducteur (5).
107) Pufendorf [1703] 1729, 137, Barbeyrac's note 5.

第3章 バルベラックの「啓発された自己愛」

罪なくして自分を愛することができるだけでなく，どうしても自分を愛さねばいられなかったのに，しかも罪をまぬがれていられたのです。ところが，その後，罪が入ってくるにおよび，人間は，二つの愛のうち第一の方の愛を失うにいたりました。この無限なる愛すらも入れることができた大きいたましいの中に，自分自身への愛（amour pour soi-même）だけがただひとつ残り，神への愛を失った空虚の中に，この自愛の心（amour propre）は拡がり，満ち溢れるにいたりました。こうして，人間は，ただ自己のみを愛し，なにものを愛するにしても，すべて自己のため，すなわち，無限に自己を愛することとなりました。自愛の心（amour propre）の起源は，ここにあります。自愛の心は，アダムにあっては生まれながらのものであり，かれに罪がなかったとき，それは正しいものでした。しかし，かれが罪をおかしてからは，それは罪にまみれ，分をわきまえぬものになり果てたのです[108]。

つまり，バルベラックにとって，「自分自身への愛」（Amour de soi-même）とも表現しうる「啓発された自己愛」（Amour propre éclairé）とは，パスカルの枠組みによれば，「罪なくして自分を愛することができるだけでなく，どうしても自分を愛さねばいられなかったのに，しかも罪をまぬがれていられた」自己愛を意味すると推測できる。

『娯楽論』第1篇第3章では，「福音道徳」の簡潔な要約である「テトスへの手紙」第2章第11，12節から，「節制（Tempérance），正義（Justice），信仰心（Piété）を含む義務」[109]が導かれる。節制には「われわれ自身に関わるすべての徳（Vertues）」が含まれ，正義は「他人に関わる徳」，信仰心は「神（Divinité）を対象とする徳」である[110]。節制に関しては，「自らの義務を妨げることなく欲望を満たす」範囲内での名誉・富・快楽の追求を是とする「キリスト教的節制」の概念が提唱される[111]。また，名誉の追求に関わる「自己

---

108) Pascal [1651] 1963. 277／訳173-174.
109) TJ, I, 42.
110) TJ, I, 42-43. なお，リードの場合，「自己への義務」には「節制（Temperance）」，「知恵および慎慮（Prudence）」，「勇気（Fortitude）」が含まれ，「他者への義務」は「正義（Justice）」に対応する（Haakonssen 1996, 199-200）。Prudence の広義と狭義の用法については，Reid 2007, 27-30 を参照。

113

愛（Amour propre）」はキリスト教に反するものとして「虚栄心（vaine gloire）」と同列に捉えている[112]。一方，同書の第3篇第5章では，理性的被造物としての人間は概して残忍さ（Cruauté）よりも同情（Compassion）を好み，「自分自身が晒されうる苦痛（maux）を他人の中に見ていやだと思うのが，自己愛の感情である」[113]と述べている。ここで言及されている「自己愛」は，他人に損害を与えてはならないという意味での社交性を人間に命じる，「正しい理性」に基づく「啓発された自己愛」である。バルベラックが『娯楽論』で言及した二種類の自己愛——自尊心（vanity）とも訳しうる自己愛と隣人愛の源としての自己愛——は，ルソーによる自尊心（Amour propre / vanity）と憐れみ（Pitié / pity）の区別と類似する[114]。

V おわりに——バルベラックとニコルの自己愛概念

バルベラックの自己愛または「啓発された自己愛」の特徴について，彼と対照的な人間本性観を抱くピエール・ニコルの自己愛および理性と比較検討する。ヴェベールはニコルの自己愛の目的には「1）各人が獲得しようと努める公的な称賛による虚栄心の充足。2）生命と物質的な所有物の保存への欲望」の二つがあるとして，ラッゼーリに従って，1）の自己愛を「虚栄心の自己愛（amour-propre de vanité）」，2）の自己愛を「便宜の自己愛（amour-propre de commodité）」と呼ぶ[115]。「虚栄心の自己愛」が「便宜の自己愛」と結びつく過程について，ヴェベールは次のように説明している。「1. 理性が服従する情念を，理性は掻き立てることも抑えることもできない。2. それにもかかわらず，理性と情念は互いに釣り合い，［自己］保存への配慮は理性の照明（l'éclairage de la raison）に基づき，虚栄心の自己愛の悲惨な展開を食い止

---

111) TJ, I, 45.
112) TJ, I, 51.
113) TJ, I, 270.
114) Rousseau 1755, 73-74／訳 71. Rousseau [1755] 1994, 45. 水田洋は，スミスの同感概念を，ルソーの哀れみ（Pitié）を社会の機能（中立的な観察者）へ転化したものと解釈する（水田 2014, 229）。また，近代イギリス道徳哲学における利己心（または自己愛）の系譜について論じたものに，柘植（2016）がある。
115) Weber 2007, 5.

めることができる」[116]。ニコルはエッセイ「愛徳と自己愛について」(1675年)において次のように述べている。

> 結合と相反する情念で頭がいっぱいで，互いに対立し合うことのみを目指すこの群衆の社会，共和国，王国がどのようにして形成できたのかは分からない。だが，この争いの原因である自己愛（amour-propre）は，すべての人々の心をとらえることを好むが，支配よりも生命と便宜，生活の安寧をなお一層好む。[中略]それゆえ，死への恐怖は政治社会の第一の絆であり，自己愛の第一の歯止めである[117]。

プーフェンドルフも，自己保存への配慮そのものが，「社交性の義務（Devoir de la Sociabiité）」を遵守する必要を人々に課すことになり[118]，「自己愛あるいはわれわれ自身の保存への配慮（Amour propre, ou le soin de nôtre propre conservation）」は社交性を決して排除しないように，社交性も自己愛と非常に上手く調和しうると主張した[119]。自然は人々に社交的であることを命じるが，人々が自らの私欲を放棄することを求めない。社交性の目的は「援助と奉仕の交流によって，各人が自らの利益をよりよく満たしうることである」[120]。

しかし，ニコルは理性と情念の関係についてプーフェンドルとまったく異なる見解を抱いている。ニコルは人間の理性の無力さについて次のように述べている。「それら[人間の理性と意志]を比較すれば，人間の理性は自らの力を生み出し，そして，その無力さは，人間の意志の力が理性によって制御不可能であることに存するといえる」[121]。さらに，理性を情念によって利用されるものと見ている。

> 人生における指針としてわれわれに役立つために，われわれに善悪を区別させるために，そして，われわれの欲望と行動においてわれわれを統御するために，理性がわれわれに与えられたことに同意しない者はいない。

---

116) Weber 2007, 5.
117) Nicole [1675] 1999, 383-384.
118) DNG, I, 198.
119) DNG, I, 199.
120) DNG, I, 201.
121) Nicole [1671a] 1999, 53.

しかし，このために理性を用いて，真理や正義に従って生きるとは言わないまでも，いかに無分別で腐敗していようとも，自らの理性に従って生きる者がいかに少ないことか。われわれは，帆や水先案内人のない船のように，あるときは一方の側に，またあるときは別の側へとわれわれを突き動かすわれわれの情念に任せてこの世の海を漂っている。情念を用いるのでは理性ではなく，目的を達成するために理性を用いるのが情念である。これが理性の一般的な使用法のすべてである[122]。

　プーフェンドルフは，そもそも「われわれがわれわれの能力を正しい理性の格率に合致して使用するために，生命は創造主によってわれわれに与えられた」[123]のであり，「人間は自らの情念の声のみを聞く能力を有しておらず，本人が望むなら，自らの理性の助言に従う能力を有している」[124]と主張した。過度の情念はホッブズの言う「各人の各人に対して想定される戦争」を唆すが，一方で理性は，攻撃を受けずに企図される戦争がいかに下品で有害であるかを指摘し，人々を思いとどまらせることができるのである。バルベラックもまた，ホッブズの「正しい理性」概念の解釈（「自己の便益や他人の損害をもたらす自己の行為に関する自分自身の正しい推論の行為」[125]）に対して異議を唱えた[126]。

　ニコルとホッブズの相違について，ヴェベールは次のように指摘している。ニコルは自然権，自然法，契約および主権者の概念を採用していない[127]。また，各人が各人に対して抱く「生まれながらの敵意を罪と関連づけず，それゆえ道徳上の観点からそれを非難せず，自然状態に固有の脅威を告発したにすぎない」ホッブズは，ニコルにとって「理性と正義に反する」[128]存在であった[129]。ニコルのアウグスティヌス主義的人間観に従えば，ホッブズは「生まれながらの敵意」を自然状態の人間ではなく，アダムの堕罪後の「第

---

122) Nicole［1671a］1999, 53.
123) DNG, I, 245.
124) DNG, I, 165.
125) Hobbes［1642］1983, 99／訳 779.
126) DNG, I, 154, note du traducteur (1).
127) Weber 2007, 7.
128) Nicole［1675］1999,.
129) Weber 2007, 8.

二の自然の人間」すなわち罪深き人間に帰するべきであったと，ヴェベールは主張する[130]。ニコルは「自己に関わる自己愛以上に，神に関わる愛徳(charité)に反するものはないけれども，自己愛の結果以上に，愛徳の結果と似ているものもない」[131]と述べている。自己愛に基づく行いは堕罪後の罪深い人間の行いであり，その行いの結果が愛徳に基づく行いと外見上一致したとしても，道徳上の観点から断罪されるべきものであったと，ヴェベールは強調する[132]。

　『自然法と万民法』第二版では「自己への義務」に「自己改善への配慮」に関する記述が大幅に加筆されている。バルベラックはプーフェンドルフの「自己への義務」(「自己保存への配慮」と「自己改善への配慮」から成る)が「啓発された自己愛」に由来することを指摘した。両者は「神からの賜物」としての人間の諸機能(理性)への信頼を根拠として，人間本性の洗練可能性を主張した。このようなキリスト教的人間像は，アウグスティヌス主義的人間観(堕罪後の罪深い人間本性)とは本質的に異なるものである。『娯楽論』でバルベラックが提唱する他人の苦痛を思いやることを含んだ「自己愛の感情」は，人間の「同一本性の一致」を前提とする「人類愛」または「博愛心」(Philanthropy)に基づくものであり，ニコルの「愛徳を偽装した自己愛」とは異質なものと考えられる。

---

130) Weber 2007, 8.
131) Nicole [1675] 1999, 381.
132) Weber 2007, 10. ヴェベールはその根拠としてアウグスティヌスの『詩編注解』第9編第15節，第121編第1節，第122編第1節，第126編第1節の参照を指示するとともに，『神の国』第14編第28章と『創世記注解』第11編第15章の文章(仏訳)を引用している。「この世の国をつくったのは神を侮るまでになった自己愛であり，天の国をつくったのは自己を侮るまでになった神の愛である」(Saint Augustin 1957-1972, 404-405／訳，(三)，362)。「この二つの愛――そのうちの一方は聖なるものであるが，他方は汚れたものであり，一方は共同的であるが，他方は私的であり，一方は至高の共同体の故に共同の益を熟慮するが，他方は傲慢な支配のゆえに公共の事物をも自らの権力のもとに置くのであり，一方は神に信従するが，他方は神に対抗し［中略］これら二つの国の時間的なある種の混合によってこの世の歴史は経過するのであり，最後の審判によってついに二つは分離され［後略］」(Saint Augustine 1972, 260-263／訳 65-66)。

第4章

ティロットスンの
キリスト教的人間像（感覚・理性・信仰）
──バルベラックの思想との関連性をめぐって

I　はじめに

　17世紀イングランドのラティテュディネリアニズム（latitudinarianism）[1]の代表的な思想家とされるジョン・ティロットスンは，名誉革命後にカンタベリ大主教をつとめ，説教師としても有名な人物である[2]。彼が残した250余の説教の一部はバルベラックによって仏訳されている。

　グラーズゴウ大学道徳哲学講座教授でスコットランド教会牧師でもあったトマス・リードは，ティロットスンの説教を愛読していた。ドゥーガルド・ステュアートの『トマス・リードの生涯と著作』によると，「レイン（Rayne）の牧師デイヴィッドスン師によって私［ステュアート］に親切に伝えられた彼［リード］の経歴の初期の部分に関するいくつかの注記において，彼がニュー・マーカー（New-Machar）の牧師となってしばらくの間，自らの能力への不信から，ティロットスン博士とエヴァンズ博士の説教を説く［彼らの

---

1)　ラティテュディネリアニズムは広教主義と訳されることもあるが，広教主義は19世紀のイングランド国教会におけるBroad Churchの訳語であり（清滝2007, 163），本章ではラティテュディネリアニズムと表記する。
2)　ティロットスンはヨークシャ州ハリファックスで出生。ケンブリッジ大学出身。1660年代前半にロンドンのリンカンズ・イン付属教会，およびセント・ローレンス・ジューリ教会の説教師に就任。1670年にチャールズ2世によってカンタベリ大聖堂参事会員の聖職録を授与され，カンタベリ大聖堂首席司祭（1672-1689年）に就任。ローマ・カトリックへの敵意を頻繁に表明し，チャールズ2世治世の晩年にかけて彼から疎まれ，ジェイムズ2世の支持を得られなかった。1688年，スコットランド出身の牧師ギルバート・バーネットによってオレンジ公ウィリアムに推挙され，カンタベリ大主教（1691-1694年）に就任（Rivers 2004, 791, 793-795, 796-797）。

説教を利用して朗読する]のを常としていたことが,彼の異常なまでの謙虚さと自信のなさの証拠として言及されている」[3]。また,リードの『人間知的力能論』(1785 年)の第 6 篇「判断について」には,ティロットスンの説教 1「信仰心が真の知恵であること」の一部が引用されている[4]。

　従来の研究では,バルベラックによるティロットスン説教集の仏訳版に言及されることは少ない[5]。また,ラティテュディネリアニズムのスコットランド啓蒙思想への影響という文脈でティロットスンが取り上げられることはあるが[6],その際にティロットスンとバルベラックの思想の関連性について論じられることはない。18 世紀スコットランドの知識人の関心には,「知性と理性」から「感性」(感覚,情念,感情)への移行が見られると同時に,この両者の関係への注目も見失われていないという特徴がうかがわれる。ティロットスンは人間精神の諸能力(感覚,理性)を神からの賜物と捉え,とくに感覚の確実性を強調している。また,バルベラックは,人間がこれらの賜物の使用(利用)と誤用を区別できる存在であるとして洗練可能な人間本性観を抱き,理性の光と信仰の光が一致することを主張した。本章では,このような観点から,ティロットスンとバルベラックの思想における「感覚および理性」と信仰の関係に着目しつつ,両者の思想の比較を通して「キリスト教的人間像」の一側面を検討する。

II　バルベラックのキリスト教的人間像

1　洗練可能な人間本性

　バルベラックの『娯楽論』(1709 年)[7]は全 4 篇から成り,第 1 篇では,娯

---

3)　Stewart 1803, 16-17.
4)　Reid [1785] 2002, 505-507.
5)　バルベラックによるティロットスン説教集の仏訳版に言及したものに,Meylan(1937),Rosenblatt (1997), Eijnatten (2003a) がある。
6)　Suderman 2001, 72. また,スコットランド長老派信徒の福音派はイングランドのラティテュディネリアニズムを無神論と同一視した (Hermann 2001, 4／訳 4)。
7)　『娯楽論』の概要については,門 (2012)(本書第 2 章に収録)を参照。

楽 (jeu) そのものが自然法においても宗教の戒律においても不正ではないことが示される。キリスト教における娯楽批判の伝統は長く，教父キプリアヌスやヨアンネス・クリュソストモス，テルトゥリアヌスの説教は罪のない使用 (usage) と最も明白な誤用 (abus) を区別せず，聴衆を娯楽から引き離そうとしたのである[8]。大半の神学者や決疑論者は，娯楽の中でも運が関わる娯楽（例えば骰子やカードを使う遊戯）に対して，全面的に不法であると猛烈に非難した[9]。バルベラックは，娯楽について論じた著作に広く見られる誤りとして，抽象的な原理に基づき推論することを挙げている。それらの著作は行き過ぎた格率 (maximes) を築き上げるが，その格率は何ら影響を及ぼさないか，むしろ悪影響しか及ぼさないと批判している[10]。「正しい理性」に照らせばいかなる罪にも問われない事物が，聖書でも明確に禁じられず，また必然的帰結によっても禁じられない場合，その事物は罪がないと見なされるべきだと主張している[11]。娯楽は人間が誤用することによってのみ悪となるのであり，娯楽そのものは善でも悪でもなく，善悪無記の事物である。人間は働くために生まれてきたこと，休息を取らずに働いてはならないことは，聖書と異教の哲学者も認めている。仕事で枯渇した体力を回復させるために，適切な気晴らし (divertissement) を取ることは，道徳と宗教が命じるところであり，気晴らしが「水準の低い楽しみであり，誤った偽りの快楽であり，人間の不幸と堕落の結果」[12]だというパスカルの見解をバルベラックは否定し，次のように述べている。「人々がどんなに堕落していようとも，自然の贈り物，より正確に言えば神の寛大さの贈り物を，節度をもって使用する人々は，時と場所に応じて多かれ少なかれつねに存在する」[13]。人間は適正な範囲内で気晴らしを取ることができ，使用と誤用を区別できる理性的被造物なのである。バルベラックが提唱するキリスト教的人間像は，神からの賜物としての精神の諸能力（感覚，理性）を適切に使用できるというキリスト教的人間

---

8) TJ, I, vi–vii.
9) TJ, I, 17.
10) TJ, I, xvi–xvii.
11) TJ, I, 37.
12) Pascal [1670] 1701, 142–144／訳,（六），196–198, 205.
13) TJ, I, 11.

像である。このような新しいキリスト教的人間像は,「人間本性の腐敗」を強調する伝統的な(または正統派の)キリスト教的人間像(神の恩寵を待つしか魂の救済の手段を持たない無知無力な人間)に対して反抗しつつ生じたものであり,(聖俗を問わず)「18世紀啓蒙思想」の出発点となる。

2 理性への信頼――懐疑論批判

バルベラックは『道徳哲学史』の第3章において,道徳(Morale / Morality)が不確実な学問であり,道徳には蓋然性しか見いだせないという異議に対して反論している[14]。その一つに,懐疑論(Scépticisme)の普及を目的とする人々に対する批判がある。彼らは最も明白で最も広く認められた真理に対するどんな些細な難点でも,援用できると思えば,それらを至るところからかき集めて,次のように誹謗中傷する。「理性はどこに足を置けばよいかを知らない。それはとりとめのない,尻軽な,曲げやすい道具だから,風見のようにどちらへでも向けられてしまう。一歩も前進しないことしか道に迷わない秘訣はなく,道が分かれた途端に立ち往生する」[15]。この引用文中の二番目の文章の出典は,カルヴァン派の哲学者ピエール・ベールの『歴史批評辞典』(1697年)である[16]。これらの言葉が立脚する原理は,確実な真理が存在するならそれは完全に知られており,あらゆる難点を免れるはずだというものである。一方,バルベラックの議論の前提は,人間の能力は完全無欠ではなく,各々の状態に見合ったものであるがゆえに制限されており,ある原理が確実視されるには明白で直接的な証拠だけで十分だ,というものである[17]。バルベラックは「最も不確実な事柄についても,自分の想像したすべてのことが論証されていると思い込む」[18]独断論者と,「完全無欠にして曖昧さが混入しない知識には到達できないことを口実にして,最も些細な難点の重さにすら押しつぶされ,あらゆる確実性を臆面もなく拒絶する」[19]ピュロン主義

---

14) PT, xxii. Barbeyrac 1729, 5/訳24.
15) PT, xxix/訳41.
16) Bayle［1697］1702, II, 1565/訳,(四),317.
17) PT, xxix/訳42.
18) PT, xxx/訳43.
19) PT, xxx/訳43-44.

者を対比し，真理を誠実に愛する人間は両者の中道を発見できると述べている。

『道徳哲学史』第32章では，理性の光の確実性を論破することに専念し，信仰の光が理性の光を前提としないと考える人々に対して，バルベラックは「歴史ピュロン主義（Pyrrhonisme Historique）の度が過ぎている」[20]と批判している。歴史ピュロン主義は「歴史記述の確実性についての懐疑論」[21]を指し，ベールはそのような論者の一人と目されている[22]。ベールは，宗教が人間の理性を犠牲にするよう命じることは多々あるとして，「理性の掟と愛徳（charité）の掟の間に事実大きな相違がある」[23]と主張し，「ほとんど永続的な対立」を「信仰の光と理性の光の間に見いだした」[24]。これに対して，バルベラックは，「キリスト教は人々から理性の使用を奪おうとはしていないように，人々が自らの精神を導く規則を他に持たない事柄に関して，自らの光を犠牲にすることを彼らに要求することはない」[25]と反論している。理性を軽視する見解（懐疑論）とは対照的に，バルベラックは理性を信仰の前提として重視しているのである。

III　ティロットスンのキリスト教的人間像——感覚・理性・信仰

1　神からの賜物としての感覚と理性

「神からの賜物である諸能力の使用と誤用が区別できる理性的被造物」としての人間像は，バルベラックと同様，ティロットスンにも共通している。ティロットスンの説教65は「マタイによる福音書」第16章第24節の「それから，［イエスは］弟子たちに言われた。『わたしについて来たい者は，自

---

20)　PT, cxxv／訳424.
21)　野沢1987，1339.
22)　ベールはカトリック史家ルイ・マンブール（Louis Maimbour, 1610-1686）の『カルヴァン派史』（1682年）を反駁する際に，「歴史ピュロン主義」を標榜していた（野沢2004，1811-1824）。
23)　Bayle 1685a, I, 393／訳635.
24)　TJ, I, 66.
25)　TJ, I, 64-65.

分を捨て，自分の十字架を背負って，わたしに従いなさい』」[26]という章句に基づく説教で，「自己放棄 (self-denial) およびキリストのために苦しむことについて」という題が付けられている。ティロットスンはこの説教でキリスト教における自己放棄の義務[27]について論じている。イエスは自分がエルサレムで迫害され，殺された三日後に復活することを弟子たちに予言した際に，「自分を捨て，自分の十字架を背負って，わたしに従いなさい」と説いた。「自分を捨てよ」というイエスの教訓は，イエスの弟子であることとイエスの宗教の信仰告白を約束する者，つまりキリスト教徒であることを選択し決心する者に向けられた言葉である。この自己放棄の教訓には，人間の生命に必要な衣食を断って自らの幸福を放棄し永遠の不幸に満足することや[28]，信仰の問題において感覚と理性を放棄することは含まれない[29]。ティロットスンは「われわれ自身の保存への欲求と幸福」を人間に植え付けたのは神であると主張し[30]，人間の感覚と理性を信仰の基礎に据える。つまり，信仰は感覚の確実性に帰着することになる。したがって，感覚の否定は信仰の基礎を破壊することになり，また理性なき信仰が理に適ったものだと認められれば，無信仰が理に適ったものとなる。魂（精神）の諸機能である感覚および理性と信仰の関係は，ティロットスンの説教において重要なテーマである。

---

[26] KJV, 24. 新共同訳，新32.

[27] フーコーは古代の思想に広く見られる「自己への配慮」を「自己放棄の義務づけというキリスト教的な形式」あるいは「他者への義務」と対立するものと捉えている (Foucault 2001, 15／訳17. 北田 2005, 93)。ティロットスンの「自己放棄の義務」の概念は，自己保存を肯定する内容を含んでおり，「非・自己中心主義」というよりもむしろ「自己中心主義」への方向性を孕むものである。本書第3章で見たように，バルベラックは『自然法と万民法』の仏訳版原注で「啓発された自己愛」（「自己への義務」の源泉）と「社交性」（「他者への義務」の源泉）は矛盾しないと注釈している。フーコーの「自己への配慮」の考え方と，ティロットスン，バルベラックのような正統派ではない（異端とみなされる）キリスト教思想家の「自己愛」の考え方の関係について，一概に早計な結論は出せないが，検討の余地がある興味深い論点である。

[28] Tillotson 1820, IV, 227.

[29] Tillotson 1820, IV, 225-226.

[30] Tillotson 1820, IV, 227. ティロットスンのこの一文における自己保存の概念に関して，ホッブズ主義者の「快楽主義的倫理の基礎」ではなく，「キケロ主義的な意味」（「個人の真の利益を発見させる出発点」）を含意するものであるという解釈もある (Parkin 1999, 98)。

2 感覚と信仰

(1) 感覚の確実性——実体変化批判をめぐって

　ティロットスンは信仰の問題との関係において人間の感覚の確実性を強調している。とくに、ローマ・カトリックの教義である実体変化(transsubstantiation)を批判する際に、感覚の確実性に言及することが多い。ティロットスンの説教および論説のなかで、実体変化批判の文脈で感覚の確実性に言及したものを年代順に追って見ると、『信仰の規準』(1666年)、説教11「ローマ教会の救済の不確実性について」(1673年)、説教26「実体変化駁論」(1685年)という順序になる。他に説教年は不明であるが、説教130「神の完全無欠性のわれわれによる模倣について」、説教197「キリストの擁護者としての聖霊の到来について」もこれに該当する。ティロットスンの思想には、比較的早い時期から感覚の確実性の概念が見られる。

　実体変化は、聖餐式においてパンとぶどう酒の実体がキリストの体と血に変化するというローマ・カトリックの教義であり、化体説あるいは変体説とも呼ばれる[31]。実体変化はプロテスタントから多くの批判を受けた[32]。例えば、マルティン・ルター(Martin Luther, 1483-1546)は、イエス・キリストの体と血は、パンとぶどう酒の実体が破壊されることなく、聖体に存在するとして、両体共存を説いた。また、カルヴァン主義者は、イエス・キリストの体はパンには存在しないが、パンを食べる際に、信仰によって霊的にイエス・キリストの体を受け取ると考えた。フランスの神学者ニコラ＝シルヴェストル・ベルジエ(Nicolas-Sylvestre Bergier, 1718-1790)の『神学事典』の「聖餐」の項目には、カルヴァン主義者による実体変化批判の中でも、ティロットスンの批判は最も強力な反論だと記されている[33]。ベール、アバディ、ラ・プラセット、ヒュームなどはティロットスンのこの反論を繰り返し、これを無敵と見なしていた。

　ティロットスンの著作の中で、実体変化を最も詳細に批判しているのは、

---

31) ネメシェギ 1998, 1242.
32) Bergier 1844, I, 1101.
33) Bergier 1844, I, 1103.

1685年に出版された「実体変化駁論」である。ティロットスンは，奇跡を見たと言う人々の感覚が誤っていれば，奇跡は存在しないことになるとして，イエス・キリストと使徒の奇跡の確実性は「感覚の証言の確実性（certitude du témoignage des Sens）」に依拠すると述べている[34]。実体変化がキリスト教の教義の一部を成すとすると，他のすべての教義と同様にそれは奇跡によって確証されるに違いない。しかし，実体変化の教義は他のどの教義と比べても奇跡による証明が困難である[35]。人々にある奇跡が生じたことを確信させるのは感覚だけであり，感覚が実際に人々に告げるのは，「われわれが聖餐式で見るものはキリストの体ではなくパンである」ということである。「キリスト教の教義の主要な証拠である奇跡は感覚の確実性に基づくが，それは実体変化を完全かつ直接的に論破する」[36]。バルベラックは『仏訳版説教集』第3巻の訳者序文で，「実体変化はキリスト教の真理の主要な証拠である奇跡を覆す，と著者が主張するのは，非常に理に適っている」[37]と，ティロットスンの実体変化批判を支持している。

(2) 実体変化批判の反響

ティロットスンの「実体変化駁論」はL. C. という匿名の人物による仏訳が1685年にロンドンで出版された。この仏訳の書評記事が，ベールの編集発行する仏語学術雑誌『文芸共和国便り』1686年6月号の記事7に掲載されている[38]。その前年の同誌1685年4月号の記事には，カルヴァン派牧師ジャック・アバディ（Jacques Abbadie, 1654-1727）の『さまざまな書簡から構成された，聖餐におけるイエス・キリストの肉体の実在についての考察』（1685年）の書評記事が掲載されている。ベールはアバディについて次のように評している。

---

34) Tillotson, 1743-1744, III, 424. Tillotson 1820, II, 448.
35) Tillotson, 1743-1744, III, 424. Tillotson 1820, II, 448.
36) Tillotson, 1743-1744, III, 424-425. Tillotson 1820, II, 449.
37) Tillotson, 1743-1744, III, xiv.
38) Bayle 1686b, 681-690.

第4章　ティロットスンのキリスト教的人間像（感覚・理性・信仰）

　彼［アバディ］ほど感覚の確実性を主張した人間はかつていなかった。彼は次のことを主張し，われわれに感覚の確実性を論拠として提示しているからである。つまり，ひとたび感覚の証言が確実性を奪われれば，それはわれわれの宗教［カルヴァン派］全体とすべての真理の問題となること，そして，ピュロン主義の普遍的な氾濫から自らを守ることができないこと，である。［『考察』の］これらの四書簡のすべては非常に深遠な精神を感じさせるとはいえ，最後の書簡［四］は，私見では最も反論に値する[39]。

　ベールが『考察』の書簡四のどの箇所を「最も反論に値する」と考えたのか，上記から確定することはできないが，そこでは他の書簡以上に感覚の証言の重要性が強調され，「信仰のすべての観念または根本的な真理はもっぱら感覚の証言に基づく」[40]と記されている。ベール自身もカルヴァン派ではあるが，『「マンブール氏のカルヴァン派史の一般的批判」の著者の新たなる手紙』（1685年）では，「精神の動きの読みから，実体変化を非とする先入主を持つ人は，それ［実体変化］を信じることがほとんどできないのがはっきり分る」[41]と述べ，また『「強いて入らしめよ」というイエス・キリストの言葉に関する哲学的註解』（1686-1687年）では感覚の証言を真理の基準とすることに反対している[42]。ベールの書評はアバディの感覚の証言に基づく実体変化批判に異議を示したものと考えられる。

　ジャン・ラ・プラセットは『実体変化に反する感覚の権威についての論説』（1700年）の中で，「信仰は感覚を修正する」という見解に反論し，感覚・理性・信仰の関係について次のように述べている。

　　パスカル氏が言うには，「信仰は感覚がいわないことを十分にいうが，反対のことは決していわない。信仰は［感覚を］超えるが，［感覚に］反するものではない」[43]。その正しさは，神がわれわれを彼の作品の知識へと導く

---

39) Bayle 1685b, 439-440.
40) Abbadie［1685］1835, 156.
41) Bayle 1685a, I, 357／訳617.
42) 「真理の基準ないし試金石を感覚の証言に置くのは間違いだ」(Bayle 1686a, 23／訳98).
43) 『パンセ』からの引用。Pascal 1819, II, 259／訳，（六），274.

ために三つの異なる光——感覚，理性，信仰をわれわれに与えたことに依存する。これらの三つの光は［中略］十分に異なりうるが，決して対立しない。事実の大半がそうであるように，理性と信仰がわれわれに永遠に知らせないだろう多くのことを，感覚はわれわれに知らせてくれる。理性はわれわれに，感覚も信仰も見破らない多くのこと，形而上学が示すことの大半を発見する。最後に，信仰は感覚と理性に知られていないこと，救済の真理のようなものをわれわれに啓示する。それゆえ，これらの各々の光がいわば自らの進路（détroit）と活動範囲を有し，そこでは他の光によって妨げられることはない。感覚と理性が信仰の真理に反して高まることが決してないように，理性も信仰も決して感覚に反対しないからである[44]。

　ベールを引き継ぎ『文芸共和国便り』の編集人になったジャック・ベルナールは，同誌の1700年11月号の記事3でラ・プラセットの上記の論説を書評しているが，そこにはベールがアバディに下したような否定的な評価は見られない。

　ヒュームは『人間知性研究』（1748年）の第10節「奇蹟について」の冒頭で，ティロットスンの実体変化批判を援用し，「われわれの感覚の真理〔真実性〕の明証（evidence for the truth of our senses）」の方が，「キリスト教の真理を支持するわれわれの明証」すなわち「われわれの《救世主》がそれによって神の思し召しを証明するところの奇蹟の目撃証人（eye-witnesses）」である「使徒たちの証言（testimony of the apostles）」の明証よりも大きいと述べている[45]。これに対し，アバディーン哲学協会の設立者の一人で，アバディーン大学マーシャル・コリッジの学長をつとめたジョージ・キャンブルはヒューム批判[46]の書『奇跡論』（1762年）で，使徒たちの証言の明証が感覚の明証よりも弱いことを認めながらも，感覚の情報によって受け取られた真理は，語り手の記憶，雄弁と正確性の欠如または聞き手の誤解によって誤って伝え

---

44) La Placette 1700, 45-46.
45) Hume [1748] 2000, 83／訳185（一部，斎藤・一ノ瀬訳 2004, 97）。通例，senseは「感官」，sensationは「感覚」と訳し分けられているが，「感覚」という日本語には「感覚器官」の意味が含まれており，本書ではsenseまたはsensの訳語を「感覚」とする。evidenceの訳語については「明証」とする。
46) アレグザンダ・ジェラードによるヒューム批判について，田中 2002, 120-123 を参照。

られる可能性があり、それは感覚の明証の［確実性の］実質的な減少を引き起こすと指摘する[47]。

ヒュームは「経験」(experience)を「われわれの唯一の指針」[48]と見なし、「目撃者の報告に由来する事実についてのわれわれの信念または確信」[49]は専ら経験の原理に由来すると主張する。ヒュームが前提とする「経験の原理」に対して、キャンブルは経験よりも証言を重視し、次のように反論している。

> 証言が、経験に先立って、信念（belief）に対し自然的かつ本源的な影響を有することは、容易に明らかにされるだろうと思う。［中略］子供によって証言に与えられる、あらゆる経験に先立つ最も早期の同意は、実際には最も制限されておらず、人類の漸進的な経験［の積み重ね］によって、その同意が次第に狭められ、より狭い範囲に制限されることになる[50]。

子供は生まれつき他人の意見（証言）を信頼するというキャンブルの見解は、彼の親友であったリードの幼児教育論に見られる「信頼性の原理と模倣の原理」[51]とも共通する。リードは『能動的力能論』で道徳的善悪を決定する力を道徳感覚に帰する際に、「われわれの諸感覚が与える自然の直接的な証言」[52]への信頼性を強調している。リードが批判の対象としているのは「懐疑論者」すなわちヒュームである。ティロットスンによる感覚の確実性の強調は、リードやケイムズ[53]の思想に見られる諸感覚の証言への信頼性[54]へと

---

47) Campbell [1762] 2001, 45.
48) Hume [1748] 2000, 83／訳 186.
49) Campbell [1762] 2001, 28.
50) Campbell [1762] 2001, 29.
51) 篠原 1986, 228。スミスの『道徳感情論』第6版（1790年）において第7部第4篇に追加された箇所にも、幼い子供には言われたことをすべて信じる本能的な傾向があるという記述が見られる（TMS, 335／訳, (下), 389）。
52) Reid [1788] 2010, 176.
53) Anon. [1751] 1758, 193. ケイムズ［初版と第2版では匿名］(Henry Home, Lord Kames, 1696-1782) の『道徳と自然宗教の原理』初版（1751年）および第2版（1758年）の第2部第3論考「我々の諸感覚の権威について」の内容は、第3版（1779年）において、その一部の文章が削除され、かつ一部の文章表現および単語が変更された上で（例えば、第3版では authority の代わりに veracity が使われている）、第2部第2論考「外部感覚」の第4節「外部感覚の信頼性」に収録されている（Home [1779] 1993, 250-261／訳 218-227）。
54) 篠原 1986, 229, 234.

受け継がれてゆく。

(3) ティロットスンの信仰概念

ティロットスンは「ヘブライ人への手紙」第11章第6節の「信仰がなければ，神に喜ばれることはできません」という章句に基づく一連の説教（説教218—223）において，信仰（faith）が宗教の原因であり原理であるとして，信仰の真の概念を定義している。信仰の一般的概念とは，ある命題の真理や，ある事柄の存在，未来の状態，合法性，便宜性，可能性，善悪，ある人間への信頼または不信といったものに関する「精神の信念（persuasion of mind）」である[55]。このような信仰の概念は「ピスティス（πίστις）」という語の本来の意味に一致する。「ピスティス」は，「説得する（persuade）」を意味するギリシャ語の動詞「ペイトー（πέιθω）」に由来する。

信仰の座または原因は「精神」（mind）あるいは聖書で一般に用いられる呼称の「心（heart）」である。ティロットスンは「精神」，「心」，「魂（soul）」の実際の区別を理解していないとして，「あなたがたが［それらの］能力を区別するなら，このような信念の本来の座は知性（understanding）にある」[56]と述べている。信念は「意志（will）」に直接的影響を及ぼし，意志によって「感情（affections）」と「生命（および生活）（life）」に作用する。ティロットスンはさらに，①信仰の原因，②信仰の程度，③信仰の自然的効果および作用，④信仰の種類について考察している。

①「信仰の原因」については，「感覚」，「経験」，「必然的・最終的な事柄，蓋然的事柄，またはもっともらしいだけの事柄から導かれる推論」，および「信頼できる人間の権威と証言」の四つの原因が挙げられる[57]。

②「信仰の程度」は複数存在し，信じる人間の能力に完全に依存する。人間の能力または無能力の程度は無限に多様であるが，「ほどほどの能力」(competent capacity)」が想定されれば，信仰または信念の程度は，信じるために用いられる論拠，動機，誘因によって異なってくる。「感覚が論拠である限り

---

55) Tillotson 1820, IX, 182.
56) Tillotson 1820, IX, 184.
57) Tillotson 1820, IX, 185.

において，信仰または信念の最高にして最も確固とした程度が存在する」[58]。そして，信仰の程度の確実性は，感覚，経験，推論，人間の証言または権威の論拠の順に下がっていく[59]。

③「信仰の自然的効果および作用」は，人々が信じるか，確信できる事柄（対象）に関して，ある事柄が当人に関係しない場合には，そのような事柄への信仰または信念は，基本的に当人に影響を及ぼさない。他方，その事柄が当人に関係する場合には，確信する事柄の本性，信念の程度，信じる人間の能力に応じて，若干の効果を及ぼす。

④「信仰の種類」については，信じられる対象または物事の多様性に応じて，道徳的，自然的，政治的事柄などに関する信念を含む「世俗的または人間的信仰（civil or human faith）」と，宗教に関する事柄についての信念である「神聖かつ宗教的な信仰（divine and religious faith）」に分けられる[60]。説教218—223で論じられるのは後者の「神聖かつ宗教的な信仰」の方である。この神聖かつ宗教的な信仰には，(i) 自然の光によって知られる自然宗教の原理（神の存在，魂の不死，来世の状態），(ii) 超自然的に啓示された事柄，(iii) 超自然的啓示，の三項目についての信念が含まれる[61]。

ティロットスンは，この三項目の神聖かつ宗教的な信仰の各々について，1）真の信仰と呼ばれるかどうか，2）信仰が生み出される論拠，3）信仰の程度が許容されるか否か，4）信仰の程度の相違，5）信仰の真の効果，6）どのような意味で，「神聖な信仰」（divine faith）と言えるのか，を検討している。この中で2）「信仰が生み出される論拠」に関して，感覚が関与するのは，(iii) の超自然的啓示についての信仰である。

神聖かつ宗教的な信仰のうち，(i) 自然宗教の原理への信仰に関して，これは感覚からは生じない[62]。神は純粋な霊であり，肉体的感覚の対象ではな

---

58) Tillotson 1820, IX, 186.
59) Tillotson 1820, IX, 186-187. キャンブルは「記憶（memory）」を「我々がかつて感覚の明証を有した過去の現実についての唯一現存する最初の保証人」と述べ，経験を「［記憶の］保持（retension）と連合（association）」と定義する（Campbell 1776, I, 132)。キャンブルは感覚に基づく経験よりも人間の証言を重視する点で，ティロットスンとは異なる。
60) Tillotson 1820, IX, 188.
61) Tillotson 1820, IX, 189.

く,魂の不死や死後の状態も感覚の範疇には存在しえない。経験,人間の権威および証言,神の証言および権威も,自然宗教の原理を人々に確信させる論拠にはなりえない。ティロットスンは,人々が神の存在を確信する論拠として,「物事それ自体から導かれる理由」[63]を挙げている。

次に,(ii) 超自然的に啓示された事柄についての信仰に関して,これは自然の光によってではなく,神からのより直接的な顕示 (manifestation) と出現 (discovery) によって知らされた事柄[対象]への信仰である。神によって超自然的に啓示された事柄を記録し,集成したものが聖書である。この種類の信仰において考察の対象となるのは,福音の教えへの信仰または信念という狭義の問題だけでなく,聖書に含まれる「神の啓示 (Divine revelation)」のすべての問題である[64]。ティロットスンはこれを「歴史」,「預言」,「教義」,「人々の精神と生活を規制・支配する掟 (義務)」,「現世または来世に関する良きことの約束」,そして「人々が義務を怠った場合に被る危険への脅威」の6項目に区分する[65]。これらの事柄への信仰が生み出される論拠は,神の証言および権威であるが[66],これはスコラ哲学者が与える信仰の定義,すなわち「信頼できるものへの合意」[67]とも一致する。彼らによれば,「神聖な信仰」は[信頼できるものとしての]神の証言または権威に依拠するからである。

最後の (iii) 超自然的啓示についての信仰は,神の啓示そのものへの信仰である。神の啓示の種類には,幻,夢,預言,神託,霊感 (聖霊,天の声[68],モーセの霊感[69]) がある[70]。

スコラ哲学者の狭義の信仰の定義 (それを啓示する神の証言と権威に基づくものへの同意) によれば,神の啓示についての信念 (persuasion) は信仰とは呼べ

---

62) Tillotson 1820, IX, 192.
63) Tillotson 1820, IX, 193.
64) Tillotson 1820, IX, 198.
65) Tillotson 1820, IX, 202-203.
66) Tillotson 1820, IX, 204.
67) Tillotson 1820, IX, 204.
68) 原文には voice Bath-col と記されている。Bath-col はヘブライ語の batkol である。
69) 原文には *gradus Mosaicus* と記されている。
70) Tillotson 1820, VI, 229-230.

第 4 章　ティロットスンのキリスト教的人間像（感覚・理性・信仰）

ない[71]。あるものが神の啓示であると確信するためには，さらに別の神の啓示が必要になるからである。これに対し，「ある物事に対する精神の信念」というティロットスンの信仰の定義に従えば，神の啓示についての精神の信念は，信仰と呼ぶことができる[72]。ティロットスンは神の啓示への信仰が生み出される論拠を考察する際に，神の啓示が直接行われた人々と，それ以外の人々を区分している[73]。自分自身に直接行われた神の啓示を持たない人々にとって，奇跡は神の啓示を十分に確信できる手段である[74]。ティロットスンは奇跡を「疑わしい奇跡と疑いの余地のない奇跡 (doubtful and unquestionable miracles)」[75]に区分し，前者の「疑わしい奇跡」について次のように述べている。「人間はそれら［の疑わしい奇跡］が自然の力によってどのように行われうるのかを知りえないが，神の力の論拠のためにあまねく承認され認められたものとして，それら［の疑わしい奇跡］を完全に確信するようなことはない」[76]。このような「疑わしい奇跡」の例として挙げられているのが，魔法使い (magicians) が魔法をかけて行ったと称する奇跡である[77]。一方，信

---

71) Tillotson 1820, IX, 211.
72) Tillotson 1820, IX, 212.
73) Tillotson 1820, IX, 212.
74) ティロットスンの友人であったロックは，セント・アサフ主教，イーリ主教をつとめたウィリアム・フリートウッド (William Fleetwood, 1656-1738) の『奇跡論』(1701 年) と，同書に対する応答として書かれたベンジャミン・ホウドリの『フリートウッド氏への手紙』(1702 年) を読み，『奇跡論』を 1701-1702 年頃に執筆した。『奇跡論』はロックの死後 1706 年に出版された『遺稿集』(Locke 1706) に収録されている。ロックは同書の中で「神自身から与えられた信任状 (credentials)」としての奇跡を，次のように定義している，「私は，奇跡を，知覚できる働き (sensible Operation) のことと解するのであるが，その働きは，見ているものの理解を超え，その人々の意見では，物の通常の過程には反しているが，その人には神聖であると考えられるものである」(Locke [1706] 2002, 44／訳 220)。ヌオーヴォはロックの奇跡の定義について，フリートウッドによる以下の奇跡の定義と比べると，厳密さが少ないと指摘している (Nuovo 2002, xxxvi-xxxvii)。「新しく，奇妙で，非凡で，驚くべきではないものは，物の通常の過程を妨げたり，確立された創造の法則を覆すのでない限り，正確には奇跡的 (miraculous) と見なしえない」(Fleetwood 1737, 127-128)。なお，ロックの『奇跡論』の邦訳者である服部知文は，ロックにおける奇跡の判定の基準は「われわれの外的感覚にうったえる力」ではなく，実際には「内的力の直覚」によらねばならないとして，ロックが「素朴な経験主義」を回避していることを指摘する (服部 1980, 251)。
75) Tillotson 1820, IX, 221.
76) Tillotson 1820, IX, 222.
77) Tillotson 1820, IX, 222.

仰の本性に関する一連の説教（説教218—223）で議論の対象となるのは，モーセや「われわれの救い主」イエス・キリストが行ったと言われる「疑いの余地のない奇跡」である[78]。「疑いの余地のない奇跡」に対しては，次の三つの確信の程度が挙げられる[79]。1) 奇跡について感覚の明証[80]を有するかどうか，2) 奇跡について証人の信頼できる報告を有するかどうか，そして彼らの証言について疑う理由がないかどうか，3) 奇跡について証人の信頼できる報告が，明証を伴い伝承されているかどうか，である。しかし，これらはいずれも，誤謬や過ちの可能性をすべて排除する「不可謬の確信（infallible assurance）」を人々に与えるものではない[81]。感覚が人間を騙しうるように，感覚に依拠する証人の証言と伝承もまた人間を騙しうるからである。

　他人に行われた神の啓示について，人間が持ちうる最高の程度の確信は，「不可謬の確信」ではなく「疑いの余地のない確信（undoubted assurance）」である。ティロットスンは，「神聖な信仰」のすべての目的と意図のためには，「疑いの余地のない確信」を持つことで十分だと言う[82]。「疑いの余地のない確信」は，すべての過ちの可能性を排除するのではなく，慎重で思慮深い人間が疑うようなすべての正当かつ合理的な原因に由来する過ちのみを排除するものである[83]。一方，ローマ教皇礼賛者（papists）によれば，人間は聖書が神の啓示であることについて「不可謬の確信」を持ちうるが，神の証言である奇跡が行われたことについては「不可謬の確信」を持ちえない[84]。ティロットスンの主張は，「神聖な信仰」がすべて不可謬であり，奇跡が「神聖な信仰」の十分な根拠にはならないと考えるローマ教皇礼賛者への反論を意図したものである。そして，ティロットスンは教皇不可謬説を次のように批判する。

---

78) ロックは『奇跡論』の中で，「奇跡により立証されて現れる限られた啓示」として，モーセとキリストの啓示を挙げている（Locke [1706] 2002, 45／訳222)。
79) Tillotson 1820, IX, 230.
80) キャロルによれば，スティリングフリートは「感覚の知覚（perceptions of Sense)」と「感覚の明証」を区別していたという（Carroll 1975, 72)。
81) Tillotson 1820, IX, 237.
82) Tillotson 1820, IX, 238.
83) Tillotson 1820, IX, 236.
84) Tillotson 1820, IX, 236.

第4章　ティロットスンのキリスト教的人間像（感覚・理性・信仰）

ローマ教皇礼賛者が［疑いの余地のない奇跡が行われたことに抱く］この確信は最終的に道徳的確信（moral assurance）にしか至らないと言うのなら，それが道徳的確信にしか至らないことを私は認める。だが，この［道徳的］確信は期待されうる限りにおいて道理に適っており，神聖な信仰の本性と目的に十分であること，そして不可謬の確信が人間の知性にふさわしくないことを，私は立証した。しかし，神の本性の属性と特権を［自らも有すると］自負する者は誰であれ，被造物の謙虚さを持たず，神聖冒涜の野心によって神の王座に挑み，自らをいと高きもの［神］と等しくする。それゆえ，ローマ教皇が自らは不可謬であると仮定した瞬間から，神の称号を僭称したとしても，なんら不思議ではない[85]。

ティロットスンの信仰概念に関する説教には，ローマ・カトリックへの批判が一貫して示され，感覚は「不可謬の確信」を人々に与えず，また「神聖な信仰」は「不可謬の確信」でなくてもよいことが説かれている。

(4) 聖書における信仰と感覚

ティロットスンは，「コリントの信徒への手紙二」第5章第7節の「目に見えるものによらず，信仰によって歩んでいる」[86]という章句と「ヘブライ人への手紙」第11章第1節の「信仰とは見えない事実を確認することです」[87]という章句を例に引き，聖書が信仰と視覚（sight）を対立させていることについて言及する[88]。ティロットスンによれば，これらの使徒の言葉は，来世の事柄（未来の状態もしくは目に見えない事柄）への信仰や，それと同じ本性を有する事柄（過去の事柄）への信仰について述べているにすぎない。人間が自らの感覚によって物事を信じることを，使徒は決して排除しているわけではない。また，「先に墓に着いたもう一人の弟子も入って来て，見て，信じた」[89]（「ヨハネによる福音書」第20章第8節）という章句は，見ることが信じること，つまり，見ることが人々に物事を納得させる最良の論拠の一つであ

---

85) Tillotson 1820, IX, 240-241.
86) KJV, 226. 新共同訳，新 330.
87) KJV, 277. 新共同訳，新 414.
88) Tillotson 1820, IX, 185.
89) KJV, 144. 新共同訳，新 209.

135

ることを認めているのである[90]。

ティロットスンは視覚を感覚の中で最も高貴で,最も優れていると評価する[91]。その理由として,以下の点が挙げられる。

① 最も包括的な感覚であり,その対象範囲が最も広く,最も多くのものを理解するとともに,最も離れた場所からものを認められること。
② 人間のすべての感覚の中で,最大の明証性と確実性を有し,視覚からの報告は最も確実で,最も疑いないものであること。
③ 最も純粋かつ霊的であり,その作用において最も迅速であり,霊的な能力の本性へ最も接近できること[92]。

ティロットスンによれば,ある事柄に関する確信の程度は,人間がその事柄に対して抱く明証性の程度から生じ,その最高の程度は,感覚と経験である[93]。信頼できる人間の証言および権威は,感覚と経験よりも劣った程度の確信であって,現世の人間が来世の事柄に関して抱くのはこの種の[劣った程度の]確信である。なぜなら,人間は現世にある限り,来世の事柄を感覚によって経験することが不可能だからである。死ぬ前に来世を訪れ,天国の祝福にあずかる者の住みかと,地獄の亡者の牢獄,惨めで絶望した魂の叫び声や苦悶と苦悩の様子を見ることが許されたと仮定すると,そのような状況を目撃した人間は,それを信じずにはいられないだろう[94]。ティロットスンはこのような[見たから信じるような]信仰は「徳(virtue)」ではなく,「必然(necessity)」だと言う。

> われわれの救世主が,自らの感覚の強力な明証性に基づきイエスの復活を信じた者たちを「幸いである」と断言したのではなく,「見ないのに信じる人は幸いである」[95]と断言したことに注目すべきである。彼ら[感覚の明

---

90) Tillotson 1820, IX, 185.
91) Tillotson 1820, VIII, 161.
92) Tillotson 1820, VIII, 162.
93) Tillotson 1820, IV, 188.
94) Tillotson 1820, IV, 191.
95) 「ヨハネによる福音書」第20章第29節(KJV, 145. 新共同訳,新210)。

証に基づきイエスの復活を信じた者］は信仰の結果として幸福になるかもしれないが，称賛すべき点はない。そして，非常に強烈で抗し難い明証［感覚の明証］によって人間に生じる信仰には，いかなる報酬も伴わない。「希望するすべもなかったときに」[96]，基本的に起こりそうもない事柄に関して，アブラハムが神の約束を信じたことは，アブラハムの信仰への大いなる称賛であった。だが，われわれが見たものを信じることに称賛はない。それらは議論の余地を与えない［＝必然だ］からである。［中略］感覚の明証はわれわれの同意を非常に猛烈に強要するため，そのような信仰に徳はありえない[97]。

死後の人間が天国でじかに神を見るとき，すなわち，聖書の表現によれば「顔と顔とを合わせて」[98]見た時点で，信仰は終了することになる[99]。「わたしを見たから信じたのか。見ないのに信じる人は，幸いである」（「ヨハネによる福音書」第20章第29節）という言葉は，感覚の明証よりも確実性の低い明証に基づきイエスの復活を信じようとしなかった弟子トマスに対して，イエスが叱責したものである。この言葉は「明らかに感覚の明証を，最も高く最も明白な程度の明証として想定していた」[100]のである。ティロットスンは，感覚の明証が信仰の明証以上に議論の余地のないものであることを，聖書が度々ほのめかしていると述べる一方で，感覚の明証が信仰の明証より確実であっても，それが信仰の「徳」を増大させることにはならないことを説いた。

3　理性と信仰

次に理性と信仰の関係について，「理性の光と信仰の光の一致」および「合理的なキリスト教」の観点から，ティロットスンとバルベラックの思想の共通点を検討しつつ，後者における「教父批判」の意味について考えてみたい。

---

96)　「ローマの信徒への手紙」第4章第18節（KJV, 193. 新共同訳，新279）。
97)　Tillotson 1820, IV, 191-192.
98)　「コリントの信徒への手紙一」第13章第12節。KJV, 218. 新共同訳，新317。
99)　Tillotson 1820, VIII, 158.
100)　Tillotson 1820, IV, 225.

(1) 理性の光と信仰の光の一致

ティロットスンは説教219「宗教的かつ神聖な信仰について」において，人間は多かれ少なかれ自然宗教の真理を確信していると言う。大半の異教徒が疑念を抱いていた魂の不死と来世の状態について，ソクラテスが「最も真実にして最も堅固な確信を抱いていた」と，ティロットスンは述べる。言葉だけでなく「自らの死で明らかにした思想の堅固さ，冷静さ，平静な勇気によって［そのことを］立証した」[101]とソクラテスを称えている。バルベラックは「魂への配慮」の系譜であるソクラテス，プラトン，アリストテレスについて，ソクラテスの思想に神の摂理，神への祈りを，彼の弟子プラトンの思想に魂の不死を見いだす。しかし，プラトンの弟子アリストテレスは魂の不死に懐疑的であり，彼の体系において宗教はまったく用をなさないと述べている[102]。

『道徳哲学史』第6章では，他のすべての宗教の基礎たるべき自然宗教の基本原理が，道徳科学の最も確固たる，より厳密に言えば唯一の基礎であり，道徳科学における宗教の役割が強調されている。「神的存在なくしては，義務，責務，権利は実際には見事な観念にすぎず，［中略］現世において最も見事な体系を作ったとしても，その体系において宗教が何の役割も果たしていなければ，その体系はほとんど，いわば砂上に構築された思弁的道徳にすぎないだろう」[103]。バルベラックはティロットスンと同様の自然宗教観（神の存在，魂の不死，来世の状態）を持ち，自然の光（理性）によって知られる自然宗教を道徳の基礎に据えている。「正しい理性」によって導き出される自然道徳が，啓示によって導き出される福音道徳と一致することを彼は主張した[104]。『道徳哲学史』第27章では，後期ストア派（異教徒）の道徳体系における三義務論を「福音道徳つまり正しい理性の光に完全に合致する唯一の道徳にきわめて類似した体系」[105]と見なしている。また，信仰の問題において理性の光に懐疑を示し，信仰の光のみを尊重する人々を，次のように批判する。

---

101) Tillotson 1820, IX, 195-196.
102) PT, xciii／訳287.
103) PT, xxxvi／訳66.

第 4 章　ティロットスンのキリスト教的人間像（感覚・理性・信仰）

理性の光の確実性を論破することに全力で専念した後，我々の疑いを解決するために，まるで信仰の光が理性の光を必ずしも前提とせず，啓示がその根拠としている事実の正しさや，聖書の非常に多くの文章の意味について我々が有する証拠が，我々の義務とその真の根拠に関する正しい理性の格率以上に明白であるかのように，我々に「信仰の光」を指し示すような人々の方便をどれくらい当てにすべきであるかは，以上からも明らかである[106]。

バルベラックは「信仰の光が理性の光を必ずしも前提としない人々」について，「歴史ピュロン主義」に陥っていると非難し，「古代史全体を通じて，信仰の基礎となる事実ほど十分に立証された事実を見いだすことはできない」[107]と批判している。また，ティロットスンは，「宗教と理性についてのほぼすべての原理を覆すことを喜びと誇りにする」懐疑論者（sceptical）と涜聖者（profane）を，無神論者（atheists）と同一視し，批判した[108]。世界に始まりがあり，世界が神によって造られたことを，彼は「人間の証言（Human testimonies）」すなわち「普遍的伝承（universal tradition）」と「歴史的史料（written history）」に基づき[109]，つまり「歴史ピュロン主義」とは正反対の立場から論証した。

ティロットスンは，説教 65「自己放棄，およびキリストのために苦しむ

---

104) TJ, 33. ニコルもバルベラックと同様に，理性と信仰の一致について述べている。「人々は一般に自らの生活において信仰によっても理性によっても行動しない。彼らは軽率に現在の対象に従うか，彼らが共に生きる人々の間で一般に確立された意見に従う。神または世間の人々に従ってこの世を幸福に過ごすために，自らにとって本当に有益なものを考察することに入念に専念する者はほとんどいない。彼らがそれについて熟考すれば，信仰と理性が人々の義務と行動の大半について一致すること，宗教が我々を遠ざけるものがしばしば救いにも反すること，そして，宗教が我々を導くものの大半が，我々の野心と我々の虚栄心が我々に非常に熱心に探究させるすべてのものよりも，この世の幸福に貢献することが分かるだろう」（Nicole［1671b］1999, 111-112）。ただし，前章で見たように，ニコルは人間の理性の無力さを説き，目的を達成するために理性を用いるのが情念であると主張している。

105) PT, cvi／訳 344. 本書第 3 章を参照。

106) PT, cxxv／訳 424.

107) PT, cxxv／訳 425.

108) Tillotson 1820, I, 332. Tillotson, 1743-1744, I, 29-30.

109) Tillotson 1820, I, 333, 334. Tillotson, 1743-1744, I, 32, 33.

ことについて」において,理性を否定することは人間であることを否定していると説く[110]。信仰は理性を前提としており,「信仰の問題において,われわれが自らの理性を放棄しなければならないなら,われわれは理性なしで,信じなければならない。誰もそのようなことはできない。もし誰かにそれが可能だとすれば,信仰は理性に適ったものではなくなり,無信仰が理に適ったものになるだろう」[111]。

ティロットスンはバルベラックのように自然道徳と福音道徳の一致に言及していないが,自然宗教の原理の一部である「魂の不死」と「来世の状態」について,聖書は人々により特別に啓示し,より高い確信を与えていると述べ[112],啓示に自然の光との共通点を見いだす点で,バルベラックの主張に通じるものがある。

(2) 合理的な宗教と教父への評価

「ヘブライ人への手紙」第11章第6節の「信仰がなければ,神に喜ばれることはできません」という章句は,ティロットスンによれば,信仰なくして人間は敬虔たりえず,信仰が宗教の原因かつ原理であることを意味している。つまり,自然宗教の原理と,聖書が神の言葉であることを信じない者は敬虔たりえない,ということである[113]。神への真の信仰は,敬虔であることが理に適っており (reasonable),またそれが利益になることを確信する人間(理性的被造物)を前提としている[114]。信仰は他のすべての合理的行為(rational actions)の源であり,他のすべての恩寵の根源なのである[115]。

ティロットスンは,信仰に合理的な説明を与え,宗教を合理的な原理に基づき論証する人々を「ソッツィーニ主義者」と決めつけることに反対し,そのような人々への「暴力的で不合理な偏見」の除去に努めるべきだと主張している[116]。また,宗教から合理性を排除することは熱狂(enthusiasm)につな

---

110) Tillotson 1820, IV, 226.
111) Tillotson 1820, IV, 227.
112) Tillotson 1820, IX, 194.
113) Tillotson 1820, IV, 268.
114) Tillotson 1820, IV, 260.
115) Tillotson 1820, IV, 279.

第4章　ティロットスンのキリスト教的人間像（感覚・理性・信仰）

がるとして，次のように述べている。

> 宗教が依拠する合理的で堅固な基礎から宗教を引き離し，理由もなく信じるべきだと世間の人々を騙す以上に，いかに宗教にひどい仕打ちができるか，私は想像できない。これは信仰を軽信に変え，キリスト教を最も堕落させ，最も根拠のない熱狂と同じものにすることだからである[117]。

なお，「キリスト教を合理的なものにし，われわれの信仰が根拠とする堅固で確固とした基礎を発見しようとした」[118]人物として，オックスフォード大学出身でグレイト・テュー・サークルの一員であったウィリアム・チリングワース（William Chillingworth, 1602-1644）[119]の名前が挙げられている。

3世紀から4世紀にかけて，ユダヤ教徒と異教徒に対するキリスト教護教のために書かれた教父オリゲネス（Origenes, c. 185-c. 254）の『ケルソス駁論』，教会史家にして教父のエウセビオスの『福音の論証』および『福音の準備』に対して，ティロットスンは「キリスト教の真理と合理性（reasonableness）の双方について，彼らがあらゆる合理的な方法で世間の人々を納得させるべく非常に慎重に努めたことが分かるだろう」[120]と述べている。ティロットスンは教父の思想に合理性を認めていたのである[121]。

一方で，バルベラックは聖職者が道徳科学を人々に教示する義務を怠り，その発展に何の用も為さなかったと糾弾している。その中で最も槍玉に挙げられるのが教父であり，バルベラックは教父道徳の欠陥を次のように総括している。

---

116) Tillotson 1820, IX, 270-271.
117) Tillotson 1820, IX, 271.
118) Tillotson 1820, IX, 271.
119) シャピロはチリングワースとティロットスンの知識の区分を対比している（Shapiro 1983, 30）。チリングワースの知識の区分については，Griffin 1992, 95でも言及されている。
120) Tillotson 1820, IX, 272.
121) ティロットスンは説教師になるために聖書を研究した後，すべての古代哲学者の著作と道徳論を読破し，教父バシレイオス（Basilius Caesariensis, c. 330-379）とヨアンネス・クリュソストモスの著作の研究にも熱心に取り組んだということである（Tillotson, 1743-1744, I, xl）。

① 思弁的な主題や聖職者の規律に満ちあふれ，道徳的論点に関する議論が乏しく，体系的でも厳密でもないこと。
② 肝心の道徳に関する説教においては，見せかけの雄弁術や不要な装飾語に満ち，仰々しい演説に真理が埋もれ，不適切な寓意と比喩に基づく推論から道徳の教訓が導き出されていること。
③ 人間の義務とキリスト教徒の固有の義務，自然道徳とキリスト教道徳とが頻繁に混同されていること[122]。

これらの「愚劣な誤謬」について，教父ごとに多くの例を挙げ，最終的に教父は「道徳に関して不正な主人であり，哀れむべき案内人」[123]と断罪される。とりわけ，異端のドナトゥス派の迫害を主張したアウグスティヌスの書簡が，「フランスの近年の迫害」（1680年代前半のフランスでドラゴナードがカルヴァン派にカトリックへの改宗を強制したことを指す）を正当化するために用いられたとして，バルベラックはアウグスティヌスを「キリスト教迫害者の偉大なる総大司教」[124]と批判している。カルヴァン派への宗教的寛容を認めたナント王令が1685年末に廃止され，バルベラック自身もプロテスタント諸国への亡命を余儀なくされたことが，この批判の背景にあると考えられる。『道徳哲学史』における教父批判は反響を呼び，ベネディクト会修道士レミ・セイエの反論書『教父道徳擁護論』（1718年）が出版され，それに対してバルベラックは『教父道徳論』（1728年）で論駁している。ティロットスンとバルベラックは，理性を前提とする信仰観において共通しているが，教父の思想と行動に合理性を見いだすか否かという点では大きく異なっている。

4　感覚と理性——ティロットスンとケンブリッジ・プラトニスト

ティロットスンは，説教175「魂の不死について。自然と啓示による論証」において人間の魂の不死を証明する際に，肉体的・物質的原理によって説明

122）　PT, xli／訳84, 86.
123）　PT, l／訳 123.
124）　PT, xlix／訳 116. アウグスティヌスはヒッポの司教であり，総大司教という地位は当時まだ存在しなかったため，これは皮肉だと思われる。

できない魂の諸行為および作用，すなわち知覚 (perception)，記憶 (memory)，自由 (liberty)，知性 (understanding) および理性 (reason) の諸行為に言及している[125]。エピクロスは第一の能力である知覚について，感覚的知覚 (sensitive perception) が魂の非物質性の証拠であり魂の不死の証拠であるなら，動物の魂は人間の魂と同様に不死であると主張した[126]。それに対し，ティロットスンは，動物の魂は感覚的知覚しか授けられておらず，その作用は肉体の器官の性質に依存するため，肉体が死ねばその活動も停止するが，人間の魂は死後も幸・不幸の対象であり，神の観念と神聖にして精神的な事柄を有すると反論している[127]。第二の能力である記憶は非物質的原理，したがって［人間の魂の］不死の原理を示すものであり[128]，第三の能力は，自由 (liberty and freedom) を授けられた人間の意志 (will) であり[129]，第四の作用である理性および知性のそれは，感覚の報告と決定を修正することができる[130]。

> 人間の魂が物質にすぎないなら，それ［人間の魂］はわれわれの感覚に生み出された印象に従って物事を判断することしかできない。しかし，われわれは異なる仕方で判断し，理性がしばしばそのように判断するのを見ている。それゆえ，より高度な原理が，われわれの感覚に生み出された物質的印象によってではなく別の基準によって，物事について判断しているに違いない[131]。

ティロットスンと同様に，ケンブリッジ・プラトニストのレイフ・カドワース (Ralph Cudworth, 1617-1688) も『永遠不変の道徳について』(1731 年) において，感覚の上位に位置する原理が存在することを指摘している[132]。

> エピクロスはその後，旧来の原子論哲学に関してあれこれと不器用に (dot-

---

125) Tillotson 1820, VII, 563. Tillotson, 1743-1744, VII, 64-65.
126) Tillotson 1820, VII, 565. Tillotson, 1743-1744, VII, 67.
127) Tillotson 1820, VII, 567. Tillotson, 1743-1744, VII, 70.
128) Tillotson 1820, VII, 568. Tillotson, 1743-1744, VII, 71.
129) Tillotson 1820, VII, 568. Tillotson, 1743-1744, VII, 72.
130) Tillotson 1820, VII, 569. Tillotson, 1743-1744, VII, 73-74.
131) Tillotson 1820, VII, 570. Tillotson, 1743-1744, VII, 74.
132) カドワースの認識論における感覚の不完全かつ可変的な本性については，泉谷 1988, 118-119 を参照。

ingly fumbling），感覚を真偽の唯一の基準とした。そのため，同哲学を無神論と不道徳へ誤用した。一方，それ［同哲学］は，正しく理解されれば，両者［無神論と不道徳］に対して最も堅固な砦であった。感覚の観念が空想的であることを発見するこの哲学は，感覚に優越するもう一つの原理を，われわれに想定させるに違いないからである。その原理は，何が真または偽であるのかを，空想に基づき（Fantastically），または相対的に判断するのではなく，絶対的に判断するのである[133]。

　カドワースは「感覚に優越するもう一つの原理」を「抽象的な普遍理性」だと述べている[134]。理性は心のより高い場所に存在し，個別の事柄についての指揮官として位置づけられている[135]。ティロットスンが「感覚はわれわれを騙しうる」と述べているように，感覚は最も確実性が高いけれども不可謬ではない。説教26「実体変化駁論」では「われわれの感覚のいずれかがわれわれを騙す場合，それを修正するのは他の感覚の助けによるしかない」[136]と記されているが，前述の説教175は「理性と知性がわれわれの感覚の報告と決定を修正する」と記されており，両説教の記述には矛盾があるように思われる[137]。

　説教184「来世における正しい人間の幸福について」（「ヨハネの手紙一」第3章第2節）によれば，「純粋な霊」である神は人間の肉体的感覚の対象たり

---

133) Cudworth［1731］1996, 48.
134) Cudworth［1731］1996, 58.
135) Cudworth［1731］1996, 58. 1662年に出版されたアルノーとニコルの共著『論理学——考える技術』（『ポール・ロワイヤル論理学』）においても，感覚に対する精神（esprit）の優越について言及されている。「諸感覚（les sens）が我々に行う報告においてつねに我々を騙すわけではないが，それらが我々を騙していないことに我々が抱く確信は，諸感覚から生じるのではなく，我々が諸感覚を信じるべきときと信じるべきではないときを見抜く精神の反省（réflexion de l'esprit）から生じる。そういうわけで，聖アウグスティヌスがプラトンに従い，真理の判定と，真理を識別するための規則の判定が諸感覚に属するのではなく精神に属する，すなわち真理の判定が感覚にはないと主張したのは正しかったということ，そして，感覚から得られる確実性はあまり広くないということも，我々は認めなければならない」（Arnauld et Nicole［1662］1992, 275-276. Arnauld et Nicole 1996, 228-229)。
136) ティロットスンの上記の「実体変化駁論」（1685年）の文章について，「ロックの有名な『人間知性論』の基礎である感覚主義（sensationalism）を公言している」（Locke 1954, 83）という解釈もあるが，この解釈の是非について，ここでは立ち入らない。

えず[138]、人間は現世で信仰と知識によって「神を見ること（sight of God）」がある程度可能であるとしても、それは「ぼんやりと見るにすぎず、使徒が表現したように、いわば鏡におぼろにうつったものを見るにすぎない」[139]。しかし、死後の天国において、人間の知性は神を知るほどの力と完全さの程度にまで高められ明瞭になるとともに、神についての完全な知識を得るに至る[140]。

　バーネットは『同時代史』の第1巻（1724年）で、「ラティテュディネリアンと呼ばれた神学者」として、ウィチコット、カドワース、ジョン・ウィルキンズ（John Wilkins, 1614-1672）、ヘンリ・モア（Henry More, 1614-1687）、ジョン・ワージントン（John Worthington, 1618-1671）の名前を挙げ（ウィルキンズを除く全員がケンブリッジ・プラトニスト）、これらの「偉大な人々の下で育成された人々の中で最も卓越した」者として、ティロットスン、スティリングフリート、サイモン・パトリック（Simon Patrick, 1626-1707）を挙げている[141]。ガスコーニュによれば、ラティテュディネリアンという語は王政復古以後、ケンブリッジ・プラトニストよりもむしろ、ティロットスンらのようにケンブリッジで教育を受け、ロンドンで説教師として活躍したより若い世代と結び付けられるようになった[142]。ティロットスンは若い頃にウィチコットの説教を聞き、1683年には彼の追悼演説（説教24「コリントの信徒への手紙二」第5章第6節）を行っている[143]。ティロットスンが説教175や説教184

---

137) ティロットスンの理性概念については解釈が分かれている。サイモンは、ティロットスンの理性概念がケンブリッジ・プラトニストの「主のともしび（the light of Lord）」ではなく、「推理力（rational faculty）」であり、神によって人間に植え付けられた第一真理（生得観念）がとどまる能力でもあることを指摘している（Simon 1967-1976, I, 77）。一方、リーディは、ティロットスンが数学的明晰性・確実性を志向せず、彼の理性概念が合理主義哲学（rationalist philosophy）のそれと同一ではないことを主張している（Reedy 1993, 89）。なお、ラティテュディネリアンと理神論者の相違については、Spellman 1993, 83で言及されている。ハドソンの理神論研究（Hudson 2009）においてもティロットスンは取り上げられていない。理神論者の定義については、アザール 1973, 312-328 を参照。
138) Tillotson 1820, VIII, 156.
139) Tillotson 1820, VIII, 156.
140) Tillotson 1820, VIII, 156.
141) Burnet 1724-1734, I, 186, 189.
142) Gascoigne 1989, 42.
143) Rivers 2004, 792.

において,ケンブリッジ・プラトニストと同様に,人間の魂および視覚の霊的本性について論じているのは不思議ではない。

Ⅳ　おわりに

ティロットスンの説教はその初期から,ローマ・カトリック批判（実体変化批判や教皇不可謬説批判）との関連で感覚の確実性に言及している。一方で,ローマ・カトリック批判は行わずに感覚の確実性について言及した説教もある。説教 65（説教年は不明）では,感覚の明証は信仰の明証よりも明白であり,感覚は信仰の基礎であると説かれるが,説教 63（説教年は不明）で示されているように,感覚の明証が信仰の明証よりも確実であるとしても,それは信仰の「徳」を増大させるものではない。

自然宗教の原理への信仰について,説教 218 において感覚の対象ではないことが指摘され,説教 1『信仰心が真の知恵であること』(1664 年) においても,来世の褒賞は人間の感覚の及ぶ範囲にはなく,それは理性の明証を有するだけで十分だとされる[144]。このように自然宗教の原理についての信念は,感覚による知覚が不可能であり,自然の光（理性）によってしか知ることができないが,理性の明証は感覚の明証よりも確実性の点で劣る。

ティロットスンの場合,信仰の本来の所在は,心または精神の機能の一つである知性であり,信仰の原因・論拠の中で最も確実なものが感覚である。感覚への信頼は,人間精神の諸能力（感覚,理性）を神からの賜物と捉えるキリスト教的人間像に基づく。このような人間像は,バルベラックが提唱する人間の能力の使用と誤用を区別できる洗練可能な人間本性像にも通じるものである。バルベラックは,理性の役割を軽視する見解（懐疑論）に対して,人間の能力の不完全性を前提とした上で,人間はピュロン主義者と独断論者の中道を発見することができ,真理を誠実に愛する存在だと主張する。ティロットスンもまた,人間の感覚は不可謬な確信を与えるものではなく,「神聖な信仰」を構成するのは「疑いの余地のない確信」で十分だと言っている。

---

144) Tillotson 1820, I, 378. Tillotson, 1743-1744, I, 123.

そして，同じ根拠を用いて，教皇不可謬説を批判する。人間の能力の不完全性を認める点で両者は共通している。

　感覚と理性の関係や，人間の魂と視覚の霊的本性に関するティロットスンの記述には，ケンブリッジ・プラトニストと共通する点が見られるが，「実体変化駁論」等で示された感覚の確実性を強調する主張は，知性と理性を優位に置くケンブリッジ・プラトニストとは異なるものである。ティロットスンによる（神からの賜物としての）感覚の強調[145]は，後に感覚の証言を自然の証言として重視するリードやケイムズの思想へと受け継がれる。ティロットスンとバルベラックの懐疑論批判は，18世紀の（キャンブル，ビーティ等の）「牧師啓蒙」(The Enlightenment of the Clerics)[146]にも見られるものである。また，ティロットスンが行った信仰の論拠の区分（感覚，経験，推論，証言）に関する議論は，当時のアバディーン啓蒙を担った教会知識人の間で「明証性の理論」[147]として展開されることになる。

---

145) ティロットスンの説教に見られる感覚の確実性の強調と，ラティテュディネリアニズムとの因果関係については不明である。ラティテュディネリアニズムの概念については，研究者の間でも相違があり，必ずしも明確ではない。
146) 牧師啓蒙の概念については，Sher 1985, 151-174 を参照。
147) Suderman 2001, 92-100, 篠原 2004, 96.

第5章

「直観」の哲学史
——「道徳科学」と「精神哲学」

I　はじめに

　バルベラックはプーフェンドルフの『自然法と万民法』(1672年) の仏訳版 (1706年) に付した「訳者序文」(以下『道徳哲学史』) で,「道徳科学 (science des mœurs / science of morality)」を次のように定義した。「ここで言わんとするのは, 道徳科学や道徳という名称で一般に呼ばれているものだけでなく, 自然法と政治学, つまり各人が自らの状態と境遇に応じてどのように振舞うべきかを知るために必要なすべてのものである」[1]。『自然法と万民法』第1編第2章の章題は, 仏訳版では「道徳科学 (SCIENCES MORALES) の確実性について」となっている[2]。バルベラックは同章でアリストテレスの「政治学」(Politique) という語について次のように注釈している。「アリストテレスはこの語［政治学］を統治の術 (Art du Gouvernement) だけでなく, 一般に道徳科学 (Science des Mœurs)[3] または (いかなる身分の者であれ) 市民の義務という意味で使っている。この語自体はギリシャ人の間では時として, 家政学 (Economique), レトリック (Rhétorique) 等のようにあらゆる実践的な学問を含むことがある」[4]。このことからも,「道徳科学」あるいは mœurs[5] につい

---

1) PT, xvi／訳3.
2) DNG, I, 21. 英訳版では単数形 (MORAL SCIENCE) になっている (Pufendorf [1703] 1729, 14)。
3) 英訳版では「道徳の知識」(Knowledge of Morality) と訳されている (Pufendorf [1703] 1729, 14, Barbeyrac's notes 3)。
4) DNG, I, 21-22, note du traducteur (3).

149

て，バルベラックがきわめて広範な内容を含むものとして捉えており，mœurs と morale を厳密に区別していなかったことは明らかである。

バルベラックの『道徳哲学史』出版から約 1 世紀後の 18 世紀末に出版されたジェイムズ・ビーティの『道徳科学要綱』(Elements of Moral Science. 2 vols. Edinburgh, 1790-1793) は，彼がアバディーン大学のマーシャル・コリッジで行った道徳哲学と論理学講義の要約である。ビーティによれば，広義の「道徳哲学 (moral philosophy)」は「霊または精神の哲学 (the philosophy of spirit or mind)」であり，それは理論的部分（ニューマトロジーと自然神学）と実践的部分（狭義の道徳哲学と論理学）から成る。

また，アダム・スミスの遺稿集『哲学論文集』(1795 年) の仏訳者ピエール・プレヴォは，同仏訳 (1797 年) に記した「訳者解説」（以下『近代哲学三学派』）において精神 (esprit) を扱う学問としての「哲学」を「道徳哲学 (philosophie morale)」と呼んだ。プレヴォの文通相手であったドゥーガルド・ステュアートは，プレヴォの『近代哲学三学派』を「道徳科学 (moral science) の現状についてのエッセイ」と評している。

バルベラックの「道徳科学」は，彼自身の定義に従えば，ビーティの学問区分における「倫理学」に相当すると考えられる。ビーティとリードは直観的原理としての常識 (common sense) を重視し，とくにヒュームを念頭に置き「観念理論」批判（懐疑論批判）を展開した。近代哲学の三大学派（スコットランド学派，フランス学派，ドイツ学派）を扱ったプレヴォの『近代哲学三学派』とドゥーガルド・ステュアートの『近代西欧哲学史』（『著作集』第 1 巻）における課題の一つは，ヒュームの懐疑論の克服者としてのカントをどのように評価するかという点にあった。本章では，ビーティ，キャンブル，リード，プレヴォ，ステュアートの哲学史を中心に，「道徳科学」と人間本性における「直観」の関連について検討する。また，スコットランド学派におけるコモンセンス哲学のフランスへの伝播に関して，ステュアート，プレヴォ，ジェランドの間で育まれた交流に注目し，フランスとスコットランドにおけるロック哲学の継承についても論じたい。

---

5) mœurs はラテン語の mores (mos の複数形) に由来する語であり，「人間の生き方」という広範な意味が含まれている。

II　ビーティとキャンブルの明証論——直観と常識

1　ビーティの道徳哲学体系

　ジェイムズ・ビーティは，アレグザンダ・ジェラード[5]の後任として，半世紀近くアバディーン大学マーシャル・コリッジの道徳哲学および論理学教授（1760-1803年）をつとめた人物である。彼はマーシャル・コリッジにおいてジェラードの下で道徳哲学を勉強し，1753年にMAを取得後，ローレンスカーク近郊のフォーダウン村の校長および教区牧師になり，同大学キングズ・コリッジの神学の授業にも出席した[6]。また，1756年から『スコッツ・マガジン』と『エディンバラ・マガジン』に自作の詩を発表している。1758年にアバディーン・グラマースクールの教員に採用された[7]。1760年にはマーシャル・コリッジの教授就任後，キングズ・コリッジのリージェントのトマス・リード（1764年にアダム・スミスの後任としてグラーズゴウ大学に移籍）や，リードの親友でマーシャル・コリッジ学長（1771年に神学教授就任）のジョージ・キャンブルら6名で設立されたアバディーン哲学協会（1758-1773年）の会員に，ジェラードの指名を受けて選ばれた[8]。ビーティは人気作家であり，彼の主著『真理の本性と不変性——詭弁および懐疑論への反駁』（1770年，以下『真理論』と略記）は彼の生前に第6版（1777年）まで出版され，『真理論』と三つのエッセイを収録した『論集』（1776年）や，1778年には新版（改訂修正版）等が出版されている[9]。また，詩集『ミンストレル』（1771-1774

---

[5]　ジェラードはアバディーン大学マーシャル・コリッジの初代道徳哲学および論理学教授（1753-1760年）をつとめた後，同コリッジの神学教授（1760-1771年）に就任し，1771年以降はキングズ・コリッジの神学教授をつとめた（Wood 2004a, 930-931）。

[6]　Robinson 2004, 566.

[7]　Robinson 2004, 566.

[8]　Ulman 1990, 38. アバディーン哲学協会については，篠原 1986, 23-26, 篠原 2007, 318, 水田 2009, 337-338 も参照。

[9]　『真理論』はビーティの死後も第10版（1810年）まで版を重ね，19世紀にはアメリカでも出版されている。『真理論』の出版状況については，Fieser 2000, xxxv-xxxvii を参照。アメリカにおけるコモンセンス哲学の普及については，田中（2012）を参照。

年)など,詩人としても著名である。

　ビーティの『道徳科学要綱』は「マーシャル・コリッジで行われた道徳哲学(Moral Philosophy)と論理学(Logic)についての一連の講演の要約」[10]であり,エディンバラで1790年に第1巻,1793年に第2巻の全2巻が出版された。なお,同書はフィラデルフィアでも1792年に第1巻,1794年に第2巻(全2巻)が出版されている。

　『道徳科学要綱』第1巻の序文では,まず「人知(human knowledge)」の区分として,歴史,哲学,数学,詩または寓話が挙げられている。人知の区分の一つである哲学は「現在では,実践的かつ有益な目的に適用される自然の知識」[11]と定義されている。「実際に存在する万物は,われわれが関心を持ち観察できる限りにおいて,物体と精神のいずれかである」[12]ため,哲学は「物体の哲学(Philosophy of body)」と「霊または精神の哲学(Philosophy of spirit or mind)」から構成される。

　『道徳科学要綱』の議論の対象である「霊または精神の哲学」は「抽象的哲学」あるいは(広義の)「道徳哲学(Moral Philosophy)」と呼ばれることもある。「霊または精神の哲学」が「道徳哲学」と呼ばれる理由として,ビーティはそれが持っている「生活および作法(life and manners)への影響力」[13]を挙げている。

　「霊または精神の哲学」は「理論的部分」と「実践的部分」から成り,前者は「自然の現象(the appearances)を確認し,自然の法則を発見する」[14]ことに,後者は「この知識を実践的で有用な目的に適用する」[15]ことに捧げられる。「精神の哲学(philosophy of mind)」の理論的部分は「ニューマトロジー(Pneumatology)」と呼ばれ,霊または精神の本性を探究する[16]。ニューマトロジーには「自然神学(Natural Theology)」と「人間精神の哲学(Philosophy of hu-

---

10) Beattie [1790-1793] 1974-1975, I, iii.
11) Beattie [1790-1793] 1974-1975, I, xi.
12) Beattie [1790-1793] 1974-1975, I, xii-xiii.
13) Beattie [1790-1793] 1974-1975, I, xiii.
14) Beattie [1790-1793] 1974-1975, I, xiii.
15) Beattie [1790-1793] 1974-1975, I, xiii.
16) Beattie [1790-1793] 1974-1975, I, xiii.

man mind)」が含まれる。自然神学は「理性の正しい使用によって発見できる限りにおいて神の存在と属性を証明する」[17]。人間精神の哲学は「[自然神学よりも]直接的にわれわれの経験の対象」[18]となり,「心理学(Psychology)」と呼ばれることもある[19]。

精神の哲学の実践的部分は(厳密な呼称の)道徳哲学(倫理学,家政学,政治学)と論理学から成る[20]。前者は「われわれの能動的すなわち道徳的力能(our active or moral powers)の改善」[21]を論じ,後者は「われわれの知的機能(our intellectual faculties)の改善」[22]を論じる。

『道徳科学要綱』では上記の分類に従い,第1巻で精神哲学の理論的部分(ニューマトロジー)として心理学と自然神学が論じられ,第2巻で実践的部分として(狭義の)道徳哲学(倫理学,家政学,政治学)と論理学(レトリックと明証論)が論じられる。『道徳科学要綱』の目次を以下に掲げる。

第1巻
　序文
　第1部　心理学
　　第1章　知覚機能
　　　第1節　若干の語句の説明
　　　第2節　言語機能
　　　第3節　言語の基本
　　　第4節　外部感覚。味覚,嗅覚等
　　　第5節　意識
　　　第6節　記憶
　　　第7節　想像力
　　　第8節　夢

---

17) Beattie [1790-1793] 1974-1975, I, xiv.
18) Beattie [1790-1793] 1974-1975, I, xiv.
19) Beattie [1790-1793] 1974-1975, I, xiv.
20) Beattie [1790-1793] 1974-1975, I, vi, xiv-xv.
21) Beattie [1790-1793] 1974-1975, I, xiv.
22) Beattie [1790-1793] 1974-1975, I, xv.

第 9 節　第二感覚
　　　第 10 節　共感
　　　第 11 節　趣味
　　第 2 章　能動的力能
　　　第 1 節　自由な主体
　　　第 2 節　意志についての所見
　　　第 3 節　行為原理
　　　第 4 節　情念と情動
　　　第 5 節　顔つきと身振りで示される情念について

　第 2 部　自然神学
　　序文
　　第 1 章　神の存在について
　　第 2 章　神の属性について
　　付録　魂の非物質的本性について
　　　　　魂の不死について

第 2 巻
　序文
　第 1 部　倫理学
　　第 1 章　徳の一般的本性について
　　第 2 章　主題の続き。雑考
　　第 3 章　個別の徳の本性と基礎について
　　　第 1 節　われわれが神に負う義務について
　　　第 2 節　人々が相互に負う義務について
　　　第 3 節　人間が自己に負う義務について

　第 2 部　家政学
　　夫婦―親子―主従の関係について。奴隷――とくに黒人奴隷について

第3部　政治学
  第1章　法の一般的本性について
  第2章　政治的統治の起源と本性について
    第1節　統治の起源
    第2節　民主政と貴族政について
    第3節　専制について
    第4節　君主政──およびブリテン国制について

第4部　論理学
  第1章　レトリック
    第1節　文彩と修辞的表現法
    第2節　文章について
    第3節　文体一般について
    第4節　散文体，歴史的文体，通俗的文体，修辞的文体および哲学的文体について
    第5節　詩の一般的本性について
  第2章　明証性についての所見

　ホーコンセンはリードのグラーズゴウ大学での哲学講義の基本構造と実践倫理学の関係を図式化している[23]。ホーコンセンの整理によると，リードの体系はニューマトロジー，倫理学，政治学に大別される。ニューマトロジーは（神の精神を対象とする）自然神学と（人間精神を対象とする）心理学から成る。倫理学には「理論的部分」（理論倫理学）と「実践的部分」（実践倫理学）があり[24]，前者は「道徳の理論 (the theory of morals)」[25]で，ニューマトロジー

---

23) Reid 2007, lxxxvii-lxxxix.
24) Reid 2007, 10.「倫理学の実践的部分」に関してリードは次のように述べている。「どんな道徳的義務にしても，適正に説明され例示された場合に，公平で偏見のない人の心に訴えないようなものはない。というのも，どの人の心の中にも，道徳の試金石，すなわち，物事が公平に表現され，偏見なく考察されたときに，正しいものを是認し，間違ったものを非難する良心の指図というものがあるからである」(Reid 2007, 10-11)。
25)「道徳の理論の主たる効用は当該科学の実践的部分が役立つように，われわれが義務に関して推論を行う場合の諸原理を提供することである」(Reid 2007, 11)。

(とくに心理学) と密接に関連する。

> 道徳の理論はニューマトロジーの知識に基づいていなければならないか，あるいはむしろその一部を成しているからである。人間の義務は人間の構造に基づいているに違いない。われわれが人間の力能および機能を持たなければ，人間の義務はわれわれの義務ではないだろう。それゆえ，われわれが道徳の理論に関して提起された論争をいつか終わらせることがあるとすれば，それはニューマトロジーの原理に対するより判明な洞察によって［終わらせる］に違いない[26]。

実践倫理学は「人類の幸福 (well-being of Mankind)」にきわめて重要な四部門すなわち「自然宗教の義務」(=神への義務),「克己の義務 (self Government)」(=自己への義務),（他者への義務に相当する）「自然法または自然法学 (Law of Nature or natural Jurisprudence)」および「万民法」(Law of Nations)」が含まれている[27]。政治学は統治形態論とポリース（生活行政）から成る。

ビーティの『道徳科学要綱』とリードの哲学および倫理学体系の主要な共通点として，ニューマトロジーの重視とともに，倫理学には三義務論が含まれ，政治学には統治形態論が含まれている点が挙げられる[28]。

2　ビーティの明証論

『道徳科学要綱』第1巻第1部の主題は，目次にあるように心理学である。心理学は「人間精神のいくつかの力能または機能 (powers or faculties) の本性を説明する」[29]学問である。ビーティによれば，精神の機能とは「精神そのものが知覚し，思考し，想起し，想像する等の際に発揮する能力(capacities)」[30]を指す。「精神 (mind)」は，厳密に言えば「魂 (soul)」または「霊 (spirit)」

---

[26] Reid 2007, 11.
[27] Reid 2007, 14.
[28] ハチスンとスミスは自らの正規の講義 (public lectures) すなわち，特別講義 (private lectures) と区別される必須授業としての「道徳哲学講義」を，自然宗教，道徳，法学および統治に区分した (Wood 2004b, 416)。
[29] Beattie [1790-1793] 1974-1975, I, 1.
[30] Beattie [1790-1793] 1974-1975, I, 1.

第 5 章 「直観」の哲学史

の同義語ではないが,「知覚すること, 思考すること, そして運動を開始することを可能にする人間構造の部分」[31]と定義される。肉体は精神がなければ感覚を持たず, 運動することもできず, 生命を持たない。ビーティは「知覚(PERCEPTION)の機能」と「意志(VOLITION)の機能」という古来の区分を踏襲している[32]。人間は「知覚の力能(powers of perception)」によって知識を獲得し,「意志の力能(powers of volition)」あるいは「意志(will)」によって活動しようと努力する。知覚機能は, 1. 外部感覚(External Sensation), 2. 意識(Consciousness)すなわち反省(Reflection), 3. 記憶, 4. 想像力, 5. 夢, 6. 言語機能, 7. 抽象, 8. 理性(Reason), 判断(judgment)あるいは知性(understanding), 9. 良心すなわち道徳的機能に分類される[33]。

ビーティは「われわれは物体そのものを知覚する」[34]と主張している。それに対して,「われわれが知覚するのは, 物体から生じ, 人体を貫いて, 魂と同じ場所または魂に隣接した場所に存在しうる物体の観念(*Ideas*)または非実体的な像だけである」[35]という見解は「空想であり理解不能である」[36]と否定している。人間は外部感覚によって物体の知識と性質を獲得し[37], 反省の機能によって「われわれはわれわれ自身の精神に生じるものに注目し, それを知覚する。反省の機能は理性的存在に特有のものであり, 動物はそれを持たないように思える。私の知るかぎり, 精神はその機能を発揮する際に肉体の器官を使用しない」[38]。

『道徳科学要綱』第 2 巻第 4 部は, 精神哲学の実践的部分の一つである論理学を取り上げている。論理学は記憶の技術, レトリック(自分の思惟を言葉または文章によって他人に伝達する技術)そして判断(明証性に留意することによっ

---

31) Beattie [1790-1793] 1974-1975, I, 1-2.
32) Beattie [1790-1793] 1974-1975, I, 2.
33) Beattie [1790-1793] 1974-1975, I, 2-3.
34) Beattie [1790-1793] 1974-1975, I, 6.
35) Beattie [1790-1793] 1974-1975, I, 6.
36) Beattie [1790-1793] 1974-1975, I, 6.
37) Beattie [1790-1793] 1974-1975, I, 3.
38) Beattie [1790-1793] 1974-1975, I, 87. 一方, ロックは観念の源泉を[外部]感覚(Sensation)と(内部感覚としての)内省[反省](reflections)に求める(Locke [1689, 1975] 2012, 105／訳,(一), 134-135)。

157

て真偽を判断する技術）の三つの部分から成る[39]。明証性（evidences）については『道徳科学要綱』（第 2 巻第 4 部第 2 章）とともに『真理論』（第 1 部第 2 章）で詳細に論じられている。

　ビーティによれば，真理と誤謬の相違を知覚する精神の機能は，理性，判断または知性であり，それらは「神の贈り物」でもある[40]。真理とは「理性的本性の構造が理性的存在に信じることを決心させるもの」であり，「事物の本性と命題の一致」と定義されている[41]。真理には確実な（certain）真理と蓋然的な（probable）真理があり，いずれも「直観的に（intuitively）つまり研究も証明もなしに知覚される」[42]。例えば，「私が今生きている」ということは確実な真理であるが，「われわれが一時間後も生きている」ということは確実ではなく，「太陽は明日も昇るだろう」ということは蓋然性の高い真理である。真理はその種類に応じた明証によって支持される[43]。例えば，幾何学的方法によって道徳的真理または歴史的真理を証明しようとしても，その試みは失敗するだろう。道徳的真理と歴史的真理は「十分な明証（satisfactory evidence）」によって証明しうるが，その明証は幾何学的論証とは異なる性質をもつからである[44]。

　ビーティは明証の種類として以下の 8 つを挙げている。人間知性（human understanding）の対象は「抽象的観念（*Abstract Ideas*）」[45]と「実在の事物」の二つに区分される[46]。抽象的諸観念とそれらの観念のあいだの関係についての知識は確実なものである。この知識は 1.「直観的明証（Intuitive Evidence）」と 2.「厳密な論証的明証（the Evidence of strict demonstration）」の二つを含む「数学的明証（MATHEMATICAL EVIDENCE）」に基づいている。他方，「実在の事物」の判断は，「われわれ自身の経験（*experience*）」もしくは「他人の経

---

39) Beattie [1790-1793] 1974-1975, II, 455-457.
40) Beattie [1790-1793] 1974-1975, II, 656.
41) Beattie [1790-1793] 1974-1975, II, 659.
42) Beattie [1790-1793] 1974-1975, II, 659.
43) Beattie [1790-1793] 1974-1975, II, 668.
44) Beattie [1790-1793] 1974-1975, II, 668.
45) 『道徳科学要綱』では「量や数についての抽象的思念（abstract notion）」と記されている（Beattie [1790-1793] 1974-1975, II, 661）。
46) Beattie [1776] 1975, 32n.

験」のいずれかによる[47]。

　われわれは「われわれ自身の経験」から「実在の事物」について判断する際に，「確実性（certainty）」または「蓋然性（probability）」を獲得する。この場合，われわれの知識が 3. 外部感覚の明証，4. 内部感覚の明証，5. 記憶の明証，6. 原因から結果への正しい推論の明証によって支持されるとき，それは確実である。また，「われわれ自身の経験」から「まだ経験していない同種の事実」と「まだ経験していない類似の事実」を類推する場合，われわれの知識は蓋然的である（7. 蓋然的明証）[48]。

　「他人の経験」から「実在の事物」について判断する際に，われわれが有するのは 8. 「他人の証言（TESTIMONY）の明証」であり，それによって生じる「理解の仕方」が「信仰（Faith）」と呼ばれる。信仰は「蓋然的臆見（*probable opinion*）」へと至ることもあれば，「絶対的確実性（*absolute certainty*）」へと上昇することもある[49]。

　このように，われわれの知識が，数学的明証（1. 直観的明証と 2. 論証的明証），3. 外部感覚の明証，4. 内部感覚（意識）の明証，5. 記憶の明証，そして 6. 原因から結果への正しい推論の明証に基づく場合，その知識は「確実」であり，7.（類推による）蓋然的明証と 8. 他人の証言の明証に基づく場合，「蓋然的」である。数学的明証が最も単純かつ明晰な明証であり，番号が大きい明証ほど複雑になり明瞭ではなくなる[50]。ビーティは「人間の真理の究極の判定者」として「理性」ではなく「常識（Common Sense）」を提示し[51]，「すべての推理（reasoning）は第一原理に帰着し，すべての明証は直観的である」[52]と主張した。

---

47) Beattie [1776] 1975, 32n.
48) Beattie [1776] 1975, 32n. 『真理論』の初版以降，この知識について「蓋然的と呼ばれるが，しばしば道徳的確実性（moral certainty）へと上昇する」と記されていたが，この一文は 1776 年版の『論集』で削除された。
49) Beattie [1776] 1975, 33n.
50) Beattie [1776] 1975, 32.
51) Beattie [1776] 1975, 31.
52) Beattie [1776] 1975, 31.

3 キャンブルの明証論

ビーティは 1776 年版『論集』所収の『真理論』冒頭に追加された「序文」(Preface) で，ジョージ・キャンブルの『レトリックの哲学』(1776 年)[53]について次のように述べている。

> 完全な明証論は［私の］この書物［『真理論』］に期待されるべきではない。注意深い読者は私がそれを意図しなかったことが分かるだろう。それは非常に豊富で困難な主題である。私の議論が要求すると思われる以上に，私はそれを遂行しなかった。私がかつて見た中で最良の明証論は，私の優れた友人キャンブル博士によって最も独創的で学究的な『レトリックの哲学』で述べられたと断言する機会を得られたことは，私にとって大きな喜びである。キャンブル博士の原理と私の原理は，配列は幾分異なるが（彼の配列の方が優れているように思われる），重要な相違がないことが分かるだろう[54]。

ビーティが高く評価するキャンブルの明証論は『レトリックの哲学』の第 1 篇第 5 章で展開されている。キャンブルは明証を直観的明証と演繹的明証に区分する。「論理的真理は，われわれの諸概念と，事物の本性におけるそれらの原型 (archetypes) との一致にある。この一致は，検討中の観念そのものに直接的に注意を払うことによるか，これらの観念と他の関連する観念を間接的に比較することにより，精神によって知覚される。前者の種類の明証は直観的 (intuitive)［明証］と呼ばれ，後者の明証は演繹的 (deductive)［明証］と呼ばれる」[55]。

直観的明証は「考察中の命題を形成する観念または知覚の単純な観想から生じ，証明の媒体としての第三の観念による介在を要しない」[56]。これは純粋思惟 (pure intellection) の明証，意識 (consciousness) の明証，常識 (common

---

[53] 『レトリックの哲学』は 19 世紀にアメリカの大学カリキュラムにおける標準的テキストとして確立されている (Suderman 2004, 773)。
[54] Beattie [1776] 1975, x.
[55] Campbell 1776, I, 103.
[56] Campbell 1776, I, 119-120.

sense) の明証に分類される[57]。「純粋思惟の明証」は, 知性 (understanding) の対象すなわち数と延長に関する抽象思念または観念にのみ関係し[58], 抽象科学の基礎として役立つ普遍的真理, 第一原理または公理をもたらす[59]。「意識の明証」は, 精神そのものの存在と, 感覚の直接的対象すなわち精神が知覚する実際の感じ (feeling), 印象または触発 (affections), 快苦にのみ関係する。個別の知覚から生じるこのような判断は推理の連鎖によって結合することがないため,「意識の明証」は公理の性質を持たない[60]。しかし,「純粋思惟の明証」と「意識の明証」は,「明証という観点では類似しており等しい」[61]。

また, われわれが「われわれの感覚の報告 (report of our senses)」を信じることは, われわれの意識からは生じない。感覚の報告を信じることは「特定の感覚 (sensations) を起こさせる何らかの外的・物質的対象の存在を信じること」[62]が含まれているが,「意識は感覚を超えて拡張できない」[63]からである。同様に,「感覚から受け取った知識の唯一の貯蔵所」[64]となりうる「記憶 (memory)」への「信頼 (faith)」についても, それは意識からではなく常識から生じる原理であるため[65], 記憶の明証は「常識の明証」に含まれる。

キャンブルはこの三種類の直観的明証に基づく真理をそれぞれ形而上学的真理, 物理的真理, 道徳的真理と名付ける[66]。

キャンブルにとって「常識」とは「全人類に共通する本源的な知識の源」[67]を意味する。キャンブルはこの常識原理に注目した最初の著作として, ポーランド出身のフランス人哲学者クロード・ビュフィエ (Claude Buffier, 1661-1737) の『第一真理とわれわれの判断の源泉について』(1724年) を挙げる。さらに, 近年のブリテンにおいて常識原理を強力に支持した著作として, リー

---

57) Campbell 1776, I, 162.
58) Campbell 1776, I, 108.
59) Campbell 1776, I, 109.
60) Campbell 1776, I, 108-109.
61) Campbell 1776, I, 109.
62) Campbell 1776, I, 115.
63) Campbell 1776, I, 115.
64) Campbell 1776, I, 130.
65) Campbell 1776, I, 115.
66) Campbell 1776, I, 120.
67) Campbell 1776, I, 109.

ドの『人間精神の研究［邦題：心の哲学］』(1764年) とビーティの『真理論』を挙げている[68]。キャンブルは常識概念をリードやビーティよりも限定的に用いるが,「その事柄そのものについてのわれわれの見解には実質的な相違はないと思われる」[69]と述べている。

　演繹的明証の源泉は「一般的観念の不変の属性または関係」と,「諸事物の間に存続する, おそらく可変的だが実際の関係」の二つに区分される[70]。前者から得られる明証は「論証的明証 (demonstrative evidence)」または「科学的明証 (scientific evidence)」と呼ばれ, 後者から得られる明証は「道徳的明証 (moral evidence)」と呼ばれる[71]。道徳的明証は 1. 経験 (experience), 2. 類推 (analogy) および 3. 証言 (testimony) から生じる[72]。そして, 論証的明証と道徳的明証の混合もしくは論証的明証の特別な適用である 4. 偶然 (または確率) (Chance) の計算から生じる明証がある[73]。

　キャンブルは論証的明証と道徳的明証の相違点について,（ⅰ）主題,（ⅱ）程度,（ⅲ）証明の矛盾の有無,（ⅳ）構成という四つの観点から論じている。

（ⅰ）「主題」に関して, 論証的明証（または科学的明証）の主題は, 抽象的真理または諸観念の不変で必然的な関係である。（量の属性における）抽象的真理は時間, 場所, 誰かの意志や原因に依存せず, 永遠不変に同じである。抽象的真理に反する主張は偽であり, 不合理である[74]。他方, 道徳的明証によって獲得される真理（例えば,「カエサルはポンペイを征服した」,「太陽は明日昇るだろう」,「すべての人間が死ぬだろう」）に反する主張は「虚偽であるが, それらの言葉の意味を少しも変更せずに容易に想像できるため, 矛盾を含まない」[75]。

（ⅱ）「程度」に関して, 論証的明証の唯一の対象である本質的または必然

---

68) Campbell 1776, I, 109-110n.
69) Campbell 1776, I, 110n.
70) Campbell 1776, I, 120.
71) Campbell 1776, I, 120.
72) Campbell 1776, I, 136.
73) Campbell 1776, I, 136.
74) Campbell 1776, I, 122.
75) Campbell 1776, I, 123.

的真理は，程度と相容れないが，道徳的明証は程度の余地を与える[76]。「道徳的推理の際に，われわれは可能性（possibility）から蓋然性（probability）へとわずかずつ徐々に上昇し，そこから道徳的確実性の頂点へと同じように上昇する」[77]。

（ⅲ）「証明」に関して，論証的明証の場合，ある命題の一方の明証に論証らしく見えるものが存在しうるなら，他方の明証は必ず偽で詭弁となり，そこに明白な矛盾が存在することになる[78]。道徳的明証の場合，若干の例を除き，相反する双方の側に見かけの明証ではなく，真の明証がつねに存在する[79]。

（ⅳ）「構成」に関して，科学的明証は単純であり，「理路整然とした一つの連続」[80]のみから構成されるが，道徳的明証は概して複雑であり，「独立した証拠の塊」[81]となっている。

キャンブルは科学的明証と道徳的明証を比較し，科学的明証は権威の点で道徳的明証に無限に勝る一方，道徳的明証は重要性の点で科学的明証性に勝ると述べている[82]。論証の対象となる範囲は狭いが，論証はその範囲内において独裁的な主権者であり，その支配力は制御できないほど強力である[83]。一方，事実の対象は広範囲に渡る。「事実（Reality or fact）は人間の技芸および制度と同様に自然の法則および業を，つまり人間精神に認識できるすべての存在を，それらのあらゆる修正，働きと結果とともに含んでいる」[84]。論証は事実の発見と結び付けられることで，自然研究の促進，知性の啓蒙，多くの有用な技術の改善と完成に貢献する。事実がなければ，社会は損害を被り滅亡するとともに，人間精神も存続しえないとして，道徳的明証の重要性

---

76) Campbell 1776, I, 123.
77) Campbell 1776, I, 124.
78) Campbell 1776, I, 125.
79) Campbell 1776, I, 125.
80) Campbell 1776, I, 125–126.
81) Campbell 1776, I, 126.
82) Campbell 1776, I, 127.
83) Campbell 1776, I, 127–128.
84) Campbell 1776, I, 128.

をキャンブルは強調する[85]。

道徳的明証は「経験によって改善された意識と常識から，われわれが抱く原理に基づいている」[86]。キャンブルは経験を「記憶［の保持］（retension）と連合（association）」[87]と定義する。記憶（memory）は感覚（外部感覚と内部感覚）から受け取った知識の唯一の貯蔵所であり，この貯蔵所がなければ，知識は獲得された途端に失われ，精神は知識を使用することができない[88]。なぜなら，感覚像（sensation）は「カメラ・オブスクラに映し出された動く物体の儚い絵にすぎず，背後に何の痕跡も残さない」[89]からである。記憶は知識の貯蔵所であると同時に，「われわれがそれに関してかつて感覚の明証（evidence of sense）を抱いたことのある過去の現実についての，現存する最初で唯一の保証人」[90]でもある。

1. 経験の明証に関して，それは博物学，天文学，地理学，力学，光学，流体静力学，気象学，医学，化学の他，自然神学と心理学をも含む（最も広い意味での）フィジオロジー（自然学）のすべての部門における「真理の主要機関」であり，「すべての道徳的推理の基礎ではないとしても少なくとも判定規準である」[91]。

2. 類推の明証に関して，それはある縁遠い類似性に基づくより間接的な経験であるため，論証において弱い支持者にすぎず，証拠（proof）の名称を与えられることはほとんどない[92]。しかし，類似が無数に存在し，主題が他

---

85) Campbell 1776, I, 128-129. キャンブルは『レトリックの哲学』第1篇第5章の最後で「論証の特権が重要ではない」（Campbell 1776, I, 155）ことを示すべく，科学的明証の重要性を道徳的明証と比較検討している（Campbell 1776, I, 155-163）。
86) Campbell 1776, I, 120.
87) Campbell 1776, I, 132.
88) Campbell 1776, I, 130. ビーティは，人間には記憶を信じる本能的傾向が生まれつき授けられていると述べている。「我々に記憶を授ける同じ摂理はまた，すべての推理と経験に先立ち，記憶を信じる本能的傾向を我々に授ける。それどころか，すべての推理は記憶の証言が信頼できることを前提とする。この証言を暗黙のうちに信用せずに，一連の推理は続行しえないからである」（Beattie [1776] 1975, 57）。
89) Campbell 1776, I, 130.
90) Campbell 1776, I, 130.
91) Campbell 1776, I, 143.
92) Campbell 1776, I, 143, 145.

の種類の明証を認めない場合，類推の明証は「敵の攻撃をかわす武器のように，反論を頻繁に追い払うだろう」[93]。

　3．（口頭もしくは文書による）証言の明証に関して，キャンブルは証言の源が経験ではないことを主張するが[94]，この主張は，次節で述べるように，ヒュームの奇跡論を念頭に置いたものである。経験が哲学の基礎であり，体系的に整理された一般的真理の集成にあるのに対し，証言からの直接的帰結は個別的であるため，証言は個人について用いられる歴史の基礎となる[95]。キャンブルは，証言の明証に直接的に負っているものとして，すべての文献学の部門——世俗の歴史，教会史および文学史，文法，言語，法学，批評——と，（歴史的・批評的研究の対象となり，自然的手段によって発見できると見なされる限りにおいて）啓示宗教を挙げている[96]。なお，霊学の部門に属する論理学，レトリック，倫理学，家政学および政治学についても，文献学との密接な関連性が指摘されている[97]。

　4．偶然（または確率）の計算に由来する明証に関して，キャンブルは二種類の例を挙げている。第一の例は，サイコロの六面のうち，五面に同じ印（†）を付け，一面に別の印（*）を付けた場合，ダガー（†）の面が出る回とアステリスク（*）の面が出る回の可能性を比較し，各々の蓋然性を計算するというものである。これは経験とは異なるが，経験と非常に似ており，経験と類似の結果を精神に生じさせる[98]。第二の例は，二つのサイコロの出た目の和が7（1と6，2と5，3と4，4と3，5と2，6と1）になるのは，サイコロの目の和が11（5と6，6と5）になるよりも3倍，サイコロの目の和が12（6と6）になるよりも6倍蓋然性が高いというものである。この例の場合，蓋然性の程度は論証的に決定されている[99]。

---

93) Campbell 1776, I, 146.
94) Campbell 1776, I, 146.
95) Campbell 1776, I, 147.
96) Campbell 1776, I, 150-151.
97) Campbell 1776, I, 151.
98) Campbell 1776, I, 153.
99) Campbell 1776, I, 154.

4　ビーティとキャンブルの明証論の比較

　ビーティとキャンブルの明証論は，ビーティが述べたように，「配列」の点で異なるが，重要な相違はない。明証の分類について，ビーティは人間知性の対象という観点から，抽象的観念と実在の事物を大別するが，キャンブルは論証方法の観点から，直観的明証と演繹的明証に大別している。さらに彼は，演繹的明証を論証的明証（科学的明証）と道徳的明証に区別し，両明証の優劣を検討するとともに，諸学問との関連を考察している。また，キャンブルは「偶然（または確率）の計算」を演繹的論証の一つに挙げている。

　「常識」の概念について，ビーティの主張は「すべての明証は直観的で，最終的に常識原理に帰着する」ということである。キャンブルとって，常識は直観的明証の一つで，そこに記憶の明証が含まれる。また，記憶は，感覚から得た知識の貯蔵所であり，道徳的明証の一つである経験の明証の基礎となっている。キャンブルは自らの常識概念がビーティやリードよりも狭義であるとしながらも，二人の見解と「実質的な相違はない」と考えている。

　また，奇跡は目撃者の証言ではなく経験によって証明されるというヒュームの奇跡論に対し，ビーティとキャンブルは「証言への信頼」を強調している。

Ⅲ　ヒューム批判と直観的原理
──キャンブル，ビーティ，リードを中心に

1　ヒュームの奇跡論への批判──証言と経験

　デイヴィッド・ヒュームは『人間知性研究』（1748年）の第10節「奇蹟について」の冒頭で，ティロットスンの実体変化批判を援用し，「われわれの感覚の真理〔真実性〕の明証 (evidence for the truth of our senses)」の方が，「キリスト教の真理を支持するわれわれの明証」すなわち「われわれの《救世主》がそれによって神の思し召しを証明するところの奇蹟の目撃証人 (eye-witnesses)」である「使徒たちの証言 (testimony of the apostles)」の明証よりも大きいと述べている[100]。キャンブルはヒューム批判の書『奇跡論』（1762年）

で，使徒の証言の明証が感覚の明証よりも弱いことを認めながらも，感覚の情報によって受け取られた真理は，語り手の記憶，雄弁と正確性の欠如または聞き手の誤解によって誤って伝えられる可能性があり，それは感覚の明証の［確実性の］実質的な減少を引き起こすと指摘する[101]。

ヒュームは「経験（experience）」を「われわれの唯一の指針」[102]と表現し，「目撃者の報告に由来する事実についてのわれわれの信念または確信」[103]は専ら経験の原理に由来すると主張した。ヒュームが前提とする「経験の原理」に対して，キャンブルは経験よりも証言を重視し，次のように反論している。

> 証言が，経験に先立って，信念（belief）に対し自然的かつ本源的な影響を有することは，容易に明らかにされるだろうと思う。［中略］子供によって証言に与えられる，あらゆる経験に先立つ最も早期の同意は，実際には最も制限されておらず，人類の漸進的な経験［の積み重ね］によって，その同意が次第に狭められ，より狭い範囲に制限されることになる[104]。

ビーティによれば，ヒュームの主張は「目撃者の報告に基づく事実についてのわれわれの信念は，経験──すなわち人間の証言の真実性（veracity）についてのわれわれの観察と，事実と目撃者の報告との一般的な一致についてのわれわれの観察──以外の原理から生じえない」[105]というものである。これに対して，ビーティは『真理論』において「われわれの経験が最も少ないときに，われわれの信じやすさ（credulity）は最も大きくなる。つまり，われわれが子供のときには，経験が拡大するにつれて，［信じやすさは］一般にますます減少する」[106]という事実に，それは矛盾していると批判する。他人

---

100) Hume［1748］2000, 83／訳185（一部，斎藤・一ノ瀬訳 2004, 97）。ティロットスンの場合，信仰の確実性の程度は，感覚，経験，推論，人間の証言または権威の論拠の順に下がっていく（Tillotson 1820, IX, 186-187）。
101) Campbell［1762］2001, 45.
102) Hume［1748］2000, 83／訳186.
103) Campbell［1762］2001, 28.
104) Campbell［1762］2001, 29. リードも「言語による人の証言」は最初「感覚による自然の証言」と同じくらい本能から信頼されているが，「成長して理性を使い始めると，だまされた経験によって人の証言への信頼は揺らぎ弱まる」（Reid［1764］1997, 171／訳207）と述べている。
105) Beattie［1776］1975, 86.

の話を容易に信じる子供の「信じやすさ」と，子供が嘘をつかず真実を話す生得的な性質を持っていることが，異なる原理に基づくのか，あるいは同じ原理の異なる結果であるのかについて，ビーティは確信していないと述べている[107]。いずれにせよ，経験からのすべての推理は直観的原理に分解され，「証言に対するわれわれの信頼 (faith) が経験的堅信 (experimental conviction) に解消できる限り，証言の明証に関するすべての推理が最終的に常識の原理 (principles of the common sense) に帰着するということは正しい」[108]と主張した。

2　直観的原理と「信じやすさ」

　子供は生まれつき他人の意見 (証言) を信頼するという，キャンブルやビーティの見解は，リードの幼児教育論に見られる「信頼性の原理と模倣の原理」[109]と共通するものである。また，スミスの『道徳感情論』第6版 (1790年) で第7部第4篇に追加された箇所にも，幼い子供には言われたことをすべて信じる本能的な傾向があるという記述が見られる。

> おさない子どもたちには，話してきかされることをすべて信じるという，本能的な傾向があるように思われる。自然は，かれらの保存のためには，かれらが，自分たちの幼年期と，自分たちの教育のもっともはやくもっとも必要な部分との世話が信託されている人びとに，すくなくともしばらくのあいだは暗黙の信頼をおくことが，必要だと判断したように思われる。したがって，彼らの信じやすさ (credulity) は過度であって，かれらを妥当な程度の不信と疑惑にひきさげるには，人類の虚偽についてのながくおおくの経験を必要とする[110]。

　エディンバラ大学道徳哲学教授ドゥーガルド・ステュアートも『トマス・リードの生涯と著作』で，子供の信じやすさに言及している。ステュアート

---

106)　Beattie [1776] 1975, 86.
107)　Beattie [1776] 1975, 87.
108)　Beattie [1776] 1975, 87.
109)　篠原 1986, 228.
110)　TMS, 335／訳，(下)，389.

第 5 章 「直観」の哲学史

はエディンバラ大学在学時に,彼の道徳哲学の個人指導教師をつとめたアダム・ファーガスンの勧めで,1771-1772 年にグラーズゴウ大学のリードの講義に出席している[111]。ステュアートはジョウジフ・プリーストリ (Joseph Priestley, 1733-1804) の『リード博士の「常識原理に基づく人間精神の研究」の検討』(1774 年,以下『検討』と略記) から,以下の文章を引用している。

> ある人間が,われわれが他人の話を信用することを説明するために固有の直観的原理 (a peculiar instinctive principle) が必要だと想像するということは,物事を異なる観点から見ることに慣れた私にとっては,非常に異常であるように思われる。しかし,この教義はリード博士によって提唱され,ビーティ博士によって採用されている。だが実際には,前者［リード博士］がその教義を擁護して述べていることは,ほんのわずかな注意にもほとんど値しない[112]。

プリーストリが『検討』で引用しているリードの『人間精神の研究』第 6 章第 24 節の以下の文章に対し,ステュアートは「私が思うに,リード博士のこの主張は,それに伴う優れた例証に結び付けられたとき,完全な説得力を有する」[113]と評価している。

> 信じこみやすさ (credulity) が推理と経験の結果なら,それは推理と経験とともに成長し力を増すに違いない。しかし,もしそれが自然の賜物なら,子供の時に最も強く,経験によって制限され弱められる。人間の生活をざっと見渡しただけで,真相は後者であって前者ではないことがわかる[114]。

ステュアートは上記の文章のすぐ後にスミスの『道徳感情論』第 7 部第 4 篇の上記の文章を引用し,スミスがリードの見解を支持することの証拠として示した[115]。

---

111) Brown 2004, 656.
112) Stewart 1854-1860, X, 295. Priestley 1774, 82.
113) Stewart 1854-1860, X, 295.
114) Reid [1764] 1997, 195／訳 235.
115) Stewart 1854-1860, X, 296.

3 ビーティの懐疑論批判

　キャンブルの『奇跡論』がヒュームの奇跡論批判を目的としていたように，アバディーン哲学協会の会員はヒュームの懐疑論的哲学を批判の主要な標的としていた[116]。本節以下では，ビーティとリードによる「懐疑論者」ヒュームへの批判を検討する[117]。

　ビーティの主著『真理論』第 2 部第 2 章第 1 節の題名は「近代懐疑論の勃興と発展」である。ビーティが「懐疑論の著述家」として批判の対象に挙げているのが，デカルト，マルブランシュ，ロック，バークリそしてヒュームである。ビーティはデカルト哲学を「近代懐疑論の基本原理」と評価し，物質の二次性質の個別の存在に反対するロックの論証，物質的世界の存在を否定するバークリの論証，そして魂と肉体の存在を否定するヒュームの論証の源泉を，デカルトの『哲学原理』第 1 部に求める。

　デカルトは「哲学者が行うべき最初のことはすべての偏見からの解放」[118]であるとして，感覚，直観および数学的論証の明証性と，神や天国および地上の存在を否定し，人間は手，足および肉体も持たないと仮定する。つまり，デカルトは，疑うことができるあらゆる事柄を疑うという「全面的懐疑論」に陥った後に，「疑っている私が考えている」ことは疑いえないとして，「私は考える」という前提だけを真と見なすのである[119]。そして，私が存在しなければ，「私が考える」ということはありえないため，「私は考える，ゆえに私はある」という命題を導き出す。

　また，デカルトの神の存在の証明について，ビーティは次のように整理する。「われわれは自らの精神の中に，無限に完全で，知的で，全能で，必然的に存在する永遠の存在の観念を抱いている。[中略] このような存在こそ

---

116) Suderman 2004, 773. ビーティのヒューム批判の背景と『真理論』出版に対する反響について，Phillipson（1978）を参照。
117) 1770 年代以降，リードの批判の対象はヒュームからプリーストリの形而上学的著作に移った（Wood 2004b, 417）。プリーストリは常識原理に基づくリードの『人間精神の研究』，ビーティの『真理論』およびオズワルドの『宗教のための常識への訴え』を批判した著作（『検討』）を 1774 年に出版している。
118) Beattie［1776］1975, 141.
119) Beattie［1776］1975, 145.

われわれとわれわれの全機能の製作者である。彼は無限に完全であるため，騙すことはできない。それゆえ，われわれの機能は正しく，誤りを含まない」[120]。ビーティによれば，デカルトの神の存在の証明は「証明されるべき論点が真であるという仮定に基づき行われている」[121]ため「論点先取」にあたる。したがって，「この哲学者は確信すべきであったところで疑ったように，疑うべきところでしばしば確信している」[122]。

マルブランシュは感覚と理性を次のように対比させる。すなわち，感覚は人間に授けられた当初は誠実な機能であったものの，原罪によって堕落した後は，人間を騙す傾向を持つようになった[123]。その一方で，理性は明敏で，強靭で，いにしえより人間に備わった機能であるため，人間は全力を尽くして疑うべきであると[124]。ビーティはマルブランシュが「デカルトの第一哲学の原理——われわれはわれわれの探究を全面的懐疑から始め，われわれ自身の意識のみを正しいものと考え，そこからわれわれの存在と神の存在を推論し，そして，神の真実性から，われわれの機能に虚偽がないことを立証すべきである——」[125]を採用していると指摘する。また，マルブランシュは感覚の明証は理性と矛盾するものであるとして，感覚の明証を否定している[126]。

ビーティはロックについて次のように述べている。「言葉上の論争を奨励することや，懐疑論に有利な教義を唱道することほど，ロックの意図から遠いものはない。徳を強く主張し，真理を啓蒙し，自由を擁護することによって人類に善行を施すことが彼の真の目的であった」[127]。しかし，『人間知性論』第1篇における生得観念と生得原理に対するロックの熱心な批判について，ビーティはこれでは「真理と徳は人間の発明品にすぎず，この世に常識が存在しないことの証明につながる」[128]と批判する。

---

120) Beattie［1776］1975, 143.
121) Beattie［1776］1975, 144.
122) Beattie［1776］1975, 144.
123) Beattie［1776］1975, 145.
124) Beattie［1776］1975, 145.
125) Beattie［1776］1975, 146.
126) Beattie［1776］1975, 147.
127) Beattie［1776］1975, 155.

物質の存在を否定するバークリの論証の内容と基礎について，ビーティはこれらがロックの『人間知性論』とデカルトの『哲学原理』に見いだされるとして，次のように批判している。

　　バークリの教義は，常識の最も論争の余地のない命題を攻撃し，人間の確信の最も明白な原理や，どの時代にもすべての人間の判断を決定した原理と，理性を備えたすべての人間がそれによって決定される原理が確実に誤りであることを論証するとうそぶいている[129]。

　最後に，ビーティはヒュームについて「彼の先行者の誰よりも巧妙かつ大胆に，常識をさらにいっそう破壊し，その廃墟に非常に恐るべき教義の骨組みを築き上げた」[130]と述べている。ヒュームの『人間本性論――実験的な推論法を精神の諸問題に導入する試み』の議論は，人間精神の知覚が印象と観念に分類され，観念は印象から模写されたものであるという主張から始まる[131]。印象は強い（生き生きした）知覚であり，観念は弱い知覚であり，印象よりも不鮮明である[132]。例えば，人間は火の側にいるとき，熱の印象を持つ。また，冷たさに震えるとき，熱の観念を作り出すことができる。さらに，ヒュームは「哲学者たちが，対象と感覚能力（senses）の知覚とを，どのように区別しようとも，この区別は，人類の大部分によっては，理解されない区別なのである」[133]と述べている。これに対しビーティは，大多数の人間が対象と知覚を区別できると，例を挙げて反論している[134]。ビーティはヒュームの主張を以下のように整理する。「私の魂（むしろ私が『私の魂』と呼ぶもの）は一つの単純なものではなく，昨日と今日の魂は同じではない。いやそれどころか，この瞬間と過去の瞬間は同じではない。想像を絶する速さで絶え間なく変化し動きながら，連続して過ぎ去るのは，異なる知覚または対象の集団，集合，堆積またはかたまりにすぎない」[135]。つまり，ヒュー

---

128) Beattie［1776］1975, 156.
129) Beattie［1776］1975, 157.
130) Beattie［1776］1975, 157-158.
131) Beattie［1776］1975, 158.
132) Beattie［1776］1975, 162.
133) Hume［1739-1740］1978, 202／訳，（一），234.
134) Beattie［1776］1975, 163.

ムにとって,「肉体は知覚のかたまりとしてしか存在せず,その存在は知覚されることにある。[中略] 魂も同様に知覚のかたまりであって,他の何物でもない」[136]。したがって,ヒュームの体系は「肉体(物体)と霊魂は消滅させられ,残るのはただ印象と観念の巨大な集合,かたまり,集団もしくは堆積にすぎない」[137]ということに帰着すると,ビーティは述べている。

さらに,ビーティは,「ソクラテス学派の原理が,われわれの近代の懐疑論者を正当化する先駆者として力説されている」[138]ことに対し,デカルトやヒュームの懐疑論とアリストテレスやソクラテスとの相違を論じる。デカルトが全面的懐疑から始まり,最終的に確信に到達しうる一方,ヒュームは仮説から始まり,全面的懐疑で終わる[139]。アリストテレスはすべての探究が懐疑から始まることを提案し,ソクラテスは自分が無知であることを除き,確実に知っていることはないと断言している[140]。しかし,ビーティは「アリストテレスの不変の目的は真理を発見し,確信を生み出すことであった」[141]と指摘し,ソクラテスもまた「真理のために自らの命を捨てるほど,真理への確固たる愛着を示した」[142]と述べている。

4 リードの観念理論批判

リードの『人間精神の研究』(1764年)第7章は,デカルトからヒュームに至る近代の観念理論(theory of ideas)を中心とした「哲学史」であり,ビーティの近代懐疑論批判の内容と一部重なる。しかし,同書は(類比の方法に基づく)「古い哲学」と(反省の方法に基づく)「新しい哲学」の対比という観点を導入し,より緻密な分析が行われている。

リードによれば,「精神(mind)[143]およびその能力と働きについて諸々の思

---

135) Beattie [1776] 1975, 167.
136) Beattie [1776] 1975, 168.
137) Beattie [1776] 1975, 168.
138) Beattie [1776] 1975, 149.
139) Beattie [1776] 1975, 149.
140) Beattie [1776] 1975, 149.
141) Beattie [1776] 1975, 150.
142) Beattie [1776] 1975, 151-152.

念と見解を抱く」[144]方法として,「反省の方法(way of reflection)」と「類比の方法(way of analogy)」がある。「反省の方法」は「精神が様々に働きだすと我々はそれらを意識し,それらが思考の対象として熟知されるようになるまで注意を向け,反省することができる」[145]方法である。これは「精神の働き(operation)について正しく正確な思念を形成する方法」[146]であるが,哲学者によってほとんど実行されたことがないとリードは言う。「類比の方法」は「よく知っている事物どうしのあいだに何らかの類似か,あるいは少なくとも類比を見いだす」[147]方法であり,古代の哲学者の物質的世界または精神についての体系は,この類比の基礎の上に構築されている。

　精神哲学における類比の方法に基づく「古い哲学」と(類比の方法が混在しつつも)反省の方法から生み出される「新しい哲学」の分岐点に位置するものとして,リードはデカルトを挙げる[148]。魂(soul)の本性に関して,それを「身体から分離可能であり精妙な質料」[149]と考え,四元素のいずれにそれが帰せられるのかと議論した者がいたり,プラトン主義者のように,それが「天上的で不滅の質料からできており,そのため元のしかるべき場所に戻ろうとする自然な傾向がある」[150]と考えた者がいたように,精神の働き(とくに知覚と観念)についての古代の哲学者の思念も,類比の方法に基づき形成されている。

　リードによれば,プラトン主義者とマルブランシュを除き,すべての哲学者は思考のあらゆる対象の観念が人間精神あるいは「精神の座がそこに想定された脳の部分」[151]にあると考えていた。「後期プラトン主義者たち(The later

---

143) リードの『常識原理に基づく人間精神の研究』(*An inquiry into the human mind on the principles of common sense*, 1764)の邦訳『心の哲学』(朝広謙次郎訳,知泉書房,2004年)はmindの訳語を「心」,spiritの訳語を「精神」としているが,本書はmindを「精神」と訳しており,前掲の訳書からの引用文においてmindの訳語を「精神」,spiritの訳語を「霊」に変更している。
144) Reid [1764] 1997, 203／訳247.
145) Reid [1764] 1997, 203／訳247.
146) Reid [1764] 1997, 203／訳247.
147) Reid [1764] 1997, 203／訳247.
148) Reid [1764] 1997, 205／訳249-250.
149) Reid [1764] 1997, 206／訳250.
150) Reid [1764] 1997, 206／訳250.

Platonists）」は「イデアあるいは永遠の形相は単独ではなく，むしろ神の精神の中にのみ存在すると考え，すべての事物が作られたさいの模範や原型」[152]と考え，マルブランシュも同様に「人間の思考の直接的対象である観念は神の精神の中にある事物の観念」[153]だと考えた。また，アリストテレスによる「精神の働き」の捉え方は，「質料は形相なしに存在するが，形相は質料なしに存在せず，同時に心の中に形相，心象，形象がなければ感覚，想像，知性はあり得ず，可感的事物は可感的形象で，可知的事物は可知的形象で知覚される」[154]というものであった。アリストテレス学派はアリストテレスのこの見解を受け継ぎ，「それら可感的および可知的形象は対象によって放たれたのち受動知性を刺激し，能動知性が受動知性のこの刺激を知覚する」[155]と考えており，この点で，アリストテレス学派の学説はエピクロスの学説と共通しているとリードは述べている。アリストテレス学派の体系はヨーロッパを席巻したが，明快さの点でプラトンとアリストテレスを凌駕したデカルトの体系に取って代わられた。デカルトの体系はマルブランシュ，ロック，バークリ，ヒュームによって受け継がれ改良されてゆく[156]。

リードはアリストテレス学派における精神と感覚の関係を蝋に対する刻印に喩えている[157]。つまり，アリストテレス学派において，感覚は可感的対象が精神にもたらす印象であり，あらゆる感覚を対象とする何らかの可感的性質の像または形相であると考えられた。これに対し，デカルトとロックは，俗人が物体の性質と考える音，味，匂い，色，熱さ，冷たさが，物体の性質ではなく精神の感覚にすぎないと考え，またバークリは二次性質と同様に延長，形態その他の一次性質が感覚にすぎないと考える理由があると推論した[158]。リードは，デカルトに始まるこの「新しい体系」の特徴として「物体を精神化する傾向がある」[159]ことを挙げている。

151） Reid［1764］1997, 207／訳252.
152） Reid［1764］1997, 206／訳251.
153） Reid［1764］1997, 207／訳251.
154） Reid［1764］1997, 207／訳252.
155） Reid［1764］1997, 207／訳252.
156） Reid［1764］1997, 207-208／訳252.
157） Reid［1764］1997, 209／訳254.
158） Reid［1764］1997, 209-210／訳255.

リードは「近代の懐疑主義（the modern scepticism）は新しい体系からの自然な結果であり，1739年になって初めてこの怪物を生み落としたのだが，しかし，最初からこれを懐胎していたと言える」[160]と述べている。「怪物」はヒュームの『人間本性論』（1739-1740年）を指すと考えられる。リードによれば「近代の懐疑主義」とは「観念だけが思考の対象であり，意識されるとき以外は存在しないので，我々の思考の対象で継続的かつ恒常的なものはきっと存在しない」[161]ということを指す。つまり，物体（Body）と霊（spirit），原因と結果，時間と空間は，思考から独立した存在ではなく，感覚の観念または反省の観念であるか，あるいはそのいずれでもないということになる[162]。

　またリードは，デカルトの人間知性に関わる体系が彼の物理的体系に類比的であることを指摘し[163]，次のように言う。「物質と精神にかかわる彼の全体系は，『私は考える』と表現されるひとつの公理の上に築かれている。彼は，この意識的思考の基礎の上に，諸々の観念を材料にして人間知性の体系を組みたて，そのすべての現象を説明しようと試みている。また，自分の意識からおもわく通り物質の存在を証明し，物質およびもとからそれに与えられた運動量から物質的世界の体系を組みたて，そのすべての現象を説明しようと試みている」[164]。

　いずれにせよ，リードは，デカルトとロックが観念に関する自らの体系の帰結が懐疑論であることを自覚していなかったと指摘している[165]。リードによれば，このことを最初に発見したのが，バークリであった。「物質的世界と空間および時間について彼［バークリ］は，それらが単なる観念であり，精神の中以外には存在しないという帰結を認める。しかし，諸々の霊（spirits），あるいは諸々の精神の存在については，彼はこの帰結を認めない」[166]。バー

---

159)　Reid［1764］1997, 209／訳254.
160)　Reid［1764］1997, 210／訳255.
161)　Reid［1764］1997, 212／訳258.
162)　Reid［1764］1997, 212／訳258.
163)　Reid［1764］1997, 212／訳257-258.
164)　Reid［1764］1997, 211／訳256.
165)　Reid［1764］1997, 212／訳258.
166)　Reid［1764］1997, 212／訳258.

クリはこの点で「絶対的懐疑論者（absolute sceptics）」に陥ることを回避するとともに，デカルト的体系から逸脱したのである[167]。リードによるバークリの観念論の分析は，「物質的世界の存在の否定」というバークリの懐疑論的主張を取り上げることに終始したビーティとは対照的である。

　新しい体系によれば，人間知性に自然が与えた造作には，「事物についての思念（notions）あるいは単純把握」と「事物についての判断（judgments）あるいは信念（belief）」の二種類がある。その体系において，思念は「感覚（sensation）の観念」（すなわち記憶あるいは想像に保持された感覚の写し）と「反省（reflection）の観念」（すなわち記憶あるいは想像に保持された，意識された精神の働きの写し）という二種類の観念に還元可能だと考えられた。リードはこれに対し，感覚の観念と反省の観念の区別が不正確であり，反省の観念には感覚の観念が含まれていると指摘する[168]。さらに，我々の思念がすべて感覚の観念か反省の観念であるということは，「人は自分の精神の働き以外何も考えないし，考えることができない」[169]ということに帰着すると整理する。

　ロックが物体やその性質，運動や空間についての思念が感覚の観念であると信じたのは，それらの思念が我々の感覚の像であると信じたからであるが，ヒュームにとってこの論理は懐疑主義に直結するものである[170]。つまり，「物体や霊，時間や空間，原因や結果が存在する」という主張に対し，ヒュームは「それらの存在についての思念は，感覚の観念か反省の観念かのいずれかであり，もし感覚の観念ならいったいどんな感覚から写し取られたのか，また，もし反省の観念ならいったいどんな精神の働きから写し取られたのか」[171]というジレンマに追い込むだろうからである。

　また，事物に関わる判断と信念に関して，「感覚（Sense）に，精神に事物の思念あるいは単純把握を供給する以外の職務を与えず，事物に関わる判断と信念を思念の比較および思念どうしの一致・不一致の知覚によって獲得される」[172]という新しい体系の説明について，リードは「感覚のあらゆる働き

---

167) Reid［1764］1997, 213／訳258, 259.
168) Reid［1764］1997, 214／訳260.
169) Reid［1764］1997, 214／訳261.
170) Reid［1764］1997, 214／訳261.
171) Reid［1764］1997, 214-215／訳261.

は本性上,単純把握だけでなく判断あるいは信念を含んでいる」[173]と反論する。リードは目の前にある木を例に挙げる。人間は木を知覚すると,視覚能力は木の思念あるいは単純把握だけでなく,その存在,形態,そこまでの距離,大きさについての信念をもたらす[174]。したがって,「この判断あるいは信念は観念どうしの比較によって得られたのではなく,知覚のまさに本性に含まれている」[175]のである。このように人が形而上学的論拠によって常識原理から逸脱することを,リードは「形而上学的狂気(*metaphysical lunacy*)」と呼んでいる[176]。

リードは「新しい体系」が反省の方法を採用していると公言しても,「とくに精神に今存在していないものは,精神の観念あるいは像によって知覚,記憶,想像され,この観念あるいは像が知覚,記憶,想像それぞれの直接的対象である」[177]という点で,「古い体系」(類比の方法)が残存していると指摘する。また,前述のように(アリストテレス学派の)「古い体系」は「外的事物が蝋に対する刻印のように精神に対して印象をもたらすが,この印象によって外的事物を知覚,記憶,想像するので,それらの印象はもとの外的事物に類似しなければならない」[178]と教える。このような見解は,類比によって精神の働きに関し思念を形成する場合に,非常に自然的なものに思えると,リードは述べている。

すべての哲学者は,このような「類推(analogical reasoning)」から,人間が可感的事物を知覚,記憶,想像する観念あるいは像が存在することに同意するが,その所在については,デカルトやニュートン(Sir Isaac Newton, 1642-1727)が(魂が宿る場所としての)脳にあると考えたのに対し,ロックと同様に,バークリとヒュームも精神にあると考えている[179]。リードはヒュームがロックの学説を奇妙な形で利用し,「精神は実体ではないということ,ま

---

172) Reid [1764] 1997, 215／訳 261.
173) Reid [1764] 1997, 215／訳 261-262.
174) Reid [1764] 1997, 215／訳 262.
175) Reid [1764] 1997, 215／訳 262.
176) Reid [1764] 1997, 216／訳 262.
177) Reid [1764] 1997, 216／訳 263.
178) Reid [1764] 1997, 216／訳 263.
179) Reid [1764] 1997, 216-217／訳 263-264.

第 5 章 「直観」の哲学史

たもし実体であれば，延長の観念は延長せず分割不可能な主体にはありえないから，精神は延長し分割可能であるということを証明しようと試みている」[180]と指摘する。「精神は延長し分割可能である」というヒュームの考え方に対し，リードは「常識の証言によって，私の精神は実体であり思考の恒常的な主体であることを当然視し，私の理性は，私の精神は延長しておらず分割不可能であることを確信させる」[181]と反論している。リードの観念論批判もまたビーティの懐疑論批判と同様に常識原理に帰着する。

Ⅳ　プレヴォとドゥーガルド・ステュアートのカント解釈

イマーヌエール・カント（Immanuel Kant, 1724-1804）は『プロレゴーメナ』（1783 年）の序言で，スコットランド常識学派のリード，ビーティ，ジェイムズ・オズワルド（James Oswald, 1703-1793）による「普通の人間悟性［常識］（gemeiner Menschenverstand）」に訴えるヒューム形而上学批判を非難した[182]。そして，時間と空間を認識の「形式」としてとらえ，ヒュームの外部世界の存在に関する懐疑主義の克服に努めた。ドゥーガルド・ステュアートはフリードリヒ・ゴットロープ・ボルン（Friedrich Gottlob Born, 1743-1807）によるカントの著作のラテン語訳（*Immanuelis Kantii opera ad philosophiam criticam*, 4 vols. Leipzig, 1796-1798）に基づき，『哲学試論』（1810 年）と『人間精神の哲学要綱』第 2 巻（1814 年）においてカント哲学に対し好意的であったが，1821 年に出版された『ヨーロッパ文芸復興以来の形而上学・倫理学および政治学の発展に関する一般的展望』（以下『近代西欧哲学史』）第 2 部[183]では批判に転じる[184]。本節では，ステュアートと文通していたジュネーヴの哲学者ピエー

---

180) Reid［1764］1997, 217／訳 264.
181) Reid［1764］1997, 217／訳 264.
182) Kant［1783］2004, 8-9／訳 192-193, 425. カントはヒュームの課題の論点を見逃した人物として，上記の常識学派の 3 人の他に，プリーストリの名前も挙げている。また，ドイツにおけるスコットランド常識学派の受容については，Kuehn（1987）を参照。ビーティの『真理論』（1770 年）の独訳は 1772 年，オズワルドの『宗教のための常識への訴え』（1766 年）の独訳は 1774 年，リードの『人間精神の研究』（1764 年）の独訳は 1782 年，キャンプルの『レトリックの哲学』（1776 年）の独訳は 1791 年に出版された（Kuehn 1987, 59, 209, 211, 275）。

179

ル・プレヴォがアダム・スミスの遺稿集『哲学論文集』の仏訳版（1797年）に記した「訳者解説」（『近代哲学三学派』）を中心に，近代ブリテン哲学における直観的原理の展開について検討する。

1　プレヴォの経歴と著作活動

プレヴォは1751年にジュネーヴに生まれ，ジュネーヴ・アカデミーで神学と法学を学び，1773年に法学博士号を取得後，オランダとフランスで個人教師をしていた。フランスではスイス系のプロテスタントの銀行家ドゥレセル家の家庭教師をつとめた縁で，ルソーと知り合った[185]。1780年にプロシアの科学アカデミー会員ならびに貴族学院教授としてベルリンに招聘され，物理学者および数学者ジョゼフ＝ルイ・ラグランジュ（Joseph-Louis Lagrange, 1736-1813）や哲学者ヨハン・ベルナール・メリアン（Johann Bernhard Merian, 1723-1807）らとの親交を得たが，父親の病気により1784年に上記の職を辞し，ジュネーヴ・アカデミーの文学教授に就任するも1年ほどで辞任した[186]。その後，学術，研究面の活動を活発に続け，1786年にジュネーヴ共和国の拡大市参事会のメンバーになり，1793年に国民議会の議員に就任したが4ヵ月で辞任し[187]，ジュネーヴ・アカデミーの理論哲学教授（1793-1823年）および理論物理学教授（1809-1823年）[188]をつとめた。

プレヴォとブリテンの関わりについて，プレヴォは1773-1774年，1817年そして1824年にブリテンに旅行しているが，最初の旅行（留学）の機会

---

[183]　『近代西欧哲学史』の第1部（「文芸復興期から17世紀末までの形而上学の発展」）と第2部（「18世紀における形而上学の発展」）は『エンサイクロピーディア・ブリタニカ』第4・5・6版の補巻の第1巻（1815年）と第5巻（1821年）の冒頭に掲載され，後にウィリアム・ハミルトン編『ドゥーガルド・ステュアート著作集』第1巻（1854年）に第3部（「18世紀の倫理学と政治学の発展」）とともに収録された（篠原2014, 7）。
ステュアートの『著作集』第1巻に収録されている。
[184]　カント哲学に対するステュアートの評価の変遷について，Levi Mortera（2012）を参照。
[185]　喜多見2015, 7.
[186]　喜多見2015, 7.
[187]　喜多見2015, 7.
[188]　ジュネーヴ・アカデミーの理論哲学教授職は，1809年に一般物理学教授職と実験物理学教授職に分割され，前者にプレヴォ，後者にマルク＝オーギュスト・ピクテが就任した（Etchegaray et al. 2012a, 8）。

に，英語力の改善と人文学の授業の出席を目的としてブリテンに1年間滞在している[189]。プレヴォのスコットランド哲学への関心の源泉の一つに，前述のメリアンが挙げられる[190]。プレヴォとドゥーガルド・ステュアートの最初の出会いは1792年と推定されており[191]，両者の交流はステュアートが1828年に亡くなるまで続いた。また，プレヴォは物理学の分野で国際的に著名な人物であり，友人のマルク゠オーギュスト・ピクテとともに，1796年9月27日にエディンバラ王立協会の一員に選ばれている[192]。

当時のヨーロッパ知識人は英語を習得している者が少なく，1796年にジュネーヴで創刊された『ビブリオテーク・ブリタニク』誌は，ヨーロッパにおけるこのようなブリテンの軽視を是正することを目的としていた[193]。『ビブリオテーク・ブリタニク』は三部門（科学・技術，文学，および農業）に分けられ，同誌の初期の助手および協力者の一人であったプレヴォは，1798年までに「科学」および「文学」部門監修の責任者になり，1803年以降はシャルル・ピクテ・ドゥ・ロシュモン（Charles Pictet de Rochemont, 1755-1824. マルク゠オーギュスト・ピクテの弟）から「文学」部門の指導的役割を委譲された[194]。プレヴォはステュアートの『人間精神の哲学要綱』第1巻の抜粋訳（仏訳）を『ビブリオテーク・ブリタニク』に複数回にわたり寄稿している[195]。

プレヴォによるスコットランド哲学に関する著作の仏訳には，1795年に

---

189) Etchegaray et al. 2012a, 8, note10.
190) Etchegaray et al. 2012a, 8.
191) Etchegaray et al. 2012a, 7. ステュアートはパリでプレヴォやジェランドと生涯にわたる友情を育み，ジャン゠バティスト゠アントワーヌ・シュアル（Jean-Baptiste-Antoine Suard, 1732-1817），アンドレ・モルレ（André Morellet, 1727-1819），ギヨーム゠トマ・レーナル（Guillaume-Thomas Raynal, 1713-1796）らフィロゾフと交際する機会を得た（Bottin 2015, 443）。プレヴォ，ステュアート，ジェランドの交友については，Schulthess 1996, 101-105 も参照。
192) Etchegaray et al. 2012a, 8.
193) Etchegaray et al. 2012a, 13.
194) Etchegaray et al. 2012a, 14.
195) 『ビブリオテーク・ブリタニク』誌上に掲載されたプレヴォによる『人間精神の哲学要綱』の抜粋訳について，ジェソップは同誌の第8巻（1798年）を挙げている（Jessop［1938］1983, 177）。『人間精神の哲学要綱』の抜粋訳が掲載された同誌の他の号については，Etchegaray et al. 2012b, 42, note 80 を参照。『ビブリオテーク・ブリタニク』に掲載されたステュアートの著作の抜粋記事はすべて，プレヴォによって仏訳された（Etchegaray et al. 2012a, 14）。

アダム・スミスの遺稿集として出版された『哲学論文集』の仏訳（全2巻）[196]がある。同訳は1797年に出版され，第2巻末尾に収録されている訳者による「アダム・スミス遺稿集についての考察」（「訳者解説」）の内容は近代哲学史である。また，1808年にはステュアートの『人間精神の哲学要綱』第1巻（1792年）の仏訳（全2巻）[197]，1825年には同書第2巻（1814年）の仏訳（第3巻）が出版されている。それ以外にも，1808年にヒュー・ブレア（Hugh Blair, 1718-1800）の『修辞学と文学に関する講義』（1783年）の仏訳（全3巻），翌年にトマス・ロバート・マルサス（Thomas Robert Malthus, 1766-1834）の『人口の原理』（1798年）の仏訳の他，ベンジャミン・ベル（Benjamin Bell, 1749-1806）の『農業論集』（1802年）に収録された「食糧難と飢饉について」の仏訳（1804年），『哲学試論』（1804 / 1805年）や物理学，統治論等，幅広い分野で著作を残している[198]。

2　プレヴォの『近代哲学三学派』——カント哲学の紹介

　スミスの『哲学論文集』（プレヴォ訳）の「訳者解説」（『近代哲学三学派』）

---

196)　スミス『哲学論文集』のプレヴォによる仏訳版の目次は以下の通りである。
　第1巻
　　ドゥーガルド・ステュアート著「アダム・スミスの著作と生涯」
　　「哲学的研究を導き指導する諸原理——天文学史によって例証される」
　第2巻
　　「哲学的研究を導き指導する諸原理——古代物理学の歴史によって例証される」
　　「哲学的研究を導き指導する諸原理——古代論理学と古代形而上学の歴史によって例証される」
　　「いわゆる模倣芸術においておこなわれる模倣の本性について」
　　「ある種のイギリスの詩型とイタリアの詩型の親近性について」
　　「外部感覚について」
　　「訳者によるアダム・スミスの遺稿集についての考察」（「訳者解説」）
　　「『エディンバラ評論』同人たちへの手紙，1755年」
197)　プレヴォによる仏訳版『人間精神の哲学要綱』第2巻巻末には，ステュアートの『道徳哲学概略』の抜粋訳が収録されている。ステュアートは『哲学論文集』（1810年）冒頭のプレヴォに宛てた献辞の中で，次のように記している。「私の人間精神に関する著作［『人間精神の哲学要綱』］のあなたの仏訳によって，あなたが私に敬意を表してくださり，同書が最初に［1792年に］出版されて以来，あなたが同書の成功に熱心な興味をお持ちくださったことについて，私は同書がかつて受けた称賛の中で最も快い称賛であると感じています」（Stewart 1854-1860, V, 1）。
198)　喜多見 2015, 9. Etchegaray et al. 2012a, 14, note 45.

の内容は，近代哲学の三つの学派——スコットランド学派，フランス学派，ドイツ学派——の概説である。プレヴォは「近代哲学三学派」の導入部で次のように述べている。

> 私は［中略］スミス氏が主として対象とし，またこの文集［『哲学論文集』］を構成する多様な分野のすべての断片が属するこの部門の歴史について，若干の特徴を提示する。私はこの哲学の古代および中世の歴史について論じないが，その現在の状態を知らせることに専念するだろう[199]。

以下では，上記の各学派の「［人間の］精神（esprit）を対象とする学問」（＝哲学）に対するプレヴォの解説を概観する。

(1) スコットランド学派

スコットランド学派の創始者として，プレヴォはスミスの師フランシス・ハチスンの名前を挙げている。スコットランド学派において「精神を対象とする学問」は「道徳哲学（philosophie morale）」と呼ばれており，プレヴォは「道徳哲学」の定義としてドゥーガルド・ステュアートの『道徳哲学概略』（1793 年）から次の文章を引用している。

> その［道徳哲学の］対象は，自然の光によって，すなわち，人間の構造の原理および人間が置かれた状況の検討によってその規則が発見される限りにおいて，賢明にして有徳な行動の規則を認識することである[200]。

プレヴォはスコットランド学派の巨匠たちの著作について「彼らは博愛と徳の性質を帯びた著作によってよく知られている」[201]と評している。また巧みな議論の中に興味深い話が取り入れられている例として，スミスの『道徳感情論』（1759 年）とハチスンの『美と徳の観念の起源についての研究』（1725 年）および『情念と情動の本性と作用についての試論，道徳感覚に基づく例証』（1728 年）が挙げられている。

---

199) Prévost 1797, 231.
200) Stewart 1854-1860, II, 11.
201) Prévost 1797, 233.

また，プレヴォはリードの観念論批判を取り上げる。リードの著作の対象はヒュームの懐疑論であり，ヒュームの哲学原理(観念連合の原理)について，それは観念論の体系を確立したというよりもむしろ，肉体と精神の存在，因果の理論を揺るがす全面的懐疑論の体系を確立したと，プレヴォは述べている[202]。ヒュームの哲学原理に対し，リードはその原理から導き出される（手続き上の）結論の正当性を認めつつも，ヒュームの原理を検討することによってその原理の誤謬を発見し，それは「常識（sens commun）」からの逸脱であると非難した[203]。リードは「哲学に侵入した観念論（idéalisme）と懐疑論（scepticisme）の体系」に対して，これは「観念が魂の瞑想する内在的な対象であって，外部の対象の忠実な像である」ことを論証する「観念理論」（théorie des idées）に帰着すると批判している[204]。ヒューム批判を目的とする書として，リードの著作以外にはビーティの『真理論』が挙げられている[205]。

　プレヴォはリードの『知的力能論』から「観念理論」を奉じた哲学者について述べた文章を引用している。リードによれば，デカルトは物質的な客体の存在を哲学的な論拠によって証明することが必要だと考え，デカルト，マルブランシュ，アルノー，ロックがこの研究に専念した。バークリとヒュームは観念理論から物質的世界の存在を否定するとともに，精神は関連する印象と観念の結合の帰結にすぎず，それらが刻印される主体も存在しないという結論を導いた[206]。

　プレヴォは，アイルランドのクロイン司教であったバークリが敬虔な哲学者であり，「観念論に基づくご贔屓の教義をうまく論証することが宗教にとっても非常に有益だと考えていた」[207]と述べている。また，バークリの『視覚新論』について，「視覚の範囲と触覚の対象の範囲を区別することに成功した」[208]と評価している。スミスも「外部感覚について」で同書を重視したこ

---

202) Prévost 1797, 234.
203) Prévost 1797, 234-235.
204) Prévost 1797, 235.
205) Prévost 1797, 239.
206) Prévost 1797, 236-237. Reid [1785] 2002, 186-187.
207) Prévost 1797, 236, note (4).
208) Prévost 1797, 236, note (4).

とや[209]，リードの『人間精神の研究』において，視覚の現象，斜視に関する新たな実験と斜視の治療に適用可能な創意工夫に富んだ結論についてのバークリの発見が見いだされることに言及している[210]。

エディンバラ大学道徳哲学教授のアダム・ファーガスンは『道徳哲学入門』（1769年）において自らの道徳哲学体系の概要を示し，『道徳および政治科学の原理』（1792年）においてその全体系を公表している。後者の著作において，「彼は人類の漸進的発展を跡づけ，完全性に向けての人類の発展についての流動的な見取り図を示している」[211]。ファーガスンの道徳の特徴として，ストア派との類似が指摘されている[212]。

スコットランド学派の哲学者の最後に登場するのは，ファーガスンの後任者としてのエディンバラ大学道徳哲学教授ドゥーガルド・ステュアートである。ステュアートはリードの弟子として紹介されている[213]。プレヴォはステュアートの著作から人間の知的力能を分析した『人間精神の哲学要綱』第1巻（1792年）と『道徳哲学概略』（1793年）を取り上げる。『道徳哲学概略』の概要は以下の通りである[214]。第3部は目次のみが示され，本文は執筆されなかった。

第1部　知的力能
第2部　能動的力能と道徳的力能
　第1章　上記の力能の分析・分類
　第2章　我々の義務の多様な部門
第3部　政治体の成員としての人間

スコットランド学派の方法論にはベイコン哲学の影響が見いだされるとして，プレヴォは次のように述べている。「スコットランド学派が正当にもべ

---

209) Prévost 1797, 236, note（4）.
210) Prévost 1797, 238.
211) Prévost 1797, 240.
212) Prévost 1797, 240.
213) Prévost 1797, 241.
214) Prévost 1797, 246–247.

イコンの学派と呼ばれうると主張しても，彼らによって非難されるとは思っていない。これらの［スコットランド学派の］哲学者たちの使用する資料と同じ種類の多数の資料がベイコンの中に見いだされるのではなく，それらの資料を包蔵する鉱山を掘り起こす手段がベイコンの中に見いだされるからだというのが私の主張だからである」[215]。また，プレヴォはイングランドの医者エラズマス・ダーウィン（Erasmus Darwin, 1731-1802）の著書『ゾウノミア（動物生理学）』（Zoonomia, 1794-1796）から幼児と動物の子の運動機能と表情に関する考察を引用し[216]，このような生理学の業績とスコットランド学派の人間精神の分析に関する業績は混同されるべきではないと主張している[217]。

(2) フランス学派

　フランス学派についてのプレヴォの考察は簡潔である。プレヴォはデカルトの方法論がポール・ロワイヤル学派の論理学やマルブランシュの研究に与えた影響を指摘し[218]，フランス学派の起源をコンディヤックと断定している[219]。コンディヤックはデカルトとロックの影響を受け，論理学の研究と感覚の分析に専念した。ただし，感覚の分析に関して，コンディヤックはスコットランド学派の哲学者（バークリ，スミス，リード）と異なる方法論を採用している[220]。プレヴォはコンディヤックとジュネーヴの哲学者シャルル・ボネ（Charles Bonnet, 1720-1793）[221]の類似を指摘し，次のように述べている。「双方［コンディヤックとボネ］にとって，感覚を潜在的に授けられ，その機能をいまだ発揮しない［が，順次一つずつ感覚が発揮されてゆく］立像（statue）［という仮定］は，自らの考察を上手く関連づけることができる枠組み（cadre）であるように思えた」[222]。

---

215) Prévost 1797, 248.
216) Prévost 1797, 253-254.
217) Prévost 1797, 255.
218) Prévost 1797, 255-256.
219) Prévost 1797, 257.
220) Prévost 1797, 259.
221) ボネの心理学については，飯野（1994）を参照。
222) Prévost 1797, 259.

(3) ドイツ学派

プレヴォはドイツ学派の起源としてゴットフリート・ヴィルヘルム・ライプニッツ（Gottfried Wilhelm Leibniz, 1646-1716）を挙げている。ライプニッツの弟子クリスティアン・ヴォルフ（Christian Wolff, 1679-1754）はドイツの大学で絶大な影響力を有した。プレヴォによれば、ベルリン・アカデミーの功績の起源はライプニッツに結びつけられる。同アカデミーは文学、物理学、数学に属さないすべての対象を「理論哲学（Philosophie spéculative）」と呼んだ。18世紀末になるとライプニッツに代わり、カント哲学がドイツの大学で権威を持つようになる。なお、プレヴォは「ドイツ学派を一つの体系に集約して紹介するのはきわめて正しくない」[223]と述べ、カントとも文通していた哲学者ヨハン・ハインリヒ・ランベルト（Johann Heinrich Lambert, 1728-1777）の『宇宙論についての手紙』（1762年）、『新オルガノン』（1764年）等に言及している。とりわけ、プレヴォによるこの『近代哲学三学派』がブリテン哲学（とりわけステュアート）に及ぼした影響という点で重視すべきは、プレヴォによるカント哲学への評価である。以下にプレヴォのカント評を引用する。

> カント氏は感覚（sensibilité）と知性（intelligence）を区別した後、時間と空間の思念が、魂の感覚的機能の自然的形式（formes naturelle）と同じようなものであること、これらの思念が外部から生じえないこと、それらが根源的な性質であること、そして、人間精神のこのような構造の結果として、そこに生み出されるすべての印象が必然的にこれらの形式の双方に宿るようになることを指摘した。そして、そのことは彼の原理の重要な部分を占めている。しかし、ロックは一瞬空間に限定しつつ、延長が一次性質であることを、つまり、魂は延長が外部にあり、感覚（sensation）から独立していると必然的に判断することを、カント氏以前に指摘した[224]。この同じ哲学者［ロック］と彼の後継者たち、とりわけコンディヤックは、我々の精神に固有の構成に関わる場合にのみ、我々が外的な事物を知るという点、我々が実体の絶対的で本質的な性質を知らないという点を大いに強調し

---

223) Prévost 1797, 266.
224) 原文は以下の注が記されている。「『人間知性論』第2篇第8章第9節。スミスの「外部感覚について」も参照」。

た[225)]。我々の魂が延長を［魂の］外部につねに存在するものと見なし，またこの思念がその［我々の魂の］構成にもっぱら関わるものであるなら，延長は恒常的な形式であり，その本性に依存する。この点までは，二つの哲学［カント哲学とロック哲学］は表現の面で異なっているにすぎないと思われる[226)]。カント哲学に固有であるのは，彼がすべての現象を空間のある点に不可避的に関係づけるものとして魂を提示しているという指摘だけである。［これは］気づかれていない指摘というよりもむしろ無視された指摘である。おそらく，思念と判断の区分または知性の形式を扱うカント哲学の教義のこの部分に，より新たな主張が存在するのだろうが，［それは］より議論の余地のある主張でもある[227)]。これらの原理に基づき，道徳，もしくは重要ではあるが論じつくされたテーマに関する対象について新しい理論が聳え立つのを見て，何がしかの疑念を抱かずにはいられない。それらの帰結は本当にこれらの原理に依存しているだろうか？ 体系の連結は，［カント哲学の］支持者たちが想定しているのと同じくらい，実質的で確固たるものだろうか？[228)]

プレヴォは，魂が先験的に時間と空間の「形式」を有しているというカントの主張と，ロックやコンディヤックの「形式」としての延長概念との類似を指摘している。また，引用文の最後に付けた注記には，次のように記されている。

　この哲学の学派の教義の第一にして主要な集成である特に有名なこの『純粋理性批判』（Critique de la raison pure）の中で，彼らが最も尊重すると

---

225) 原文は以下の注が記されている。「同上［『人間知性論』］第 4 篇第 6 章第 11 節以下。［アルノー］『考える技術』第 11 章等」。
226) 原文は以下の注が記されている。「ストア派の指導者について次のことが言われている。［引用原文はラテン語］『ゼーノーンは，考え方よりもむしろ新語の考案者であった』。キケロ『善と悪の究極について』［第 3 章第 2 節：Cicero, De fnibus bonorum et malorum, III, 2／訳 162］。近代のこの哲学者［カント］にこのような判断を適用するまでもないことだが，少なくとも［彼は］，その教義において完全に新しいものと，新たな言葉の外観で覆われているにすぎないものを区別するよう努めるべきである」。
227) 原文は以下の注が記されている。「とりわけ 1786 年と 1787 年の『ベルリン・アカデミー論文集』に掲載された「我々の知識の対象の実在性と理念性について」のセール氏の手記，とくに 601 ページ以下を参照せよ」。
228) Prévost 1797, 263-265.

思われるのが，実際には，この連結，この断ちがたい連鎖である。その最も熱心な鼓吹者の一人［ボルン］が，それについて以下のように述べている。「というのも，純粋理性に関する批判哲学のすべての活力と長所は，これらの源泉に由来するに違いないからである。その諸部分の首尾一貫性はかくも完璧に称賛すべきものなので，最終部分は冒頭部分と，中間部分はこれら両部分と，そして各部分は互いに調和しており，冒頭部分ですべてが与えられているのである」[229) 230)]。

この注記で引用された文章は，1787年に出版されたボルンの著作『知識と推論について——カントに反して最近提示された［クリスティアン・フリードリヒ・］ペゾルドの否認すべき疑問に関する形而上学的証拠』からの抜粋である。プレヴォはボルンに対し，「［カントの］体系の連結は，実質的で確固たるものだろうか」と疑問を投げかけているのである。

ドゥーガルド・ステュアートはプレヴォに宛てた手紙（1798年1月5日）の中で，プレヴォの（出版予定の）「訳者解説」に言及している。「あなたがその［スミス遺稿集の仏訳の］巻に付け加えた道徳科学（moral science）の現状に関するエッセイを精読するのを切に望んでいます」[231)]。

さらに，同じ手紙では，ステュアートがカント哲学への強い関心を示し，プレヴォの『近代哲学三学派』（「訳者解説」）からカント哲学の知識を入手しようとしていたことが読み取れる。

> 近頃，我々はこの国［ブリテン］でカントの哲学的著作について多くのことを耳にしました。私がその判断を尊重する多くの人々が，最も熱狂的な称賛とともにそれについて話しています。カントの性格を知り，彼の講義に出席した人々との会話と同様に，彼の著作についてのラテン語と英語で発表された要約から，彼の全般的原理を垣間見ようとさまざまな試みを行いましたが，不首尾に終わりました。あなたが私にこの主題について何

---

229) ボルンのラテン語の文章は，ドゥーガルド・ステュアートの『著作集』第1巻（Stewart 1854-1860, I, 415 and 598, note 5）で引用され，その英訳が『著作集』第11巻（Stewart 1854-1860, XI ［Supplementary Volume］, 43 and 71, note 4）に掲げられている。
230) Prévost 1797, 265-266n.
231) Etchegaray et al. 2012b, 28.

らかの光［知識］を都合してくださるなら大変ありがたいことです。私の『［人間精神の哲学］要綱』の次巻では必ず，ドイツであれほどまでに評判になった哲学者に注目しなければならないからです[232]。

前述のように，プレヴォの『近代哲学三学派』には，スミスの「ヨーロッパ学界展望」（1756年）で言及されなかったドイツ哲学の起源と現状についての分析が記されている。プレヴォはジュネーヴ近郊のコペで開催されたスタール夫人（Madame de Staël, 1766-1817）のサロン（「コペのグループ」[233]）の一員であり，同サロンでフリードリヒ・シュレーゲル（Friedrich von Schlegel, 1772-1829）によるカント体系の概論の講義を1804年に聴講している[234]。なお，『近代哲学三学派』にはカントのドイツ語原典からの引用文はなく，カント哲学に関するプレヴォの言及がステュアートと同様に，ボルンのラテン語訳に基づいている可能性がある[235]。

3　ドゥーガルド・ステュアートのカント解釈
　　——カドワースとの類似性の指摘

ドゥーガルド・ステュアートは『近代西欧哲学史』第2部第7章で「カントと新しいドイツ学派の他の形而上学者」について論じている。ステュアートは同章でプレヴォの『近代哲学三学派』に言及し，次のように述べている。「プレヴォ氏によるスミス氏の遺稿集の仏訳に付された哲学の現状についての学問的で明快な素描における，カントに対する非常に価値あるいくつかの

---

[232]　Etchegaray et al. 2012b, 28.
[233]　コペ・グループの関心は，主としてドイツ文学（ヤコービ，フンボルト，シェリング，ゲーテとヴィーラント）に向けられた。同グループのメンバーには，バンジャマン・コンスタン（Henri-Benjamin Constant de Rebecque, 1767-1830），シュレーゲル，ジャン・シャルル・レオナール・シモンド・ドゥ・シスモンディ（Jean Charles Léonard Simonde de Sismondi, 1773-1842）の他，慈善家のカスパー・フォン・ヴォート（Caspar von Vought, 生没年不詳），ジョゼフ＝マリ・ドゥジェランド，フランソワ・ギゾー，シャルル・ピクテ・ドゥ・ロシュモンらがいた（Etchegaray et al 2012a, 12）。
[234]　Etchegaray et al 2012a, 12.
[235]　プレヴォはフランス人にとってのカント哲学の難解さについて次のように述べている。「何よりもまず，フランス人読者は完全な明晰さを要求する。二国民の知的な趣味と習慣の相違は非常に大きいため，ドイツで並外れた成功を収めたカントの著作が，［ドイツ語と］同じ文体によってフランス語で書かれれば，読者は見出されなかっただろうと私は思う」（Prévost 1797, 262）。

第5章 「直観」の哲学史

批評を参照せよ」[236]。また，プレヴォが『近代哲学三学派』で引用したボルンの『知識と推論について』の文章（「[カントの] 批判哲学へのラテン語の賛辞」）を再度引用した上で，カント哲学を批判する。

> というのも，純粋理性に関する批判哲学のすべての活力と長所は，これらの源泉に由来するに違いないからである。その諸部分の首尾一貫性はかくも完璧に称賛すべきものなので，最終部分は冒頭部分と，中間部分はこれら両部分と，そして各部分は互いに調和しており，冒頭部分ですべてが与えられているのである。これ以上に，そのような主題に関する哲学的著作について示しえた悪しき説明はなく，また，これ以上に，その [カント哲学の] 独特の特徴のいずれも，それ [カント哲学の体系] が束の間の評判しか得られないことの前兆になることを指摘しえなかったものはないだろう。この称賛が正しいとすれば，その体系が，その最初の外観においていかにまことしやかで際立っていたとしても，（かりそめにも攻撃されやすいとすれば）どの点においてもきわめて重大で致命的な攻撃に晒されやすいものであることを，その称賛は示していた。したがって，その体系はその著者 [カント] が亡くなる以前に急速に自らの破滅に向かっていたのである[237]。

その他にも，ステュアートはスタール夫人の『ドイツ論』（1810年）からカントを礼賛する以下の文章を引用している。

> 『純粋理性批判』が出版されたころ，思想家たちの間には，人間の悟性（human understanding）について二つの体系しか存在しなかった。思想のすべてを感覚（sensations）に帰したロックのそれと，デカルトおよびライプニッツの，魂の霊性と活動，自由意志，要するにあらゆる観念論的考え方の証明に専心するものとであった。[中略] このような広範な不安定の中に，内観がさまよっていたとき，カントが現れ，感覚と魂，外的世界と知的世界という二つの帝国に，限界の線を引こうと試みた。この時の彼の瞑想の力と知恵は，先例のないものである[238]。

---

236) Stewart 1854-1860, I, 415, note 1.
237) Stewart 1854-1860, I, 415.

ロック哲学を「感覚の哲学」のみに帰するスタール夫人の説明に対し，ステュアートは非常に不正確だと批判する[239]。さらに，このような誤りはライプニッツをはじめ近代のドイツ哲学者の見解に従ったものであるとして，ステュアートはシュレーゲルの『文学史講義』の文章を引用し，ロック哲学がコンディヤックの哲学と混同されていると指摘する[240]。ステュアートによれば，ロック哲学は「感覚の哲学」と呼びうるのと同じくらい「反省の哲学」と呼びうるものである[241]。また，「観念論者（*Idealist*）」という用語について，スタール夫人（をはじめとするヨーロッパ大陸の著述家）が「精神の非物質性の支持者だけでなく，人間の意志の自由を主張する人々」[242]という意味で使用しているのに対し，イングランドにおいて，同語はバークリのような物質的世界の存在を否定する者を指す語であったのが，リードの著作の刊行後に「デカルトとロックの理論を保持するすべての人々」[243]を含むようになったと，ステュアートは指摘している。

　さらに，ステュアートは1798年に出版されたA. F. M. ヴィリヒ（Anthony Florian Madinger Willich, d. 1804）の『批判哲学要綱』（*Elements of the Critical Philosophy*）から，カントの直観的機能が可感的機能と悟性（または知的機能）の混合物であり，ロックやライプニッツとの相違に言及した下記の文章を引用する。

　　カントは，人間の直観的機能が非常に似ていない諸要素の混合物であること，換言すれば，それが本来非常に異なる部分——その各々が自らに固有の機能を発揮するもの，すなわち可感的機能（*sensitive faculties*）と悟性（*understanding*）[244]——から構成されていることを発見した[245]。［中略］な

---

238) Stewart 1854-1860, I, 395-397. Staël［1810］1958-1960, IV, 113-114, 116-119／訳，(三)，70-71.
239) Stewart 1854-1860, I, 396, note 1.
240) 「ベイコンによって世間で無意識に伝えられ，ロックによって秩序だった形に変形された感覚（sensation）の哲学はフランスにおいてまず，それが根源とする真の不道徳と破滅的性質を示し，無神論の完全な体系の外観を呈した」。フリードリヒ・シュレーゲル『文学史講義』（英訳版，エディンバラ刊，1818年）第2巻，22ページ（Stewart 1854-1860, I, 396, note 1）。
241) Stewart 1854-1860, I, 396, note 1.
242) Stewart 1854-1860, I, 396, note 2.
243) Stewart 1854-1860, I, 396, note 2.

るほどライプニッツも可感的機能と悟性の間に存在する区別に注目してはいた。しかし，彼はそれらの機能の間の本質的な相違を完全に見落とし，その機能が相互に程度において異なるに過ぎないと考えた。［中略］イングランド人とフランス人の哲学の著作においては，可感的機能と知的機能の間のこの本質的な相違について，およびそれらが結合して総合的直観を生み出す次第については，ほとんど言及されていないのが分かる。ロックは双方の機能の付随的な限界に言及するにすぎず，それらの間の本質的な相違を研究することはまったくない。［中略］可感的機能と知的機能のこの相違は，カント哲学における本質的な特徴となっており，事実，彼のその後の研究の大半が確立される基礎である[246]。

スタール夫人やヴィリヒのようなカント哲学の新奇性を強調する見解に対し，ステュアートはプレヴォと同様に否定的である。ステュアートがカントの先駆者として挙げているのは，ケンブリッジ・プラトニストのレイフ・カドワースである。カドワースは感覚と悟性の相違に関する以下のプラトン主義的教義の例証に努めている。

① 精神の若干の観念は，外的な可感的対象から生じるのではなく，精神そのものの内的活動から生じる。
② 感覚によって受動的に知覚される単純な物資的事物でさえ，精神の活動的力能のみによって知られ理解される。
③ 感覚内容（アイステーマタ）と表象（パンタスマタ）の他に，思考内容

---

[244] 「悟性」の定義として，ステュアートはカントの学徒フリードリヒ・アウグスト・ニッチュ（Friedrich August Nitsch, c. 1767-1813？）の『人間，世界および神に関するカント教授の原理の一般的および入門的概観——学者たちの考察への提起』（ロンドン刊，1796年）から以下の説明を引用している。「その機能は，人間が二つの観念の一致または不一致をただちに知覚できるようにする。その点でそれは，人間が間接的にのみ，すなわちそれらを第三［の観念］と比較することで，諸観念の同じく一致または不一致を知覚させる理性とは区別される」（Stewart 1854-1860, I, 397, note 1）。ニッチュによる「悟性」の説明に対し，ステュアートは「ロックの直観についての説明の正確な複写である」（Stewart 1854-1860, I, 397, note 1）と評する。

[245] ステュアートは皮肉を込めて「発見した」（*discovered*）とイタリック体で表記している（Stewart 1854-1860, I, 397）。

[246] Stewart 1854-1860, I, 397-398.

（ノエーマタ）または知的な観念――その源泉は悟性にのみ遡りうる――が存在する[247]。

ステュアートはカドワースが「感覚と悟性の領域を区別している点で，少なくともカントと同程度にまで進んでいるように思われる」[248]と述べている。また，カドワース以外にも，感覚と悟性のプラトン主義的区別を提示した人物の例として，ケンブリッジ・プラトニストのジョン・スミス（John Smith, 1618-1652）とヘンリ・モア，モアの影響を受けたジョウジフ・グランヴィル（Joseph Glanvill, 1636-1680）[249]，プラトンとカドワースの熱烈な信奉者であるリチャード・プライス（Richard Price, 1723-1791）[250]の名前を列挙している。したがって，ステュアートに従えば，カント哲学の独自性を主張することは，イングランドの文献に通じた人々にとって説得力を持ちえないのである[251]。

また，カントは『プロレゴーメナ』において，「原因と結果との連結の概念をアプリオリに，かつ諸概念から，このような結合を思惟することは，理性にとって全面的に不可能である」[252]とするヒュームの因果理論を検討することにより，「独断論の微睡から眼覚め」，純粋理性の範囲を規定するに至ったと述べている。

> 原因と結果との連結の概念は，それによって悟性（understanding）がアプリオリに諸物の連結を思惟する唯一の概念では到底なく，むしろ形而上学はまったくもってそうした概念から成り立つということを，見いだした。私はそうした連結の数を確かめようと努め，そして，このことが私の望みどおりに，つまりただ一個の原理から成就したので，私は次にこれらの概念の演繹に取りかかったが，今や私は，これらの概念が，ヒュームの憂慮したように，経験から導き出されたものではなく，純粋悟性から生じたも

---

247) Stewart 1854-1860, I, 399.
248) Stewart 1854-1860, I, 400.
249) Stewart 1854-1860, I, 400, note 2.
250) Stewart 1854-1860, I, 400.
251) Stewart 1854-1860, I, 400.
252) Kant [1783] 2004, 7／訳 190.

のであることを，確認したのである[253]。

　このように自らの理論の独自性を主張するカントに対し，ステュアートは「そこに［新しい］何かを発見することは困難である」[254]と冷淡である。というのは，『プロレゴーメナ』刊行以前から，プライスやリード等イングランドのさまざまな著述家が，悟性そのものが新しい観念の源泉であり，この源泉から我々の原因と結果の概念が生じると，ヒュームに返答していたからである[255]。カドワースも同様に，『永遠不変の道徳について』（1731年）の中で「観念が精神そのものの活動的力能と生得的な豊かさから生じるに違いない」[256]と述べている。

　前述のように，プレヴォはカントの空間概念（魂の可感的機能としてアプリオリに備わった「形式」）とロックおよびコンディヤックの延長概念との類似を指摘しているが，ステュアートはこの点についてもカントとカドワースの類似を強調し，主観的真理と客観的真理の区別についてのカドワースの記述を引用している。

> 外部感覚とは異なる別の知覚力能または機能がなければ，我々のすべての知覚は相対的で見せかけで空想的なものにすぎず，いかなる事物の絶対的で確実な真理には到達しないだろう。プロタゴラスが述べているように，誰もが「自らの私的で相対的な考えを真理とみなす」しかなく，我々のすべての思考は見せかけのものにしかすぎないので，いずれも同様に真実の幻となるであろう。

> しかし，我々はその後，外部感覚に勝り，それとは異なる性質を有する別の知覚力能が魂に存在することも論証した。それは知る力能または理解する力能，つまり精神そのものに由来する活動的な働きであり，したがって，それが突発性のものでも，たんに私的で相対的で見せかけの空想的な事物でもなく，絶対的に存在するものとそうではないものの理解であるという点で，感覚よりもはるかに高貴な地位を占めているのである[257]。

---

253) Kant［1783］2004, 10／訳 194.
254) Stewart 1854-1860, I, 405.
255) Stewart 1854-1860, I, 405.
256) Stewart 1854-1860, I, 406.

つまり，カドワースの外部感覚と悟性の区別と，カントの可感的機能と悟性の区別に，ステュアートは類似を見いだすのである。

ステュアートはヴィリヒの『批判哲学要綱』から，純粋悟性思念のカテゴリー表と判断表（量，質，関係，様相）を引用している[258]。純粋悟性思念は感覚から生じるのではなく，「我々のすべての知識の基礎において，我々の悟性の中に純粋思念（pure notion）としてアプリオリに存在する」[259]。カントは可感的機能と悟性の区別を詳述した後,「本質的条件」（時間と空間）すなわちすべての現象の「形式」の調査に着手する[260]。カントによれば，人間はこの「本質的条件」すなわち「形式」がなければ，可感的機能もその対象も想像できない。カントは時間と空間双方の客観的実体を否定した[261]。彼は時間を人間精神の枠組みと不可分に結び付けられた主観的条件と見なし，その結果，時間は可感的現象を一定の法則にしたがって順次に配列するものと考えた[262]。また，空間に関しては，それが実体でも偶有的性質でもまた関係性でもない限り，客観的もしくは実在的なものでもなく，したがってその存在は，人間精神の枠組みと不可分の不変の法則に依存する主観的で観念的なものにすぎないと主張した[263]。この法則の結果，我々はすべての外的事物が空間に置かれていると見なすように，あるいは，空間を「あらゆる外部感覚の基本的形式」[264]と見なすように導かれるのである。

レヴィ＝モルテラによれば，ステュアートの『近代西欧哲学史』の主要な目的は，スコットランド常識哲学の理論的業績を擁護する観点から，生得説を支持する「デカルト主義者」（デカルトとライプニッツを代表者とする）と，唯物論の枠組みを支持した「ガッサンディ主義者」（ガッサンディ，ホッブズ，フランスの「フィロゾフ」を含む）の論争に立ち返ってそれを再検討すること

---

257) Stewart 1854-1860, I, 406-407. Cudworth [1731] 1996, 134.
258) Stewart 1854-1860, I, 593-594. カントの純粋悟性思念のカテゴリー表と判断表については，Kant [1781] 1999, 206, 212／訳，（四），147, 156 を参照。
259) Stewart 1854-1860, I, 593.
260) Stewart 1854-1860, I, 407-408.
261) Stewart 1854-1860, I, 408.
262) Stewart 1854-1860, I, 408.
263) Stewart 1854-1860, I, 408.
264) Stewart 1854-1860, I, 408.

にあった[265]。ステュアートが『近代西欧哲学史』でカント哲学の独自性を否定した理由として，レヴィ＝モルテラは「ステュアートがカントの貢献の独創性にまったく納得できなかった」[266]点とともに，ステュアートが「カントがスコットランド『学派』の哲学（Scottish 'school' of philosophy）の功績を汚しうる厄介な歴史的人物になるかもしれない」[267]と考えた点を挙げている。また，レヴィ＝モルテラによれば，ステュアートはロックの「反省の機能」における「自主的で自発的な活動」を再評価し，ロック以上に「新しい単純観念の基礎的源泉」としての「反省の機能」を強調することで，ロックをデカルト主義者に分類した[268]。これによって，「常識哲学の観点からのブリテンの哲学的伝統の継続性と一貫性は保証された」[269]と，レヴィ＝モルテラは主張している。

V　おわりに

レヴィ＝モルテラによれば，ドゥーガルド・ステュアートはスコットランド常識学派を「デカルト主義者」の系譜に位置付け，カドワースとカントの類似点を強調し，ロックにおける「反省の機能」を強調した。しかし，リードやビーティは「デカルトの体系」の帰結が全面的懐疑論になることを主張している。ビーティは「若干の哲学者が感覚の虚偽をやかましく騒ぎ立てた」[270]と述べて，彼らの主張を以下のように代弁している。「我々の感覚は我々をつねに騙すが，理性は我々に偽りを発見させ，それを修正することができる。それゆえ，理性が感覚の証言を保証するのでない限り，我々は我々の感覚を信じない。したがって，感覚の明証は直観的ではなく，それを確証するため，あるいはそれが虚偽であることを明らかにするために，推理（reasoning）を要求する」[271]。こうした「若干の哲学者」に対し，ビーティは「我々

---

265) Levi Mortera 2012, 139.
266) Levi Mortera 2012, 141.
267) Levi Mortera 2012, 141.
268) Levi Mortera 2012, 139, 141.
269) Levi Mortera 2012, 141.
270) Beattie [1790–1793] 1974–1975, II, 675

が我々の感覚の情報を信じなければ，これら［望遠鏡，顕微鏡，らっぱ型補聴器等］や外的事物に関する情報についての他のあらゆる手段は，我々にとって何の役にも立たないだろう」[272]と述べている。「若干の哲学者」が具体的に誰を指すのかをビーティは明示していないが，デカルト主義者のマルブランシュや外部感覚に対し悟性の優位性を主張するケンブリッジ・プラトニストがそれに含まれるだろう。リードもまた，子供が成長するにつれて「人の証言への信頼」が弱まるのに対し，「感覚による自然の証言への信頼」は「自然の法則の斉一性と恒常性によってむしろ醸成され固められる」[273]と指摘する。キャンブルは記憶を感覚（内部感覚および外部感覚）の貯蔵所と見なす。ブリテン哲学の一貫性という観点からスコットランド常識学派を「デカルト主義者」に包摂しようとするステュアートの意図は，リード，キャンブル，ビーティの感覚の証言を重視する立場とは微妙なずれがあるように思われる。

　ビーティはすべての明証性が直観的であり，最終的に常識原理に帰着すると主張した。キャンブル，ビーティ，リードがヒュームに対抗して強調する「人間の証言に対する本能的信頼」は直観に基づく。直観に関して，『王立ベルリン・アカデミー紀要』（1796年）に掲載されたプレヴォとシモン＝アントワーヌ＝ジャン・リュイリエ（Simon-Antoine-Jean L'Huilier, 1750-1840）の共著論文は，「1千万個の白いボールと1個の黒いボールから，私が最初の試みでその黒いボールを取り出さないだろうと信じる理由は，太陽が翌日も必ず上ることを信じる理由と同じ性質を有する。この二つの見解は，蓋然性の多寡によって異なるにすぎない」[274]というコンドルセの主張に対し，この二つの見解は「蓋然性の多寡」ではなく，まったく異なる性質を有するものだと反論している。プレヴォとリュイリエによれば，人々が自然現象の繰り返し（例えば「太陽は明日も昇るだろう」）に気づく「類推的確信」は，「蓋然性の理論においてわずかに表現される確信」とは異なり，本能と自然から生じ

271）Beattie［1790-1793］1974-1975, II, 675-676.
272）Beattie［1790-1793］1974-1975, II, 676.
273）Reid［1764］1997, 171／訳207.
274）Stewart 1854-1860, I, 609-610. コンドルセの『多数決の蓋然性の分析への適用についての試論』第1論文からの引用。

る[275]。つまり,「人間には蓋然性の計算のすべての適用の前提となる原理(すなわち・本・能・的・信・頼[276])が存在する」[277]のである。ステュアートは常識学派の哲学者たちと同様に直観的原理に基づき議論を展開しているが,感覚の確実性を重視するリードやビーティとは異なり,ブリテン哲学の系譜における「デカルト主義者」(ケンブリッジ・プラトニスト)の路線を強調し,悟性の確実性を重視する。ステュアートがカドワースとカントの類似を強調し,ロックにおける「反省の機能」を重視するのに対し,プレヴォはロック,コンディヤックの延長概念とカントの空間概念の類似を指摘し,ロックにおける「感覚の機能」に着目している。ステュアートとプレヴォのカント解釈に相違が見られるとすれば,それは両者のロック哲学における強調点の相違を反映したものかもしれない。

---

275) Stewart 1854-1860, I, 610.
276) 原文は *instinct de croyance*. 同語は「本能的信念」(instinctive belief) と英訳されている (Stewart 1854-1860, XI, 73)。
277) Stewart 1854-1860, I, 610.

終 章

スコットランド哲学のフランスへの伝播
―― ジェランド『哲学体系比較史』をめぐって

　ジョゼフ=マリ・ドゥ・ジェランド（またはドゥジェランド[1]）はフランス国立学士院会員[2]であると同時に，フランス第一帝政および復古王政下の行政に携わり，教育・慈善活動に精力的に取り組む等，多方面で活躍した[3]。彼は哲学，教育，慈善等に関する著作を残しているが[4]，とりわけ彼の主著

---

1) ジェランドは七月王政（1830-1848 年）まですべての著作にドゥジェランド（Degérando）と署名していた（Chappey, Christen et Moullier 2014, 11, note 1）。

2) 国民公会は 1793 年に「国家によって認可され，補助金を交付された全てのアカデミーと文学協会」を廃止し，1795 年に新法のもとで国立学士院（l'Institut national）が創設された（Aucoc 1889, 3）。旧来の「科学アカデミー（l'Académie des sciences）」はほぼ元の組織のまま第一類（la première classe）に移行し，文学（littérature）と美術（beaux-arts）を扱う第三類（la troisième classe）は，4つの旧アカデミー（アカデミー・フランセーズ，碑文・文芸アカデミー，絵画・彫刻アカデミー，建築アカデミー）との関連が深かった。そして，「道徳と政治の科学（sciences morales et politiques）」を扱う第二類（la seconde classe）が新設された。第二類は I. 哲学（感覚と観念の分析［analyse des sensations et des idées］），II. 道徳（morale），III. 社会科学（science sociale）と法学（législation），IV. 政治経済学（économie politique），V. 歴史，VI. 地理学の 6 部門に分かれている（Aucoc 1889, 35）。1803 年には第二類が廃止され，国立学士院は「自然学と数学（sciences physiques et mathémathiques）」，「フランス語とフランス文学（langue et littérature franise）」，「古代史と古代文学（histoire et littérature ancienne）」，「美術」の 4 つの類に再編成された（Aucoc 1889, 41-42）。第二類の廃止の理由として，イデオローグが独裁色を強めるナポレオン 1 世を批判するようになり，イデオローグの牙城である第二類の「感覚と観念の分析」部門を解体するためであったと言われている（村松 2007, 584-585）。ダルは第二類に在籍したイデオローグとして，ヴォルネ（Constantin-François de Chasseboeuf, Comte de Volney, 1757-1820），エマニュエル=ジョゼフ・シェイエス（Emmanuel-Joseph Sieyès, 1748-1836），ピエール=ルイ・ジャングネ（Pierre-Louis Guinguené, 1748-1816），ピエール・ジャン・ジョルジュ・カバニス（Pierre Jean Georges Cabanis, 1757-1808），ピエール・ラロミギエール（Pierre Laromiguière, 1756-1837），ドゥジェランド，デステュト・ドゥ・トラシを挙げている（Daled 2005, 23）。なお，「道徳と政治の科学」類は，王政復古後に発布された 1816 年の王令においても復活せず，文部大臣フランソワ・ギゾー（François-Pierre-Guillaume Guizot, 1787-1874）によって，1832 年に復興された（Aucoc 1889, 46）。

『哲学体系比較史——人知原理との関連性』(*Histoire comparée des systèmes de philosophie, relativement aux principes des connaissances humaines*. 3 toms. Paris, 1804) は、フランスにおけるスコットランド学派の哲学の受容を知る上で有益な資料である[5]。ジェランドはプレヴォに宛てた手紙（1802年）で「あなたはアダム・スミスの『遺稿集』の補遺［訳者解説としての『近代哲学三学派』］において、スコットランド学派、とりわけドゥーガルド・ステュアート氏への大いなる情熱を私に抱かせてくれました」[6]と述べている。ジェランドはスコットランド学派に関する知識をプレヴォの『近代哲学三学派』に

---

3) ジェランドはリヨン出身で、オラトリオ修道会修道士の教育を受けた。1793年のリヨンでのフェデラリストの反乱においてフェデラリストの側に加わり、1794年から1799年にかけてスイス、イタリア、ドイツ、パリに亡命した。1799年、国立学士院の第二類の「感覚と観念の分析」部門準会員（membre associé）、1802年、同通信会員（membre correspondant）。1805年、学士院の「古代史と古代文学」類会員（1816年以降、同類の名称は旧来の「碑文・文芸アカデミー」に戻った）。1832年学士院の「道徳と政治の科学」類の哲学部門会員。1814年、哲学協会（Société philotophie）に参加。他の会員には、ロワイエ＝コラール、メーヌ・ド・ビラン（Maine de Biran；本名 Marie François Pierre Gothier de Biran, 1766-1824）、アンドレ＝マリ・アンペール（André-Marie Ampère, 1775-1836）、ジョルジュ・キュヴィエ（Georges Léopold Chrétien Frédéric Dagobert Cuvier, 1769-1832）、フレデリク・キュヴィエ（Frédéric Cuvier, 1773-1838）、クザン、エティエンヌ＝ピエール＝アンリ・デュリヴォ（Etienne-Pierre-Henri Durivau, 1779-？）、ギゾー、ジャン＝フレデリク＝テオドール・モリス（Jean-Frédéric-Théodore Maurice, 1775-1851）、クロード・シャルル・フォリエル（Claude Charles Fauriel, 1772-1844）、ジャン＝フランソワ・テュロ（Jean-François Thurot, 1768-1832）、ジェラール＝ジョゼフ・クリスティアン（Gérard-Joseph Christian, 1778-1832）がおり、通信会員にフリードリヒ・アンシヨン（Johann Peter Friedrich Ancillon, 1767-1837）、クロード＝ジュリアン・ブルダン（Claude-Julien Bredin, 1776-1854）、カミーユ（カミーユ・ジョルダン［Camille Jordan, 1771-1821］か？）、ドゥーガルド・ステュアート、フィーリップ・アルベルト・シュタプファ（Phillipp Albert Stapfer, 1766-1840）、プレヴォがいた（Robinet et Nelly 1993, 393-396. Daled 2005, 157）。1802年から内国産業奨励協会の事務長に就任。内務省事務総長（1804-1811年）に任命され、1808年から1812年にかけてローマ、トスカーナの行政に関わり、ノジャン＝シュル＝マルヌ市長（1816-1819年）をつとめた。1815年には基礎教育協会を創設し、1819年に法科学院（l'Ecole de droit）の行政法正教授に就任した。1825年にパリ11区の慈善事務所（bureau de charité）所長に就任する等、慈善活動にも尽力した。ジェランドの生涯については、Chappey, Christen et Moullier 2014, 43-44, Bocquet 2016, 291-301において年表にまとめられている。

4) ジェランドの著作には、『道徳的完成あるいは自己の教育について』(*Du perfectionnement moral, ou de l'éeducation de soi-même*. Paris, 1824）、『初等師範講座——小学校における身体、道徳および知性の教育に関する方針』(*Cours normal des instituteurs primaires, ou Directions relatives à l'éducation physique, morale et intellectuelle dans les écoles primaires*. Paris, 1832）『先天的聾者の教育について』(*De l'éducation des sourds-muets de naissance*. Paris, 1832）、『公的慈善について』(*De la bienfaisance publique*. Paris, 1839）等がある。

終　章　スコットランド哲学のフランスへの伝播

負っており，ステュアートに並々ならぬ関心を抱いたことがうかがえる。さらに，1802 年 12 月 2 日付のプレヴォ宛の手紙で『哲学体系比較史』の出版に言及している。

> あなたはベルリンで出版された私の小論［『人知の創生』[7]］を大いに尊重してくださっています。これは非常に不完全で，非常に大急ぎで仕上げられた概説書であるため，私に要求された［小論の］第 2 版を出版することを決心できませんでした。私は『古代および近代哲学の主要体系の歴史的かつ批評的比較——知識原理の観点からの考察』という題名の新著で自らの資料を修正することを選びました。新著ではカントについて詳細に敷衍され，批判されています。ドゥーガルド・ステュアート氏と同様に，あなたのことも新著に書かれています。3 巻から成るこの著作は今冬に出版されるでしょう[8]。

手紙の文中に出てくるジェランドの『古代および近代哲学の主要体系の歴史的かつ批評的比較——知識原理の観点からの考察』という著作は，最終的に『哲学体系比較史——人知原理との関連性』という題名で，1804 年にパリで初版（全 3 巻）が出版された[9]。同書の第 2 版補訂版の第 1 部（古代からスコラ哲学まで，全 4 巻）が 1822-1823 年に出版され，第 2 版補訂版の第 2 部

5）　ジェランドの伝記的な研究としては，Bayle-Mouillard（1846），Berlia（1942）がある。哲学史の分野の研究としては，ジェランドによるカント哲学への評価に関する研究（Köster 1933）や，『哲学体系比較史』を中心に，ジェランドのマテリアリスムと感覚主義（sensualisme）の捉え方に着目したダルの研究（Daled 2005, 29-90），『哲学体系比較史』の内容を紹介し，同書の哲学史上の意義について分析した Park（2013）がある。近年の研究としては，シャペ，クリスタンおよびムリエ監修によるジェランドの研究論文集『ジョゼフ＝マリ・ドゥ・ジェランド（1772-1842）——知と社会改良』（2014 年）で，ジェランドの哲学・行政・教育・慈善等の多岐にわたる活動と著作が扱われている。また，同論文集に寄稿したボケは，スピリチュアリストとしてのジェランド像を提起した単著を出版している（Bocquet 2016）。ジェランドのスコットランド学派への関心に言及した研究としては，Schulthess（1996）がある。

6）　Schulthess 1996, 104.

7）　Joseph-Marie de Gérando, *Génération des connaissances humaines*. Berlin, 1802.

8）　Schulthess 1996, 104.

9）　『哲学体系比較史』の独自性について，パークは初版第 2 部における哲学体系の比較分析（合理論，経験論，観念論，唯物論，独断論，懐疑論の分類）にあると主張する（Park 2013, 36）。同書各版の目次については，本書巻末の付録 4 を参照。

「文芸復興から18世紀末までの近代哲学史」(全4巻) が, ジェランドの死後の1847年に出版されている[10]。

『哲学体系比較史』第2版補訂版の第2部 (1847年) の冒頭には, ジェランドの息子ギュスターヴ・ドゥ・ジェランド (Gustave de Gérando, 1803-1884) が書いた「緒言」が収録されている。第2部は第23章までしか完成しておらず, 未完であった「スコットランド学派とカント哲学についての章」すなわち第24-26章については, ギュスターヴが初版 (1804年) を構成する一部の章と代替した[11]。例えば, 第2部第24章「スコットランド学派」は初版の第1巻第11章「ベイコンとロックの教義がフランスとイングランドで遂げた発展」の一部を転載したものである[12]。

第2部の副題「文芸復興から18世紀末までの近代哲学史」は, ステュアートの『ヨーロッパ文芸復興以来の形而上学・倫理学および政治学の発展に関する一般的展望』(『近代西欧哲学史』) を彷彿とさせる。『近代西欧哲学史』の第1部 (「文芸復興期から17世紀末までの形而上学の発展」) と第2部 (「18世紀における形而上学の発展」) は『エンサイクロピーディア・ブリタニカ』第4・5・6版の補巻の第1巻 (1815年) と第5巻 (1821年) の冒頭に掲載され, 後にウィリアム・ハミルトン編『ドゥーガルド・ステュアート著作集』第1巻 (1854年) に第3部 (「18世紀の倫理学と政治学の発展」) とともに収録された[13]。ジェランドの『哲学体系比較史』第2版補訂版の第2部が出版されたのが, 彼の死後の1847年であることから, 第2部の副題はステュアートの『近代西欧哲学史』を模倣した可能性もある。ただし, 第2部第24章「スコットランド学派」は初版 (1804年) からの転載であり, 同章ではステュアートの『近代西欧哲学史』への言及はない。

『哲学体系比較史』第2版補訂版の第2部第24章において「スコットランド学派」として取り上げられているのは, シャーフツベリ, ハチスン, リード, ビーティ, オズワルド, ファーガスン, アダム・スミス, エドワード・

---

10) 各版の目次については, 本書巻末の付録4を参照。
11) Gérando [1804] 1847, I, ii.
12) Gérando [1804] 1847, IV, 191. editor's note (1).
13) 篠原 2014, 7.

終　章　スコットランド哲学のフランスへの伝播

サーチ[14]，ドゥーガルド・ステュアート，アイザック・ウォッツ（Isaac Watts, 1674-1748），ニュートンである。プレヴォの『近代哲学三学派』のスコットランド学派に関する解説と比較すると，取り上げている哲学者（ハチスン，リード，ビーティ，ファーガスン，スミス，ステュアート）が一部重なっている。プレヴォがスコットランド学派に対するベイコンの哲学の影響を強調する一方で，ジェランドはベイコンとともにロックの哲学の影響に言及している[15]。ギュスターヴは「スコットランド学派の教義について最も完全な知識を持ちたいと望む人々」に対し，次の著作を参照するよう勧めている。「ジュフロワによって翻訳され，彼の序文とロワイエ＝コラールの断片が付属したリードの著作集，ジュフロワ，ペス氏[16]，ユレ氏[17]およびビュション氏の共訳によるドゥーガルド・ステュアートの著作集，クザン氏による1819年の「道徳哲学講義」，レミュザ氏[18]による『哲学試論』（第三試論「リードの哲学について」）」[19]。このことから，19世紀前半のフランスにはスコットランドのコモンセンス哲学への関心が高まっていたことがうかがえる。

　ギュスターヴはジェランドの哲学原理について，コンディヤック主義ではなくスピリチュアリスム（spiritualisme）[20]に基礎を置いていたと指摘する。

---

14) Edward Search. イングランドの哲学者エイブラハム・タッカー（Abraham Tucker, 1705-1774）が『自然の光の追求』（7巻，1768-1778年）を書いた際に用いた偽名。
15) Gérando［1804］1847, IV, 191, 208.
16) Jean Louis Hippolyte Peisse, 1803-1880.
17) Charles Huret, 生没年不詳.
18) Charles de Rémusat : Charles-François-Marie, Comte de Rémusat, 1797-1875.
19) Gérando［1804］1847, I, iv.
20) フランスの哲学者ジュル・ラシュリエ（Jules Lachelier, 1832-1918）はスピリチュアリスムを「精神，いいかえれば意識的思惟の独立性と優位を承認するあらゆる学説」と定義している（Lefranc［1998］2011, 23／訳34）。19世紀フランスのスピリチュアリスムの特徴として，ルフランは以下の三点を挙げている。(1) 能動性と受動性との根源的な区別をめぐる考察，(2) 物理的決定論から独立した〈精神の自由なイニシアチヴ〉を含意すること，(3) 政治的にリベラルであること（Lefranc［1998］2011, 23-24／訳34-35）。さらに，「スピリチュアリストと形容できる人びとの範囲」について，「帝政期・復古王政期に，表立ってイデオロギーに反対しないしは少なくともそれを乗り越えようとした人びと」に限定し，例としてロワイエ＝コラール，メーヌ・ド・ビラン，クザンの名前を挙げている。ルフランによれば，「コンディヤック主義を『感覚主義』やマテリアリスムと同義とみなすことは，最初は悪意からのものだった」（Lefranc［1998］2011, 23／訳33-34）。

私はここで私の父の哲学原理を正当化するつもりは決してないし，また正当化する必要もない。彼の全著作および全生涯が，彼のエクレクティスム（éclectisme）とは関係なく，いかなる学派の長の体系的かつ排他的な弟子をも決して生み出さなかったこと，そして，彼が観察と経験を自らの哲学の基礎にしたとしても，最も純然たるスピリチュアリスムによってつねにそれを覆っていたことを，私は包み隠さずに主張する。人々が『感覚論』の著者［コンディヤック］の学派に私の父を位置づける際に犯した深刻な誤謬を確信するためには，［ジェランドの］『記号と考える技術についての論説』[21]を読むだけで十分である。彼はその中で，コンディヤックが絶大な影響力を振るう時代に，コンディヤックを幾度も批判した。私の父によって残された草稿の中で，彼の最初の哲学的著作の一部を成す最も古い草稿の一つには，『コンディヤックの検討と反論』という題が付けられている。このような反論が，学士院の名のもとでフランス学派に関する哲学の状況について行われた報告の一部の中で繰り返されるのが見られるだろう。人々が，1808年にさかのぼる完璧なまでに的確な私の父の反論を読んだ後に，彼のいわゆるコンディヤック主義（Condillacisme）が問題になりえたということを理解するのは困難だろうと思う[22]。

　ボケによると，『哲学体系比較史』の初版に「スピリチュアリスム」という言葉は出てこない[23]。しかし，クザンの弟子ジャン＝フィリベール・ダミロン（Jean-Philibert Damiron, 1794-1862）は『19世紀フランス哲学史論』（1828年）の中で，ジェランドの初期の著作については「イデオロジー学派」に属するが，彼の思想の原理はスピリチュアリストのそれであると評している。

　　先ほどわれわれが言及した二つの著作［『記号と考える技術についての論説』と『人知の創生』］からすると，ドジェランド氏はイデオロジー学派に属する。しかしながら，だからといってこの学派の信奉者たちの一部が主張するマテリアリスムの見解をドジェランド氏が共有していると推測するのは，誤解だろう。……氏はいつでもスピリチュアリストである。ドジェ

---

21) Joseph-Marie de Gérando, *Traité des signes et de l'art de penser*. Paris, 1800.
22) Gérando［1804］1847, I, x–xi.
23) Bocquet 2016, 17.

ランド氏は思想の原理からしてスピリチュアリストである。そしてラロミギエール氏と同様に，もともとのコンディヤック学説とは異なる思想をもつにいたった他のある種のコンディヤック主義者たちとは，氏は区別されるのである[24]。

一方，プレヴォは『哲学試論』（1804 / 1805 年）において，コンディヤックとイデオロジ（観念学）の創始者デステュト・ドゥ・トラシについて，次のように言及している

> 我々の感覚（sensations）の正確な分析の時代を定めることができるのは，ほとんどコンディヤックだけである。この哲学者は，我々の観念の起源についてのロックの見解——彼はすべての観念を感覚の変形と見なした——を発展させた[25]。

> 思考（pensée）は感覚（sensibilité），記憶（memoire），判断（jugement）および意志（volonté）を含んでいるが，考えることは感じることにすぎない。この最後の箇所が，コンディヤックの忠実な弟子であるその著者［デステュト・ドゥ・トラシ］が最も堅持していると思われ，また彼が最も自信をもって説明する箇所の一つである。考えることとは，感覚（sensations）を感じること，思い出（souvenirs）を感じること，関係（rapports）を感じること，欲望（désirs）を感じることである[26]。

ロック自身は「新しい単純観念の基礎的源泉」を［外部］感覚（Sensation）と（内部感覚としての）内省または反省（reflections）の双方に求めており，プレヴォのロック解釈には偏りがある。フランスの哲学者エミル・ブトゥル（Étienne Émile Marie Boutroux, 1845-1921）[27]は，プレヴォのリード解釈につい

---

24) ダミロンのこの文章は，ルフランの『十九世紀フランス哲学』（1998 年）でも引用されている（Damiron 1828, II, 101-102. Lefranc [1998] 2011, 23／訳33）。一方，ダルはジェランドをイデオローグと見なし，次のように述べている。「哲学的には，ドゥジェランドがイデオローグであったとしても，［彼のイデオロジは］《スピリチュアリストおよびキリスト教徒》としてのイデオロジであって，カバニスまたはデステュト・ドゥ・トラシの《生理学的》または《合理主義的》イデオロジとは同一視されないだろう」（Daled 2005, 29）。
25) Prévost 1804 / 1805, I, xiv.
26) Prévost 1804 / 1805, I, xvii.

て疑義を申し立てている。「プレヴォはリードをトラシやコンディヤックといい加減に混ぜ合わせている上に，彼の影響力はたいしたことがなかった。スコットランド哲学の素晴らしさと見事さを我々に紹介し，スコットランド哲学が被った熱狂を我々の間で掻き立てた者は，ロワイエ＝コラールであった」[28]。

　本書の序章で示したように，ステュアートはフランスにおけるイデオロジの流行に批判的であり，ジェランドやプレヴォの著作を「哲学のこの［形而上学の］部門においてフランスにより健全な趣味を徐々に広めることが期待されうる」[29]と高く評価した。このような「革新の兆候」について，ステュアートは王党派の論客であったルイ・ドゥ・ボナルド (Louis Gabriel Ambroise, Vicomte de Bonald, 1754-1840) の『道徳的知識の主要な対象についての哲学的探究』（1818年）から，次の文章を引用している。

> 　ベイコン，ロック，コンディヤックは我々の観念の起源を感覚 (sens) に求めた。エルヴェシウスは我々の観念そのものを感覚に求めた。この哲学者によれば，「判断することは感じることにすぎない」。これらすべての見解の隠された意図をめぐる事件（大騒ぎ）によって啓発された才人たちは，それらの見解をより厳密に検討し始めた。感覚 (sensations) の観念への変換 (transformation) とは，もはや無意味な言葉であるとしか思えない。立像人間 (l'homme statue)[30] が機械人間 (l'homme machine)[31] に頻繁に似てくるようになり，コンディヤックは哲学の教育において彼の著作を依然として利用しているすべての者によって，ある論点においては，修正され，もしくは戦いを挑まれているように思われる[32]。

　クロード・アドリアン・エルヴェシウス (Claude Adrien Helvétius, 1715-1771) の「判断することは感じることにすぎない」という言葉は，上記で引用した

---

27) ブトゥルは1865年に入学した高等師範学校でラシュリエに師事した。
28) Boutroux 1897, 420.
29) Stewart 1854-1860, I, 381.
30) シャルル・ボネが想定している「立像」を指すと思われる。
31) ジュリアン・オフレ・ドゥ・ラ・メトリ (Julien Offray de La Mettrie, 1709-1751) の『人間機械論』（1747年）を指すと思われる。
32) Stewart 1854-1860, I, 381, n. 2. Bonald 1818, I, 34-35.

終　章　スコットランド哲学のフランスへの伝播

トラシの「考えることは感じることにすぎない」と酷似する。ステュアートはエルヴェシウスからの引用文の箇所に注記を付し，その中でデカルトの『哲学原理』(アムステルダム刊，1692年)から次の文章を引用している。

> 私は思考という言葉で，われわれによって意識されて，われわれのうちに生ずる，しかもその意識がわれわれのうちにあるかぎりのすべてのもの，と理解する。したがって，理解すること，意志すること，想像することだけでなく，感覚することもまたここでは考えることとおなじである[33]。

その上で，ステュアートは「結局のところ，感覚 (sensation) が思考の一種であると言うことと，思考が感覚の一種であると言うことの間には，何らかの相違が存在する」[34]と述べ，「考えることは感じることにすぎない」というエルヴェシウス(およびコンディヤック)の言葉に異議を唱えている。

ジェランドは『哲学体系比較史』の中で，ロックの哲学体系における(観念の起源としての)「反省の機能」がシャーフツベリとハチスンの道徳体系に受け継がれていることを指摘している。

> シャーフツベリはその教義の点で，この新しい学派[＝スコットランド学派]の最初の創始者と見なされうる。彼はどの点においてもロックの原則に忠実であり，彼の反省の理論 (theorie de la réflexion) に特別な広がりを与え，自然的愛着の体系 (système d'affections naturelles)[シャーフツベリの博愛心に連なるもの]をこの機能[反省]に帰した。彼はこの体系に道徳感覚 (sens moral) という名称を与え，それを博愛心と心のすべての寛大な動きの源泉と見なした。次にハチスンはこの体系により多くの調和と統一をもたらし，その要素を展開し，ロックの理論をさまざまな方法で修正し，魂(心)の感受性 (sensibilité de l'âme) と精神の作用 (opérations de l'esprit) との間に存在する類似の分析に専念し，そして，道徳哲学 (philosophie morale) という名称で表現されるこの新たな性格を哲学に与えた[35]。

プレヴォの「近代哲学三学派」におけるスコットランド学派の解説には，

---

33) Descartes [1644] 1692, 2／訳 36.
34) Stewart 1854-1860, I, 381, note*.
35) Gérando [1804] 1847, IV, 191-192.

シャーフツベリは登場せず，ロックの名前はリードの『人間精神の研究』からの引用文中に出てくるだけで，スコットランド学派に対するロックの影響には言及されていない。むしろ，プレヴォはフランス学派の起源であるコンディヤックの観念生成論に「ロックの弟子」の要素を見いだしている[36]。プレヴォによるロック解釈は，「感覚の機能」を強調している点で，ジェランドよりもコンディヤック，トラシに類似する。

ロック哲学における「感覚の哲学」の側面のみがコンディヤックの『感覚論』に取り入れられ，同書に立脚したイデオローグへと継承された。一方で，ロックの「感覚の哲学」と「反省の哲学」は，スコットランド学派（シャーフツベリ，ハチスン，リード，ビーティ，ステュアート）に受け継がれる。19世紀前半にリードとステュアートの著作集の仏訳が出版されたことにより，スコットランドのコモンセンス哲学はフランスのスピリチュアリスムに影響を与えた。

ビーティは人知の一区分である哲学を「物体の哲学」と「霊または精神の哲学」に区分し，後者は広義の道徳哲学とも呼ばれた。この道徳哲学の理論的部門がニューマトロジー（自然神学と「人間精神の哲学」を含む）である。『道徳科学要綱』第1巻第1部の「心理学」では知覚機能について，外部感覚，意識(=反省)，記憶，想像力，夢，第二感覚，共感，趣味が取り上げられる。また第2巻第4部の「論理学」は道徳哲学の実践的部門の一つであり，同第2章の「明証性の理論」は，感覚の証言を悟性よりも重視する点で，ティロットスンが行った信仰の論拠の区分（感覚，経験，推論，証言）の議論と類似する。「神からの賜物」としての人間精神の諸機能への信頼は，ロック，バルベラック，ティロットスンに共通するものであり，リード，キャンブル，ビーティの懐疑論批判に受け継がれる。ロックにおける「感覚の哲学」と「反省の哲学」のいずれを重視するかという問題は，哲学史における「経験の哲学」と「理性の哲学」の系譜[37]に関連するものである。

バルベラックはプーフェンドルフやグロティウスの17世紀大陸自然法学の著作の仏訳者として知られ，18世紀西欧における大陸自然法学の普及に

---

36) Prévost 1797, 257.

終　章　スコットランド哲学のフランスへの伝播

貢献した。大陸自然法学は古典派経済学の母胎となったスコットランド啓蒙に大きな影響を与えたと考えられている。本書は, 新しいキリスト教的人間像に基づくバルベラックの道徳思想, 彼のティロットスンへの共感（翻訳作業）およびアバディーン学派の道徳哲学 (Moral Philosophy) 体系との思想的関連性にも光を当てることによって, 大陸自然法学とスコットランド啓蒙の関係の一端を描いた。

　バルベラックによれば,「道徳に関して不正な主人であり, 哀れむべき案内人」[38]の教父によって長きにわたり沈滞した道徳科学は, 17世紀に復活した。フランシス・ベイコンが「諸科学の再建のために与えた偉大なる提案」は, グロティウスが「自然法の体系 (Système du Droit Naturel)」を生み出すきっかけとなった[39]。道徳哲学 (philosophie morale) は「スコットランド学派が教授する学問」[40]の名称であるが, 同学派の方法論にベイコンが与えた影響について, プレヴォは次のように述べている。「スコットランド学派が正当にもベイコンの学派と呼ばれうると主張しても, 彼らによって非難されるとは思っていない。これらの[スコットランド学派の]哲学者たちの使用する資料と同じ種類の多数の資料がベイコンの中に見いだされるのではなく, それらの資料を包蔵する鉱山を掘り起こす手段がベイコンの中に見いだされるからだというのが私の主張だからである」[41]。本書序章で見たように, スコットランド学派が「これら二人の偉大な人物[ベイコンとロック]の庇護のもとに」形成されたことを, ジェランドは指摘している[42]。

---

37) ギュスターヴは『哲学体系比較史』第2版補訂版第2部（1847年）の「緒言」の最後に,「私の父の哲学の全般的性格」は, クザンによる次のジェランド評以上に適切に評価することはできないと述べている。「既に著名であった旧アカデミー会員のドゥ・ジェランド氏は, 新アカデミーの創始者の一人であった。彼はそこで二つの世代, 二つの時代に手を貸したように, 学問においても, その原理が不滅であり, またその過剰さによってのみ相容れない二つの偉大な哲学の紐帯であった。一方は経験の哲学と呼ばれ, 他方は理性の哲学と呼ばれており, いずれの哲学もさまざまに名声を博した人々から復興した。つまり, アリストテレス, ベイコンおよびロックの哲学と, プラトンおよび我々のデカルトの哲学である」(Gérando [1804] 1847, I, xii)。

38)　PT, 1／訳 123.
39)　PT, cxv／訳 393.
40)　Prévost 1797, 232.
41)　Prévost 1797, 248.
42)　Gérando 1847, IV, 191.

「敬重と悪評」という「世論ないし世評」を「徳と悪徳」に結びつけるロックの主張は，ラウドやシャーフツベリによって徳を悪徳に，悪徳を徳にするものであると批判され，無神論（理神論）批判と関連づけられた。しかし，ロック自身は「『奇跡』を通じて示される超自然的啓示」を認めている点で，理神論者とは異なる[43]。ロックを批判したシャーフツベリも，彼が「非常に熱心なキリスト教徒および信者」[44]であったことを認めていた。リードもビーティも，ロックの体系が懐疑論に帰結することを指摘しているが，ロック自身については懐疑論者ではないとして彼を擁護している。「神からの賜物」としての人間の諸機能を重視する見解は『人間知性論』にも見られ，この点において，ロックのキリスト教的人間像は，伝統的な（または正統派の）キリスト教的人間像とは異なるものといえる。このような新しいキリスト教的人間像に立脚した啓蒙主義は，感覚と悟性のいずれを優位に置くのかという問題とも関連しつつ，近代ヨーロッパの知識人による国際的な（翻訳を含む）知的交流を通じて普及し，展開されてゆくことになる。本書でとりあげた「啓発された自己愛」概念が形成されるのも，この啓蒙主義の枠内においてであったといえるであろう。

---

43) 服部 1980, 249–250.
44) Anon.［Shaftesbury］1716, 39.

付録1
バルベラックの著作目録

フィリップ・メランが作成したバルベラックの著作目録を以下に再録する。ただし，書名をイタリックにする等，表記を一部変更している。メランは匿名の著作にアステリスクを付しており，それに従った[1]。

1697　*Réflexions sur un passage de Samuel, liv. II, chap. I, vers. 19（dans *Journal français de Berlin*[2], juil.-août, art. 7）.

1698　*Extrait des *Lectiones Lucianeæ* de Monsr. Jens（dans *Journal français de Berlin*, décembre, art. 6）.

1702　*Remarques diverses sur plusieurs choses qui concernent les Belles-Lettres（dans *Nouvelles de la république des lettres*, janv., art. 2）.

――　*Lettre à l'auteur des Nouvelles de la république des lettres, pour répondre à celle de Monsr. Acolzet（*ibid.*, août, 1702）.

――　*Observations critiques sur quelques passages d'Elien, de Lucien, et de Thomas le Maitre（dans *Nouvelles de la république des lettres*, novembre, art. 2）.

1706　*Le droit de la nature et des gens*（traduit du Latin de Pufendorf）.

1707　*Les devoirs de l'homme et du citoyen*（traduit du Latin de Pufendorf）

――　*Du pouvoir des souverains ; De la liberté de conscience*（deux discours traduits du latin de G. Noodt）.

1708　*Sermons sur diverses matières importantes*（traduit de l'anglais de Tillotson）, tom. II.

---

1) Meylan 1937, 245-248.
2) この雑誌の題名は，ラテン語の表題 *Ephemerides gallicæ berolinenses* をメランが仏訳したものである（Meylan 1937, 46）。

1709	*Sermons de Tillotson* (suite), tom. III.
——	*Traité du jeu*, 2 vols.
——	*Projet d'une nouvelle édition de Lucrèce* (dans *Bibliothèque choisie de Le Clerc*, tom. XVII, art. VII).
1711	*Oratio inauguralis de dignitate et utilitate juris ac historiarum, et utriusque disciplinæ amica conjunctione*.
——	*Sermons de Tillotson* (suite), tom. IV.
1712	*Lettre à Monsieur N N ... concernant le Traité du jeu* (dans *Journal des savants*, Paris, août).
1713	*Première et dernière réplique à ce que Mr. du Trembley a dit contre le Traité du jeu* (dans *Journal des savants*, Paris, décembre).
——	*Sermons de Tillotson* (suite), tom. I.
1714	*Première et dernière réplique* (suite ; *ibid*., févr. et mars).
——	*Discours sur la nature du sort*.
——	*Discours sur la loi royale du peuple romain* (traduit du latin de Gronovius).
——	*Discours sur l'utilité des lettres et des sciences*.
1715	*Discours sur la permission des lois*.
1716	*Discours sur le bénéfice des lois*.
——	*Sermons de Tillotson* (suite), tom. V.
1717	*Jugement d'un anonyme sur l'original de l'abrégé de Pufendorf, avec des réflexions du traducteur*.
——	*Oratio inauguralis de studio juris recte instituendo*.
1720	Edition du *De jure belli ac pacis* de Grotius.
1721	*Oratio de magistratu, forte peccante, e pulpitis sacris non traducendo*.
1723	*Traité du juge compétent des ambassadeurs* (traduit du latin de Bynkershœk).
1724	*Le droit de la guerre et de la paix* (traduit du latin de Grotius).
——	*Dissertation où l'on prouve le droit exclusif de la Comp. des Indes Orient. des Prov.-Unies*. (traduit du latin de A. Westerveen).
1725	*Défense du droit de la Compagnie hollandaise des Indes Orientales*
1728	*Traité de la morale des pères de l'Eglise*.
1731	*Recueil de discours sur diverses matières importantes, traduits ou composés*

（où sont inédits : l'Eloge historique de M. Noodt, et le De la juste défense de l'honneur, traduit du latin de Mr. Slicher）.

1735 Edition des *Opera omnia* de G. Noodt, avec la *Vita V. C. Gerardi Noodt*.

1736 **Eloge historique de feu Mr. Jean Le Clerc*.

1739 *Histoire des anciens traités*, 2 toms.

1744 *Traité philosophique des lois naturelles* （traduit du latin de Cumberland）.

メランは，バルベラックがJ. A. トゥレティーニとラ・モットに宛てた手紙に基づき，『ヨーロッパ賢人著作の理論的叢書』（*Bibliothèque raisonnée des ouvrages des savants de l'Europe*）誌上に1728年から1741年にかけて掲載された下記の匿名記事をバルベラックの作と特定している。以下では，巻（Tome），（刊行年），部（Partie），記事（Article）の順に記載する[3]。再録にあたり，記事で取り上げられている書籍の題名，出版地，刊行年に関する書誌情報を補足した。

Tom. I （1728）, 1, art. 8 et tom. I, 2, art. 5.

 J. Barbeyrac. *Traité de la morale des pères de l'Eglise*. Amsterdam, 1728.

Tom. I, 1, art. 9

 J. A. Turrettino. *De Sacræ Scriptutæ interpretandæ methodo, tractatus bipartitus : in quo falsæ multorum interpretum hypotheses refulluntur, veraque interpretandæ Sacræ Scriptutæ methodus adstruitur* （*Traité de la bonne manière d'interpréter l'Ecriture Sainte, avec la réfutation de fausses hypothèses de plusieurs Interprètes*）. Trajecti-Turiorum, 1728.

Tom. I, 1, art. 11

 S. Pufendorfii. *De officio hominis & civis, secundum legem naturalem, libri duo* （ed. Everardus Otto）. Utrecht, 1728.

Tom. II （1729）, 1, art. 1

 Le Clerc. *Histoire des Provinces-Unies des Pays-bas*. Amsterdam, 1728.

---

3) Massuet, Pierre et al. 1728-1753, I-XXVI.

Tom. II, 2, art. 6 [Bionnens-Turrettini, controverse]

1. *Lettre de Mr. T. C. à un Ami, ou Examen de quelques endroits de la Dissertation de Monsieur Jean Alphonse Turrettin sur les articles fondamentaux de la Religion.*

2. *Défense de la Dissertation de Monsr. Turrettin sur les articles fondamentaux de la religion contre une Brochure intitulée, Lettre de Mr. T. C.*, Genève, 1727.

3. *Apologie de Mr. de Bionens, contre un Ecrit intitulé, Défense de la dissertation de Mr. Turretttin, sur les articles fondamentaux de la religion &c*, Yverdon, 1727.

Tom. III (1729), 2, art. 7

E. Ottonis. *Institutionum sive Elementorum Librois IV. à Cujacio emendatos* (*Les institutes de l'Empereur Justinien, publiés selon l'édition de Cujas*). Utrecht, 1729.

Tom. IV (1730), 1, art. 1

De La Mare. *Traité de la police : où l'on trouve l'histoire de son établissement, les fonctions & les prérogatives de ses magistrats, toutes les loix & tous les règlements qui la concernent.* Seconde étdition, augmentée, 4 toms. Amsterdam, 1729.

Tom. IV, 1, art. 3

Wetstein. *Proleg. du N. Testament.*[4]

Tom. IV, 1, art. 6

[Ruchat.] *L'état et les délices de la Suisse, en forme de relation critique, par plusieurs auteurs célèbres.* Amsterdam, 1730.

Tom. V (1730), 1, art. 1.

F. Baconi de Verulamio. *Opera omnia.* 7 vols. Amsterdam, 1730.

---

4) 第4巻第1部, 記事3の実際の表題は以下の通りである。*Second extrait de l'histoire véritable & secrète des vies & des règnes de tous les rois & reines d'Angleterre &c.*

Tom. VII (1732), 1, art. 8

E. Ottonis. *Tetela viarum publicarum liber singularis, cujus pars I. est de Diis vialibus. II. de Magistratibus viocuris. III. de Legibus ad Viarum securitatem pertinentibus* (*Traité de la sureté des grands chemins, divisé en trois parties*). Ultrajecti-ad Rhenum, 1731.

Tom. VII, 1, art. 2

J. Spon. *Histoire de Genève, revuée & augmentée par d'amples notes*. 2 vols. Genève, 1730.

Tom. VII, 1, art. 4 et tom. VII, 2, art. 1

ΗΟΤϑΤΔΙΔΟΤ ΠΕΘΙ ΠΕΚΟΠΟΜΜΓΡΙΑϑΟΤ ΠΟΚΕΛΟΤ ΒΙΒΚΙΑ ΟϑΣΞ. Thucydidis. *De Bello Peloponnesiaco libri octo* (*Histoire de la guerre du Péloponnèse, par Thucydide, en Grec & en Latin, avec les notes entières d'Henri Etienne, & de Jean Hudson, édition revuée par Mr. Joseph Wasse, qui y a joint ses propres notes ; & publié par les soins de Mr. Charles Andre Duker*). Amsterdam, 1731.

Tom. VII, 2, art. 2, tom. VIII (1732), 2, art. 1 et tom. IX (1732), 1, art. 1

J. Foster. *The usefulness, truth, and excellency of the Christian revelation, defended against the objections contained in a late book, entitled, Christianity as old as the Creation &c.* The second edition, with the addition of a postscript. London, 1731.

Tom. IX (1732), 2, art. 4

J. C. Ruckeri. *Interpretationes, quibus obscuriora quædam juris civilis capita illustrantur* (*Explication de quelques passages obscurs du droit civil*). Leyde, 1731.

Tom. X (1733), 1, art. 4 et tom. XI (1733), 1, art. 2

De Crousaz. *Examen du pyrrhonisme, ancien & moderne*. La Haye, 1733.

Tom. X, 1, art. 5

Mémoires concernant la théologie & la morale, Amsterdam, 1732.

Tom. X, 2, art. 2

Suite de *l'Extrait des Œuvres d'Aristide*, de l'édition publiée à Oxford par Mr. Jebb.

Tom. XI (1733), 1, art. 1

S. Pufendorf. *Le droit de la nature & des gens ou système général des principes les plus importans de la morale, de la jurisprudence, & de la politique*, tr. par J. Barbeyrac. Cinquième édition, revuée de nouveau, & fort augmentée. Amsterdam, 1733.

Tom. XI, 1, art. 3

P. Pierre-François-Xavier de Charlevoix. *Histoire de l'Ille Espagnole, ou de Saint Domingue.* Amsterdam, 1733.

Tom. XI, 2, art. 1

ΔΙΟΜΤΡΙΟΤ ΚΟΧΧΙΜΟΤ ΠΕΘΙ ΤΩΟΤΡ ΤΠΟΛΜΓΛΑ. Dionysii Longini, *De sublimitate commentarius, quem nova versione donavit, perpetuis notis illustravit, & partim manuscriptorum ope, partim conjectura, emendavit* (*additis etiam omnibus ejusdem auctoris fragmentis*), Zacharias Pearce, editio tertia (*Traité du sublime par Denys Longin*). Amsterdam, 1733.

Tom. XI, 2, art. 2

J. Marianæ. *Historiæ de rebus hispaniæ libri triginta* (*L'histoire d'Espagne, en trente livres*). La Haye, 1733.

Tom. XI, 2, art. 3

J. Rousset. *Les Intérêts présents des puissances de l'Europe.* 2 toms. La Haye, 1733.

Tom. XI, 2, art. 4

J. F. Christii. *De Nicolao Machiavello libri tres* (*Trois Livres, au sujet de Nicolas Machiavel*). Leipzig & Hall en Saxe, 1731.

Tom. XII (1734), 2, art. 1

J. A. Thuani. *Historiarum sui temporis libri 138.* Tom. VII, Londini, 1733.

Tom. XIII (1734), 2, art. 1 et tom. XV (1735), 1, art. 3

J. G. Heineccii. *Historia juris civilis romani et germanici* (*Histoire du droit civil des Romains & de celui d'Allemagne*). Hall, 1733.

Tom. XIV (1735), 1, art. 2 et tom. XIV, 2, art. 1

P. Wesselingio. *Vetera Romanorum itineraria* (*Anciens itinéraires des Romains, savoir, l'itinéraire d'Antonin Auguste*). Amsterdam, 1735.

Tom. XV (1735), 2, art. 6

G. Noodt. *Opera omnia.* Leyde, 1735.

Tom. XVI (1736), 2, art. 5

Eloge historique de feu Mr. Jean Le Clerc. Amsterdam, 1736.

Tom. XVIII (1737), 1, art. 3

G. O. Reitz. *Dissertatio juridica inauguralis de mathesi juridica* (*Dissertation inaugurale de jurisprudence, sur les mathématiques du droit*). Trajecti ad Rhenum, 1736.

Tom. XVIII, 2, art. 1

E. Ottonis. *De vita, studiis, scriptis, & honoribus Servii Sulpicii, lemonia, Rufi, jurisconsultorum principis, liber singularis* (*La vie de Servius Sulpicius Rufus, le prince des jurisconsulte*). Utercht, 1736.

Tom. XVIII, 2, art. 2.

J. G. Heineccii. *Opusculorum variorum sylloge* (*Recueil d'opuscules divers, publiés autrefois chacun à part*). Hall, 1735.

Tom. XVIII, 2, art. 3

De Crousaz. *Logique, ou système abrégé de réflexions qui peuvent contribuer à* la netteté & à l'étenduée de nos connaissances. Amsterdam, 1737.

Tom. XVIII, 2, art. 8
J. Barbeyrac. *Traité du jeu.*[5]

Tom. XVIII, 2, art. 9
Clarke. *Explicat. du catéchisme de l'Egl. Anglic.*[6]

Tom. XIX (1737), 1, art. 15
P. Roques. *Les devoirs des sujets, expliqués en quatre discours.* Bâle, 1737.

Tom. XIX, 1, art. 16
G. O. Reitzii. *Primæ in Jure civili prælectiones* (*Les premières leçons en droit civil*). Medioburgi, 1737.

Tom. XXI (1738), 1, art. 2
J. G. Heineccii. *Elementa juris naturæ et gentium* (*Les éléments du droit de la nature et des gens*). Hall, 1738.

Tom. XXI, 1, art. 10
Pope. *Essai sur l'homme*, tr. de l'Anglais en Français, édition revuée par le traducteur. Suivant la Copie de Londres, Lausanne.
De Crousaz. *Examen de "l'Essai de Mr. Pope sur l'homme".* Lausanne, 1737.

Tom. XXI, 2, art. 2
<ΓΡΙΟΔΟΤ ΣΟΤ ΑΡϑΘΑΙΟΤ ΣΑ ΕΤΘΙΡϑΟΛΕΜΑ. Hesiodi, *Ascræi quæ supersunt, cum notis variorum*, edidit Thomas Robinsons (*Oeuvres, qui restent, d'Hésiode, Ascréen : avec des notes de divers savants. Le tout publié par*Mr. Robinson, Oxford,

---

5) 第18巻第2部，記事8の実際の表題は以下の通りである。*Lettre de Mr. le Président Bouhier, aux Auteurs de cette Bibliothèque*.
6) 第18巻第2部，記事9の実際の表題は以下の通りである。*Nouvelles littéraires de Londres*.

1737)

Tom. XXI, 2, art. 4 et tom. XXII (1739), 1, art. 3

Loys de Bochat. *Ouvrages pour & contre les services militaires étrangers, considérés du côté du droit & de la morale*. Lausanne & Genève, 1738.

Tom. XXII, 2, art. 3

J. Barbeyrac. *Histoire des anciens traités*. Amsterdam & La Haye, 1739.

Tom. XXIII, 1, art. 1 et tom. XXIII, 2, art. 4

J. G. Heineccii. *Elementa juris germanici* (*Les éléments du droit Germanique*). Hall, 1736 & 1737.

Tom. XXIV (1740), 1, art. 6

ΚΙΒΑΜΙΟΤ ΡΟΥΙΡΣΟΤ ΕΠΙΡΣΟΚΑΙ. *Libanii sophiistæ epistolæ* (*Les lettres de Libanius, le sophiste, dont la plus grande partie paroissent pour la première fois, publiées sur les manuscrits, traduites en Latin, & accompagnées de notes, par Mr. Wolfius*). Amsterdam, 1738.

Tom. XXV, 1, art. 1

M. F. Quinctiliani. *De institutione oratoria libri duodecim* (*Quintilien de l'Institution de l'orateur : nouvelle édition, revuée sur la collation d'un manuscrit de Gotha, sur l'édition de Jenson & autres ; avec un commentaire perpétuel de l'éditeur, Mr. Jean Matthias Gesner*). Gôttingen, 1738.

Tom. XXV, 2, art. 1

The Author of the "Vindication of the History of the Septuagint". *A Critical Examination of the Holy Gospels according to St. Matthew & St. Luke*. London, 1738.

Tom. XXVI (1741), 1, art. 2

Scaligerana, Thuana, Perroniana, Pithoeana, & Colomesiana. *Remarques histori-*

ques, critiques, morales, & littéraires. Amsterdam, 1740.

Tom. XXVI, 1, art. 4

Essais de Critique, I. Sur les Ecrits de Mr. Rollin, II. Sur les traducteurs d'Hérodote, III. Sur le Dictionnaire géographique & critique de Mr. Bruzen La Martinière. Amsterdam, 1740.

Tom. XXVI, 1, art. 5

J. S. Brunquelli. *Historia juris Romano-Germanici* (*Histoire de droit Romain-Germanique*). Amsterdam, 1740.

メランはさらに,『英国人叢書』(*Bibliothèque britannique*) 第20巻および第21巻の複数の記事の他, バルベラックの死後出版された『新叢書あるいは文学史』(*Nouvelle bibliothèque ou histoire littéraire*) 第19巻 (1744) の下記の匿名記事 (記事4, 9, 10) をバルベラックの作として挙げている。

Art. 4

L. A. Muratorio. *Novos thesaurus veterum inscriptionum* (*Nouveau trésor d'inscriptions antiques*). Milan, 1739 & 1740.

Art. 9

J. F. Schreiter. *Sacramentorum in veseris Rome Judiciis Sollemnium Antiquitate* (*Dissertation sur les consignations d'argent, appellées Sacramenta, qui se faisaient par les plaideurs, selon l'usage du barreau de l'ancienne Rome*). Leipzig, 1740.

Art. 10

T. Livii. *Patavini historiarum ab urbe condita libri* (Tite Live, Nouvelle édition, par les soins de Mr. Drakenborch). Amsterdam, 1741.

なお,『新叢書』第19巻の記事11 (*Mémoire sur la vie, & sur les écrits de Mr. Jean de Barbeyrac, écrit par lui-même*) はバルベラック自身による自伝および著作紹介である。

付録2
ブッデウス『自然法史』(ジョンスン版)[1]

第1節　自然法は人間とともに生まれた。
第2節　［自然法は］両親によって子供に教え込まれた。
第3節　次に，統治者によって市民に［教え込まれた］。
第4節　このため，市民法は自然法独自の条項を含んでいる。
第5節　［自然法は］市民法から分離することは容易ではない。
第6節　さらに，［自然法は］神学に混合された。
第7節　そして，異教徒の神話に［混合された］。
第8節　自然法はキリスト教神学によって再建された。
第9節　［自然法は］教父によって育成された。
第10節　だが，［自然法は］道徳神学と混合された。
第11節　［自然法は］スコラ学によって曇らされた。
第12節　そして，スコラ学派の学徒によって［曇らされた］。
第13節　蓋然的な意見の使用から生じる例。
第14節　ローマ［教会］の若干の人々が明らかにすること。
第15節　［自然法は］イエズス会士によって腐敗した。
第16節　［自然法は］哲学者によって無視された。
第17節　道徳哲学の起源はソクラテスに遡る。
第18節　［道徳哲学は］プラトン学派によって育成された。
第19節　そして，アリストテレス学派によって［育成された］。
第20節　さらに，ストア派によって［育成された］。
第21節　ペリパトス派の取るに足らぬ論考。
第22節　グロティウスによる自然法の再建。

---

1) Pufendorf［1673, 1735］1737, 3-89.

第 23 節　メランヒトンとヴィンクラーは自然法の研究に精励した。

第 24 節　グロティウスはローマ［教会］の審問で有罪宣告を受けた。

第 25 節　グロティウスの後継者セルデン。

第 26 節　ホッブズは近親者に支持されたが，カンバランド，コッキウス[2]，シャロック[3]，フィルマー[4]，シャフトゥス[5]，ストリメシウス[6]その他は，ホッブズを反駁した。

第 27 節　グロティウスの論敵フェルデン[7]と擁護者フラスヴィンケル[8]。

第 28 節　ショーク[9]とベクラー[10]の自然法への功績。

第 29 節　ミュラー[11]とクレンケ[12]によるグロティウスの概要。

第 30 節　グロティウスの注釈者ツィーグラー[13]。グィリエルムス・グロティウス[14]による注釈とともに。

第 31 節　メヴィウス[15]の『法学の先駆者』。

第 32 節　オジアンダー[16]によるグロティウスの注釈。

第 33 節　自然法のもう 1 人の再建者プーフェンドルフ。

第 34 節　［プーフェンドルフは］多数の人々によって痛烈に非難された。

第 35 節　これらの評価の論争について。

第 36 節　アルベルティ[17]，メヴィウス，ゼッケンドルフ[18]。プーフェンドルフの論敵。

第 37 節　非常に多くの人々がプーフェンドルフを称賛し，彼に従う。

2）　Gisbert Cocq. 生没年不詳．オランダの牧師。
3）　Robert Sharrock, 1630-1684．イングランドの国教徒，植物学者。
4）　Robert Filmer, c. 1588-1633．イングランドの政治思想家。
5）　Jo. Schaftus. 本名，生没年不詳。
6）　Samuel Strimesius, 1648-1730．ドイツのカルヴァン派神学者。
7）　Johann von Felden, ? -1668.
8）　Theodor Graswinkel, 1600-1666．オランダの法学者。
9）　Martin Schoock, 1614-1669．オランダの学者。
10）　Johann Heinrich Boeckler, 1611-1672．ドイツの学者。
11）　Johann Philipp Müller. 生没年不詳。
12）　Johannes Klencke, 1620-1672．オランダの哲学者。
13）　Kaspar Ziegler, 1621-1690．ドイツの法学者。
14）　Guilielmus Grotius. フーゴー・グロティウスの兄ヴィレム・デ・フロートのラテン名。
15）　David Mevius, 1609-1670．ドイツの法学者。
16）　Johann Adam Osiander, 1622-1697．ドイツのプロテスタント神学者。
17）　Valentin Alberti, 1635-1697．ドイツのルター派の神学者，哲学者。
18）　Veit Ludwig von Seckendorff, 1626-1692．ドイツの学者，政治家。

第38節　ヘンニゲス[19]、ズィーモン[20]、ラヘル[21]、フェルトハイム[22]が自然法に与えたもの。

第39節　グロノウィウス[23]とクルピス[24]によるグロティウスの注釈。

第40節　クルタン[25]によるグロティウスの著作の仏訳。

第41節　トマジウスによるプーフェンドルフの擁護。

第42節　プーフェンドルフの教義についての新たな論争。

第43節　神の普遍的実定法についての論争。

第44節　この論争におけるムザイオス[26]、ルセル[27]、エック[28]、ボーデ[29]、ベックマン[30]、スピナエウス[31]の功績。

第45節　ヴィトリアリウス[32]、シェフェルス[33]、デートレフ[34]によるグロティウスの概要。

第46節　ファン・デア・ムーレン[35]、テスマー[36]、オーブレヒト[37]によるグロティウスの注釈。

第47節　自然法の基本原理に関するコクツェイ[38]と他の人々との論争。

第48節　この事柄に関するツェントグラーフと[39]フェルチウス[40]の著作。

---

19) Heinrich Henniges. 1645-1711.
20) Johann Georg Simon, 1636-1696.
21) Samuel Rachel, 1628-1691. ドイツの法学者。
22) Valentin Veltheim, 1645-1700. ドイツの道徳哲学者。
23) Johann Friedrich Gronovius, 1611-1671. ドイツの古典学者。『戦争と平和の法』を編集（1660年）。
24) Johann Georg Kulpis, 1652-1698. ドイツの法学者。
25) Antoine de Courtin, 1622-1685. フランスの外交官。『戦争と平和の法』を仏訳（1687年）。
26) Simon Heinrich Musaeus, 1655-1711.
27) Johann Jacob von Ryssel, 1627-1699.
28) Cornelis van Eck, 1662-1732. ドイツの法学者。
29) Heinrich von Bode, 1652-1720. ドイツの法学者。
30) Johann Christoph Beckmann, 1641-1717. ドイツの学者。
31) Gottfried Spinaeus, 1632-1681.
32) Philipp Reinhard Vitriarius, 1647-1720. ドイツ出身の法学者。
33) Johannes Schefferus, 1621-1679. スウェーデンの学者。
34) Detlev Marcus Friese, 1634-1710.
35) Willem van der Muelen, 1658-1719.
36) Johannes Tesmar, 1643-1693.
37) Ulrich Obrecht, 1646-1701.
38) ハインリヒ・コクツェイとザームエル・コクツェイ（Samuel von Cocceji, 1679-1755）、プロイセンの法務官僚。ハインリヒ・コクツェイの息子。

第 49 節　残りの人々の著作の簡潔な提示。
第 50 節　万民法についての著者。
第 51 節　万民法についての論争。
第 52 節　君主政についての論争。
第 53 節　公用徴収権についての論争。
第 54 節　宗教に関する最高権力についての論争。
第 55 節　自然法が国事と宗教に適用されることは正しいか否か。
第 56 節　王位継承についての論争。
第 57 節　海洋支配権についての論争。
第 58 節　結論。

---

39)　Johann Joachim Zentgraf, 1643-1707. ドイツのルター派の神学者。
40)　Michael Förtschius, 1654-1724. テュービンゲン大学神学教授。

付録 3

ティロットスン著作集と仏訳版における説教の収録順

1.『故カンタベリ大主教ジョン・ティロットスン博士の著作集——『信仰の規準』とともに，さまざまな機会における五四の説教および論説を含む。すべてが閣下によって出版され，現在一巻に集成された——』(The works of the Most Reverend Dr. John Tillotson, late Lord Archbishop of Canterbury : containing fifty four sermons and discourses, on several occasions. together with The rule of faith, being all that were published by his Grace himself, and now collected into one volume. London : printed by B. Aylmer and W. Rogers, 1696. 以下『五四説教集』と略記。)

ティロットスンの『五四説教集』に収録された説教および論説の中で，出版年もしくは説教年が判明しているもの（※）は，36 説教と『信仰の規準』である。

「序文」（バルベラックは翻訳していない。）

Sermons preach'd upon several occasions. By John TIllotson, D. D … The second edition corrected. London : printed by A. M. for Sa. Gellibrand, 1673（1st edition, 1671）.

※説教 1　「ヨブ記」第 28 章第 28 節［以下，聖書の言葉を省略］。（仏訳版表題：信仰心が真の知恵であること。）［出版年：1664 年］
説教 2　「ペトロの手紙二」第 3 章第 3 節。（宗教を嘲弄する人々の無分別について。）
説教 3　「箴言」第 14 章第 34 節。（社会に関する宗教の効用について。）
説教 4　「詩編」第 19 章第 11 節（各人に関する宗教の効用について。）

---

1) ティロットスン著作集の出版状況については，Dixon（2007）を参照。

説教5 「フィリピの信徒への手紙」第3章第8節。(キリスト教の卓越について。)

説教6 「ヨハネの手紙一」第5章第3節。(キリスト教の教訓を遵守することの容易さについて。)

説教7 「テモテへの手紙二」第2章第19節。(よく生きる義務はキリスト教にとって最も重要であること。)

説教8 「フィリピの信徒への手紙」第3章第20節。(天国に値する行動の幸福について。)

Sermons preach'd upon several occasions. By John TIllotson, D. D … The second volume. London: printed for Edw. Gellibrand …, and are to be sold by Henry Bonwicke, 1678.

説教9 「イザヤ書」第9章第12, 13節。(神罰の目的とそれらを振るい続ける理由について。)

説教10 「ヘブライ人への手紙」第3章第13節。([宗教上の]罪が人々を堕落させる容易さと,それに身を委ねる危険について。)

※説教11 「コリントの信徒への手紙一」第3章第15節。(ローマ[・カトリック]教会における救済の不確実さについて。)[説教年：1673年,チャールズ二世陛下の御前で。][2]

説教12 「詩編」第119章第156節。(宗教への愛情に伴う内的な平静と内密の快楽について。)

※説教13 「詩編」第119章第59節。(反省の本性と利益について。)[1674/5年2月26日,国王陛下の御前で。]

※説教14 「詩編」第119章第60節。(改宗が問題となる場合,優柔不断および猶予の無分別および危険について。)[1675年4月18日,国王陛下の御前で。]

※説教15 「ヨハネの手紙一」第3章第10節。(善人と悪人の性格について。)[1675/6年2月25日,国王の前。]

説教16 「ルカによる福音書」第15章第7節。(罪人が偶然に改宗した場合の,天国における喜びについて。)

説教17 「マタイによる福音書」第12章第31, 32節。(聖霊に反する罪について。)

説教18 「使徒言行録」第10章第38節。(イエス・キリストが我々に範を示した

---

2) 後に仏訳が出版されている。*Sermon prêché devant le devant le roy à Whitehall par le docteur Tillotson*, traduit en françois par Jean de Kerhuel, Londre, 1673.

善行について。)

Sermons and discourses: some of which never before printed. By John TIllotson, D. D. … The third volume. London: printed for B. Aylmer and W. Rogers, 1686.

※説教19 「ルカによる福音書」第9章第55, 56節。(残忍で復讐心の強い熱情と, 福音の精神および目的との不一致について。)[1678年11月15日, ウェストミンスター, 下院。][3]

※説教20 「ヨハネによる福音書」第13章第34, 35節。(互いに愛し合うことの免れられない必要性と, この義務の範囲について。)[1678年12月3日, メアリ・ル・ボー教会, ヨーク伯爵領出身者(ロンドンとその近郊在住の貴族およびその他の人々)の第一総会。][4]

※説教21 「ヨハネの手紙一」第4章第1節。(霊の検討について。)[1679年4月4日, ホワイトホール。]

※説教22 「ヘブライ人への手紙」第6章第16節。(誓約の聖性および義務について。)[1681年7月21日, キングストン・アポン・テムズ。]

※説教23 「ルカによる福音書」第20章第37, 38節。(復活と来世の確実性について。)[トマス・ガウジ氏の追悼演説, 1681年11月4日。]

※説教24 「コリントの信徒への手紙二」第5章第6節。(主の元で死ぬ人々の幸福について。)[ベンジャミン・ウィチコット神学博士の追悼演説, 1683年5月24日。]

※説教25 「コリントの信徒への手紙一」第11章第26, 27, 28節。(頻繁な聖餐式の必要性について。)[1683年]

※説教26 「実体変化駁論」[1684年][5]

---

3) 同上。*L'esprit du christianisme : ou, Sermon sur le IX de S. Luc. v. 55, 56 prononce, à Westmunster devant l'honorable Chambre des communes, le 5-15 novembre, 1678*, par Jean Tillotson, traduit de l'Anglois par J. B. Rosemond, Londres, 1679. 説教19の内容については, 高橋(2007)で紹介されている。
4)「カトリック批判と国教会のもとでのプロテスタントの一致」を訴えた説教20の後半の内容については, 青柳2008, 75-77で紹介されている。
5) 同上。*Discours contre la transubstantiation*, composé en Anglois, traduit par L. C. Londres, 1685. バルベラックは1726年に「実体変化駁論」の仏訳(*Discours contre la transubstantiation, par feu Mr. Tillotoson*, traduit de l'anglois par Jean Barbeyrac, Amsterdam, 1726)を出版している。

※説教27 「ヨシュア記」第24章第15節。(奇抜さと新奇さへの非難に反するプロテスタント宗教の擁護。) [1680年4月2日,国王陛下の御前で。]

説教28 「ヨシュア記」第24章第15節。同上。(真の宗教に反する人々の偏見を一掃する。)

説教29 「エレミヤ書」第13章第23節。(悪しき習慣を打ち破る困難さについて。)

※説教30 「マタイによる福音書」第23章第13節。(聖書で学ぶ必要性について。) [1685年11月17日,出版許可。]

Sermons preach'd upon several occasions. By John Lord Archibishop of Canterbury. The fourth volume. London: printed for B. Aylmer and W. Rogers, 1694.

※説教31 「マタイによる福音書」第25章第1節以下。(「十人のおとめ」のたとえについて。) [1688年9月2日,タンブリッジ・ウェルズ,デンマークのアン王妃の御前で。]

※説教32 「エズラ記」第9章第13, 14節。(オレンジ公,後の大ブリテン国王ウィリアム三世によるイングランド解放の恩恵の行為について。) [1688年1月31日,リンカンズイン・チャペル。]

※説教33 「マタイによる福音書」第5章第44節。(侮辱の容赦について。) [1688/9年3月8日,ホワイトホール,女王陛下の御前で。]

※説教34 「ルカによる福音書」第10章第42節。(ただ一つ必要なものは何か。) [1689年4月14日,ハンプトンコート,国王陛下および女王陛下の御前で。]

※説教35 「マタイによる福音書」第25章第46節。(地獄の苦しみの永遠性について。) [1689/90年3月7日,ホワイトホール,女王陛下の御前で。]

※説教36 「コレヘトの言葉」第9章第11節。(我々には,おそらく第二の原因を期待する理由があることに,その出来事はいつでも答えないこと。) [1690年4月16日,下院。]

※説教37 「エレミヤ書」第6章第8節。(堕落した国民の滅亡を予防する手段について。) [1690年6月18日,メアリ・ル・ボー,ロンドン市長,上級議員および市民の前。]

※説教38 「使徒言行録」第24章第16節。(神に対しても人に対しても,責められることのない良心を保つ手段について。) [1690/91年2月27日,ホワイトホール,女王陛下の御前で。]

※説教39 「ゼカリヤ書」第7章第5節。(真の若者について。) [1691年9月16

日, ホワイトホール, 女王陛下の御前で。]
※説教40 「詩編」第73章第25節。(神が人間のただ一つの幸福を作ること。)[1691/2年3月20日, ホワイトホール, 女王陛下の御前で。]
※説教41 「エレミヤ書」第9章第23, 24節。(栄光の正しい主題は何か。)[1692年10月27日, ホワイトホール, 国王陛下および女王陛下の御前で。]
※説教42 「テトスへの手紙」第3章第2節。(中傷駁論。)[1693/4年2月25日, ホワイトホール, 国王陛下および女王陛下の前。1695年に同説教が出版された際に, 説教の表紙は「前カンタベリ大主教ジョン閣下の最後の説教」と記され, 黒い太枠で囲われている。]

Sermons concerning the divinity and incarnation of our Blessed Saviour, preached in the Church of St. Rawrence Jewry. By John Lord Archibishop of Canterbury. London : printed for B. Aylmer and W. Rogers, 1693.
※説教43 「ヨハネによる福音書」第1章第14節。(1. イエス・キリストの神性について。)[1679年12月30日, セント・ローレンス・ジューリ教会。]
※説教44 「ヨハネによる福音書」第1章第14節。(2. 同じ主題について。)[1679/80年1月6日, セント・ローレンス・ジューリ教会。]
※説教45 「ヨハネによる福音書」第1章第14節。(1. イエス・キリストの受肉について。)[1680年12月21日, セント・ローレンス・ジューリ教会。]
※説教46 「ヨハネによる福音書」第1章第14節。(2. イエス・キリストの受肉について。)[1680年12月28日, セント・ローレンス・ジューリ教会。]
※説教47 「ヘブライ人への手紙」第9章第26節。(イエス・キリストの犠牲と贖罪について。)[1693年9月4日, ホワイトホール, 女王陛下の御前で。]
※説教48 「テモテへの手紙一」第2章第5節。(神の本性と三位一体の有効性について。)[1693年]

Six sermons I. Stedfastness in religion. II. Family-religion. III. IV. V. Education of children. VI. The advantages of early piety : preached in the Church of St. Lawrence Jury in London. By John Lord Archibishop of Canterbury. London : printed for B. Aylmer and W. Rogers, 1694.
※説教49 「ヨシュア記」第24章第15節。(真の宗教の告白における確固さについて。)[1684年6月3日, セント・ローレンス・ジューリ教会。]

※説教 50 「ヨシュア記」第 24 章第 15 節。(国教について。)［1684 年 7 月 13 日，セント・ローレンス・ジューリ教会。］

説教 51 「箴言」第 22 章第 6 節。(1. 若者の教育について。)

説教 52 「箴言」第 22 章第 6 節。(同じ主題について。)

説教 53 「箴言」第 22 章第 6 節。(同じ主題について。)

※説教 54 「コレヘトの言葉」第 12 章第 1 節。(若い時期から信心に専念することはどれくらい有益であるか。)［1692 年，セント・ローレンス・ジューリ教会。］

※『信仰の規準，あるいは「［キリスト教における］確実さ」という題の I. S.［ジョン・サージャント］氏の論説への応答』(The rule of faith, or, An answer to the treatises of Mr. I. S. entituled Sure-footing &c. By John Tillotson … ; to which is adjoined A reply to Mr. I. S. his 3d appendix &c. By Edward Stillingfleet … London : printed by A. Maxwell for Sa. Gellibrand, 1666.) →バルベラックは翻訳していない。

2.『故カンタベリ大主教ジョン・ティロットスン博士の著作集──『信仰の規準』とともに，さまざまな機会における二〇〇の説教および論説を含む。彼のために起草された祈祷書，サクラメントの前の彼の僕に対する演説と，ウィリアム国王のために彼によって起草された祈祷形式を付加。すべてが閣下の死亡以後に出版され，現在二巻本に集成──』(The works of the Most Reverend Dr. John Tillotson, late Lord Archbishop of Canterbury : containing two hundred sermons and discourses, on several occasions : to which are annexed, prayers composed by him for his own use : a Discourse to his servants before the sacrament, and a form of prayers composed by him, for the use of King William : being all that were printed after his Grace's decease : now collected into two volumes : together with tables to the whole : one, of the texts preached upon ; another of the places of Scripture, occasionally explain'd ; a third, an alphabetical table of matter / published from the originals by Ralph Barker, D. D., Chaplain to his Grace. 2 vols. London : printed for William Rogers, Timothy Goodwin, Benjamin Tooke, John Pemberton, John Nicholson and Jacob Tonson, 1712. 以下『二〇〇説教集』と略記)

『二〇〇説教集』は 1695 年から 1704 年にかけて出版された下記の全 14 巻の説教集の集成である。この中で説教年が判明しているのは，19 説教のみである。

説教 1—15（第 1 巻：Of sincerity and constancy in the faith of profession of the true religion, in several sermons. By the Most Reverend Dr. John Tillotson, late Lord Archibishiop of Canterbury, published from the originals by Ralph Barker, D. D. chaplain to his Grace. London: printed for Ri. Chiswell, 1695.)[6]

説教 16—31（第 2 巻：Sixteen sermons, preached on several occasion. By the Most Reverend Dr. John Tillotson … Being the second volume, published from the originals by Ralph Barker … London: printed for Ri. Chiswell, 1696.)

説教 32—47（第 3 巻：Sixteen sermons, preached on several subjects. By the Most Reverend Dr. John Tillotson … Being the thind volume, published from the originals by Ralph Barker… London: printed for Ri. Chiswell, 1696.)

説教 48—62（第 4 巻：Several discourses viz. Of the great duties of natural religion. Instituted religion not intended to undermine natural. Christianity not destructive ; but perfective of the law of Moses. The nature and necessity of regeneration. The danger of all known sin. Knowledge and practice necessary in religion. The sins of men not chargeable on God. By the Most Reverend Dr. John Tillotson … Being the fourth volume, published from the originals by Ralph Barker … London: printed for Ri. Chiswell, 1697.)

説教 63—75（第 5 巻：Several discourses, viz. Proving Jesus to be the Messias. The prejudices against Jesus and his religion consider'd. Jesus the Son of God, proved by his Resurrection. The danger of apostacy from Christianity. Christ the author : Obedience the condition of Salvation. The possibility and necessity of Gospel obedience, and its consistence with free Grace. The authority of Jesus Christ, with the commission and promise which he gave to his apostles. The difficulties of a Christian life consider'd. The parable of the rich man and Lazarus. Children of this world wiser than the children of light. By the Most Reverend Dr. John Tillotson … Being the fifth volume, published from the originals by Ralph Barker … London: printed for Ri. Chiswell, 1698.)

説教 76—89（第 6 巻：Several discourses upon the attributes of God, viz. Concerning the perfection of God. Concerning our imitation of the divine perfections. The happiness of God. The unchangeableness of God. The knowledge of God. The

---

[6] 説教 1 に「[ティロットスン] 閣下の最後の説教」（1694 年 7 月 29 日，キングストン）と記されている。

wisdom, glory, and sovereignty of God. The wisdom of God, in the creation of the world. The wisdom of God, in his providence. The wisdom of God, in the redemption of mankind. The justice of God, in the distribution of rewards and punishments. The truth of God. The holiness of God. To which is annexed a spital sermon, of doing good. By the Most Reverend Dr. John Tillotson … Being the sixth volume, published from the originals by Ralph Barker … London : printed for Ri. Chiswell, 1699.）

説教 90―104（第 7 巻：The remaining discourses, on the attributes of God. Viz. His Goodness. His mercy. His patience. His long-suffering. His power. His spirituality. His immensity. His eternity. His incomprehensibleness. God the first cause, and last end. By the Most Reverend Dr. John Tillotson … Being the seventh volume, published from the originals by Ralph Barker … London : printed for Ri. Chiswell, 1700.）

説教 105―119（第 8 巻：Several discourses of repentance. Viz. The necessity of repentance and faith. Of confessing and forsaking sin, in order to pardon. Of confession, and sorrow for sin. The unprofitableness of sin in this life, and argument for repentance. The shamefulness of sin, an argument for repentance. The final issue of sin, an argument for repentance. The present and future advantage of an holy and virtuous life. The nature and necessity of holy resolution. The nature and necessity of restitution. The usefulness of consideration, in order to repentance. The danger of impenitence, where the gospel is preach'd. By the Most Reverend Dr. John Tillotson … Being the eighth volume, published from the originals by Ralph Barker … London : printed for Ri. Chiswell. 1700.）→『カンタベリ大主教故ティロットスン氏による悔い改めについての説教』（ベルリンのフランス人教会牧師 C. L. ドゥ・ボゾブル氏による英語からの翻訳，初版 1727/1728 年）で仏訳されている．

説教 120―134（第 9 巻：Several discourses of death and judgment, and a future state. Viz. Of the immortality of the soul, as discover'd by nature, and by revelation. Of the certainty of a future judgment. Of the Person by whom the world shall be judged. Of the persons who are to be judged. Of the actions for which men will be accountable. Of the sentence to be passed at the Day of Judgment. The uncertainty of the Day of Judgment consider'd and improv'd. The certainty, and the blessedness of the resurrection of true Christians. Of the happiness of good men, in the future state. The wisdom of religion justified in the different ends of good and bad men. The usefulness of considering our latter end. By the Most Reverend Dr. John Tillotson … Being the ninth volume, published from the originals by Ralph Barker … London: Printed for Ri. Chiswell, 1701.）→『カンタベリ大主教故ティロットスン氏によるさまざまな重要な主題についての説教』（英語からの翻訳［献呈文の署名：牧師ジャン・ベルトラン］第7巻，1743年）で仏訳されている。

説教135—149（第10巻：Several discourses of the life, sufferings, resurrection, and ascension of Christ; and the operations of the Holy Ghost. Viz. The life of Jesus Christ consider'd, as our example. The sufferings of Christ consider'd, as a proper means of our salvation. The evidence of our saviour's resurrection. The possibility of the resurrection asserted and prov'd. The resurrection of our saviour consider'd, as an argument for seeking things above. The circumstances and benefits of our saviour's ascension. Of the gift of tongues conferr'd on the apostles. Of the coming of the Holy Ghost, as an advocate for Christ. Of the coming of the Holy Ghost, as a guide to the apostles. Of the ordinary influence of the Holy Ghost, on the minds of Christians. The fruits of the spirit, the same with moral virtues. The necessity of supernatural grace, in order to a Christian life. By the Most Reverend Dr. John Tillotson … Being the tenth volume, published from the originals by Ralph Barker … London: Printed for Ri. Chiswell, 1701.）→説教140の仏訳が『カンタベリ大主教故ティロットスン氏によるさまざまな重要な主題についての説教』第7巻に収録されている。

説教150—164（第11巻：Fifteen sermons on several subjects. Viz. Of the form and the power of godliness. Of the necessity of good works. Of doing all to the glory of God. Doing good, a security against injuries from men. Of diligence in our general and particular calling. Of the blessedness of giving, more than that of receiving. The evil of corrupt communication. The true remedy against the troubles of life. By the Most Reverend Dr. John Tillotson … Being the eleventh volume, published from the originals by Ralph Barker … London: Printed for Ri. Chiswell. 1702.）→説教158の仏訳が『カンタベリ大主教故ティロットスン氏によるさまざまな重要な主題についての説教』第7巻に収録されている。

説教 165—179（第 12 巻：Fifteen sermons on various subjects. Viz. Of faith in general ; its nature, cause, degrees, efficacy and kinds. Of a religious and divine faith, viz. a perswasion of the principles of natural religion ; and of things supernatural and reveal'd. Of the faith or perswasion of a divine revelation. Of the testimony of the spirit to divine revelation. Of the testimony of the spirit to divine revelation. Of the reasonableness, usefulness, and efficacy of divine faith. Of the Christian faith ; the means of conveying the Christian doctrine ; and our obligation to receive it. Of the Christian faith consider'd as sanctifying, justifying, and saving. Of the gospel covenant, and its consistency with the merit of Christ. Of the nature and testimony of miracles, particularly those wrought in confirmation of Christianity. Of the advantages of truth, in opposition to error. By the Most Reverend Dr. John Tillotson … Being the twelfth volume, published from the originals by Ralph Barker … London : printed for Ri. Chiswell, 1703.）

説教 180—194（第 13 巻：Several discourses of the truth and the excellency of the Christian religion : viz. The evidences of the truth of the Christian religion ; with the cause and the danger of infidelity. The excellency and universality of the Christian revelation, with the sin and dan - of rejecting it. The ground of bad mens enmity to the Truth. True liberty, the result of Christianity. The duty of improving the present opportunity, and advantages of the Gospel. By the Most Reverend Dr. John Tillotson … Being the thirteenth volume, published from the originals by Ralph Barker … London : printed for Ri. Chiswell, 1703.）

説教 195—200 および 5 祈祷文（第 14 巻：Several discourses : on the following subjects. Viz. The folly of hazarding eternal life, for temporal enjoyments. The reasonableness of fearing God more than man. The efficacy of prayer, for obtaining the Holy Spirit. The bad and the good use of God's signal judgments upon others. By the most Reverend Dr. John Tillotson, Late Lord Arch-Bishop of Canterbury. To which are annexed, prayers compos'd by him for his own use. A discourse to his servants before the Sacrament. And a form of prayer compos'd by him for the use of King William. Together with tables to all the fourteen volumes : one, of the texts preach'd upon : another, of the places of Scripture occasionally explain'd and enlarg'd upon : a third, an alphabeticat table of matter. Being the fourteenth and last volume, published from the originals, by Ralph Barker

付録3　ティロットスン著作集と仏訳版における説教の収録順

… London : printed for Ri. Chiswell, 1704.）

　『二五四説教集』（全12巻，1742-44年）では，『五四説教集』収録分の後に『二〇〇説教集』（祈祷文を含む）が収録されている。このため，『二〇〇説教集』の説教1は『二五四説教集』の説教55，『二〇〇説教集』の説教200は『二五四説教集』の説教254に該当する。

3．バルベラックによる仏訳版『説教集』の収録順
『カンタベリ大主教故ティロットスン氏によるさまざまな重要な主題についての説教。ジャン・バルベラックによる英語からの翻訳』(Sermons sur diverses matières importantes, par feu MR. Tillotson, Archevêque de Cantorberi. Traduit de l'Anglois par Jean Barbeyrac. 6 toms. Amsterdam : chez Pierre Humbert, 1713-29.）

・仏訳版『説教集』第1巻（1713年出版：『五四説教集』説教1—8を収録）：冒頭に「トゥレティーニ氏への献呈文」，「訳者序文」および「ギルバート・バーネット氏によるティロットスン氏追悼演説」（1694年11月30日，ロンドン。セント・ローレンス・ジューリ教会での葬儀の日）[7]が収録されている。
・同第2巻（1708年：説教9—18）
・同第3巻（1709年：説教19—26）
・同第4巻（1711年：説教27—34）
・同第5巻（1716年：説教35—44）
・同第6巻（1729年：説教45—54）

　仏訳版『著作集』第6巻に関して，バルベラック以外の者（匿名）が説教を仏訳し，バルベラックは翻訳の修正のみを行った。冒頭に「バルベラック氏からのお知らせ」が掲載されている。『五四説教集』原典の序文と『信仰の規準』は，仏訳版『説教集』に収録されていない。また，バーネットによる「追悼演説」については『五四説教集』には収録されていない。仏訳版の説教43から説教50は下記の通りであり，『五四説教集』とは収録順が異なる。

---

7)　1694年11月22日にランベス［宮殿］にて死去。享年65歳。

説教43 「ヨシュア記」第24章第15節。(真の宗教の告白における確固さについて。)

説教44 「ヨシュア記」第24章第15節。(国教について。)

説教45 「ヨハネによる福音書」第1章第14節。(1. イエス・キリストの神性について。)

説教46 「ヨハネによる福音書」第1章第14節。(2. 同じ主題について。)

説教47 「ヨハネによる福音書」第1章第14節。(1. イエス・キリストの受肉について。)

説教48 「ヨハネによる福音書」第1章第14節。(2. イエス・キリストの受肉について。)

説教49 「ヘブライ人への手紙」第9章第26節。(イエス・キリストの犠牲と贖罪について。)

説教50 「テモテへの手紙一」第2章第5節。(神の本性と三位一体の有効性について。)

4. バルベラック以後の仏訳版『説教集』の収録順
(1)『カンタベリ大主教故ティロットスン氏による悔い改めについての説教。ベルリンのフランス人教会牧師C. L. ドゥ・ボゾブル氏による英語からの翻訳』(Sermons sur la repentance par feu Mr. Tillotson, archeveque de Cantorberi. Traduit de l'Anglois par C. L. De Beausobre, ministre de l'Eglise françoise de Berlin. Tome Septième. A Amsterdam : aux dépends de J. L. Brandmüller, 1738.)

初版は1727/1728年に出版された。仏訳版『説教集』の1738年版と1744年版には第7巻、1767年版には第8巻と記されている。『二〇〇説教集』説教105—119(全14巻説教集の第8巻)の仏訳。

説教1[『二五四説教集』説教159、以下同様。] 悔悛と信仰の必要について。「使徒言行録」第20章第24節。

説教2[説教160] 罪の許しを得るために、罪を告白し、放棄する必要について。「箴言」第28章第13節。

説教3[説教161] 罪の告白と苦悩について。「詩編」第38章第19節。

説教4[説教162] 罪はこの世において現実の利益に追従されない。1. 悔悛の

理由。「ヨブ記」第23章第27，28節。

説教5 ［説教163］　恥は罪と不可分である。2. 悔悛の理由。「ローマの信徒への手紙」第6章第21，22節。

説教6 ［説教164］　罪が至らしめる究極の目的。3. 悔悛の理由。「ローマの信徒への手紙」第6章第21，22節。

説教7［説教165―166］　信心深い生活の現在および将来の利益。4. 悔悛の理由。「ローマの信徒への手紙」第6章第21，22節。

説教8 ［説教167―169］　信心深い決意の本性と必要について。「ヨブ記」第34章第31，32節。

説教9 ［説教170―171］　返還の本性と必要について。「ルカによる福音書」第19章第8，9節。

説教10 ［説教172］　悔い改めるための反省の効用。「民数記」第32章第29節。

説教11 ［説教173］　福音が説かれる場所での不悔悛の危険。「マタイによる福音書」第11章第21，22節。

(2)『カンタベリ大主教故ティロットスン氏によるさまざまな重要な主題についての説教。英語からの翻訳』(Sermons sur diverses matières importantes, par feu MR. Tillotson, Archevêque de Cantorberi. Traduit de l'Anglois Tome Septième. A Amsterdam : chez Pierre Humber, 1743.)

1743年版の扉には「第7巻」と記されている。献呈文には「牧師ジャン・ベルトラン」と署名されている。『二〇〇説教集』説教120―134（全14巻説教集の第9巻），説教140（同第10巻）および説教158（同第11巻）の仏訳。

説教55 ［『二五四説教集』説教174］　自然と啓示によって確立された魂の不死について。1.「テモテへの手紙　二」第1章第10節。

説教56 ［説教175］　［聖書の］同じ言葉について。2.

説教57 ［説教176］　同じ言葉について。3.

説教58 ［説教177］　同じ言葉について。4.

説教59 ［説教178］　最後の審判について。1.「コリントの信徒への手紙　二」第5章第10節。

説教60 ［説教179］　同じ言葉について。2.

説教 61［説教 180］　同じ言葉について。3.

説教 62［説教 181］　同じ言葉について。4.

説教 63［説教 182］　同じ言葉について。5.

説教 64［説教 183］　審判の日の不確実性について。「マルコによる福音書」第 13 章第 32，33 節。

説教 65［説教 194］　キリストの復活の可能性について。「使徒言行録」第 26 章第 8 節。

説教 66［説教 184］　真の信奉者の復活の確実性と幸福について。「テサロニケの信徒への手紙一」第 4 章第 14 節。

説教 67［説教 185］　善人のあの世での幸福について。1.「ヨハネの手紙一」第 3 章第 2 節。

説教 68［説教 186］　同じ言葉について。2.

説教 69［説教 187］　善人と悪人のさまざまな目的において正当化される神の知恵。「箴言」第 14 章第 32 節。

説教 70［説教 188］　我々の究極の目的を考察する効用について。「詩編」第 90 章第 12 節。

説教 71［説教 212］　この世はただ労働の時間にすぎない。「コレヘトの言葉」第 9 章第 10 節。

付録 4

ジョゼフ＝マリ・ドゥ・ジェランド
『哲学体系比較史——人知原理との関連性』

I．『哲学体系比較史——人知原理との関連性』初版（1804 年）

第 1 巻
第 1 部　人知の原理に関する哲学の主要体系の簡略化された歴史
第 1 章　この書作の対象と構想
第 2 章　哲学史家について
第 3 章　哲学の起源について
第 4 章　第一期—イオニア派，ピュタゴラス，ヘラクレイトス
第 5 章　第一期の続き—エレアの二学派—ソフィスト
第 6 章　第二期—ソクラテス，プラトンと三つのアカデメイア—懐疑主義者
第 7 章　第二期の続き—アリストテレス，エピクロスとゼノン
第 8 章　第三期。折衷主義または混合主義。神秘主義的教義の支配
第 9 章　第四期。アラブ人。スコラ学派。アリストテレス哲学の支配
第 10 章　第五期。哲学の改革。ベイコンと彼の学派。実験的方法
第 11 章　ベイコンとロックの教義がフランスとイングランドで遂げた発展
第 12 章　より狭い範囲に経験の原理を限定する哲学者たち。ホッブズと彼の学派。近代の折衷主義と懐疑主義。観念論者

第 2 巻　第 1 部の続き
第 13 章　デカルト主義の歴史
第 14 章　ライプニッツとヴォルフ。精神の自動性。充足矛盾律および充足理由律
第 15 章　先行章の続き

第 16 章　カントと彼の学派。知識の正当性の批判または証拠。知的力能の形式と法則

第 17 章　批判哲学の運命とカント学派から生じた多様な体系への一瞥

第 2 部　人知の創成についての哲学体系の批評的分析
第 1 章　第 2 部の意図
第 2 章　一般的観点に帰着される哲学史
第 3 章　哲学体系の形成における人間精神の営みについての考察
第 4 章　哲学者が抱く若干の偏見の起源。それらはほとんどつねに，知識の真の原理が尊重されなかったことから生じる

第 3 巻　第 2 部の続き
第 5 章　古代における哲学的発見の全般的進展
第 6 章　近代における哲学について
第 7 章　人知原理に関して，哲学に未だ存続する欠落
第 8 章　思弁哲学または合理主義哲学についての考察
第 9 章　独断論についての考察
第 10 章　観念論についての考察
第 11 章　懐疑主義についての考察
第 12 章　経験論についての考察
第 13 章　批判哲学についての考察
第 14 章　経験の哲学について結論

II．『哲学体系比較史――人知原理との関連性』第 2 版補訂版（1822―1823 年）

この著作に含まれる章の一覧
第 1 巻
この第 2 版についての書籍出版販売業者の緒言
序論
第 1 章―哲学史，この著作の第一部の構想について
　　　　第 1 章の注

付録4　ジョゼフ=マリ・ドゥ・ジェランド『哲学体系比較史』

第2章―哲学史について
　　　　第2章の注
第3章―第一期―哲学の起源について
　　　　第3章の注
第4章―ギリシャにおける哲学の最初の発展―タレスとイオニア派
　　　　第4章の注
第5章―イタリア派
　　　　第5章の注
第6章―エレア派―第一エレア派―ヘラクレイトス
　　　　第6章の注

第2巻
第7章　第二エレア派
　　　　第7章の注
第8章　ソフィスト―懐疑主義の最初の兆し
　　　　第8章の注
第9章　第二期―ソクラテス
　　　　第9章の注
第10章　キュニク派―キュレナイカ派，エリス派およびメガラ派
　　　　　第10章の注
第11章　プラトンと第一アカデメイア
　　　　　第11章の注
第12章　アリストテレス
　　　　　第12章の注
第13章　エピクロス
　　　　　第13章の注
第14章　ピュロンと懐疑主義者
　　　　　第14章の注

第3巻
第15章　ゼノンとストア派
　　　　　第15章の注

243

第16章 新アカデメイア派―アルケシラオス―カルネアデス，フィロンとアンティオコス
　　　　第16章の注
第17章 第三期―アレクサンドリアに移されたギリシャ哲学―さまざまな学派の協調―哲学の科学への応用
　　　　第17章の注
第18章 ローマに導入され，ローマ帝国に普及したギリシャ哲学―さまざまな学派の運命と協調，新たな応用
　　　　第18章の注
第19章 懐疑主義の最新の展開
　　　　第19章の注
第20章 神秘主義的な教義の起源―東洋の伝統とギリシャ哲学の第一の混合―ユダヤ教博士―グノーシス派
　　　　第20章の注
第21章 新プラトン主義者
　　　　第21章の注

第4巻
第22章 教父とキリスト教博士の哲学
　　　　第22章の注
第23章 第四期―哲学研究の衰退の一般的原因―後期ローマ帝国のギリシャ人における哲学の運命
　　　　第23章の注
第24章 中世のアラブ人とユダヤ人における哲学の運命
　　　　第24章の注
第25章 7―11世紀の西洋における哲学の運命―スコラ哲学の起源と第一世代
　　　　第25章の注
第26章 スコラ哲学の第二世代
　　　　第26章の注
第27章 スコラ哲学の第三世代
　　　　第27章の注

第 28 章　スコラ哲学の第四世代
　　　第 28 章の注

Ⅲ．『哲学体系比較史——人知原理との関連性。第 2 部。文芸復興から 18 世紀末までの近代哲学史』第 2 版補訂版（1847 年）

第 1 巻
緒言
第 1 章　15 世紀における文芸復興。哲学の改革との関連におけるその考察
第 2 章　ギリシャの教義の復活。イタリアのプラトン主義的学派
　　　　G. ゲミストス・プレトン[1]—トレビゾンドのゲオルギ[2]—ベッサリオン[3]—フィチーノ[4]—ジョヴァンニ・ピコ・デッラ・ミランドラ[5]—J. フランチェスコ・デッラ・ミランドラ[6]—シピオーネ・アニェッリ[7]—パトリキウス[8]等
第 3 章　アリストテレス哲学の新たな運命
　　　　ルフェーブル・デタープル[9]—レオニコ・トメオ[10]—ポンポナッツィ—

---

1) Γεώργιος Γεμιστός Πλήθων (Georgios Gemistos Plethon), c. 1355-1450 / 1452. ビザンティン帝国の哲学者，ユマニスト。主著『法律』は教会当局の命によって焚書，そのうち「運命について」のみ現存。
2) Γεώργιος Τραπεζούντιος (Géôrgios Trapézoundios), 1396-1472. ギリシャの哲学者，ユマニスト。
3) Johannes Bessarion, c. 1400-1472. ビザンティン出身のユマニスト，神学者。後にバジレイウスと呼ばれた。主著『プラトン誹謗者に駁して』の他，アリストテレス『形而上学』クセノフォン『ソクラテスの思い出』のラテン語訳がある。
4) Marsilio Ficino, 1433-1499. ルネサンス期イタリアの指導的プラトン主義者。主著『キリスト教について』（1474 年），『プラトン神学』（1482 年）。
5) Giovanni Pico della Mirandola, 1463-1494. イタリア・ルネサンス期の哲学者。主著『人間の尊厳について』。
6) Giovanni Francesco Pico della Mirandola, 1470-1533. ジョヴァンニ・ピコ・デッラ・ミランドラの甥。悪魔学者として知られる。
7) Scipione Agnelli, 1586-1653. イタリアの詩人。
8) Franciscus Patricius（Francesco Patrizi），1529-1597. イタリアの哲学者。フィチーノの影響下にプラトン主義者となった。
9) Jacques Lefèvre d'Étaple, c. 1455-1536. フランスの神学者，ユマニスト。聖書の仏語訳を完成（1530 年）。
10) Nicholas Leonicus Thomaeus（Niccolò Leonico Tomeo），1456-1531. パドヴァ大学哲学教授。

アンドレア・チェザルピーノ[11]—ルター—メランヒトン等

第4章　他のいくつかの古代哲学体系の復興

テレジオ[12]—ベリガール（ギエルメ・ドゥ）[13]—セバスチャン・バッソン[14]等

第5章　神秘主義的教義の体系の新たな発展

ヨハンネス・ロイヒリン[15]—ジョルジョ・ゾルジ[16]—コルネーリウス・アグリッパ[17]—テオフラストゥス・パラケルスス[18]—J.-B. ファン・ヘルモント[19]—ロバート・フラッド[20]—ヤーコプ・ベーメ[21]—ピエール・ポワレ[22]等

第6章　哲学の外面的・付随的方法を改革するために行われた試み—哲学的文体について

アンジェロ・ポリツィアーノ[23]—ピエトロ・パオロ・ヴェルジェリオ[24]—ジョヴァンニ・ポンターノ[25]—ロレンツォ・ヴァッラ[26]—ロドル

---

11) Andrea Cesalpino, 1519-1603. イタリアの博物学者，医者。主著『植物論』（1583年）。
12) Bernardino Telesio, 1509-1588. イタリアの自然哲学者。主著『固有原理からみた事物の本性』（1565-1586年）。
13) Claude Guillermet de Bérigard, 1578-1663. フランスの哲学者。
14) Sébastien Basson, 17世紀フランスの自然哲学者。主著 Philosophiae naturalis adversus Aristotelem libri XII （1621）。
15) Johannes Reuchlin, 1455-1522. ドイツの代表的なユマニスト，法律学者，詩人，古典語学者。メランヒトンの大伯父。主著『ヘブライ語初歩』（1506年）。
16) Francesco Giorgio Veneto（Francesco Zorzi），1466-1540，イタリアの聖フランチェスコ修道士。主著 De harmonia mundi totius cantica tria （1545）。
17) Heinrich Cornelius Agrippa von Nettesheim, 1486-1535. ルネサンスのドイツ哲学者。著書に『秘密哲学』（1510年）等。
18) Paracelsus（Philippus Aureolus Theophrastus Bombastus von Hohenheim），1493-1541. スイスの錬金術者，医師。主著『大外科学』（1536年）。
19) Jan Baptista van Helmont, 1580-1644. オランダの生理学者，化学者で医師。医学派の先駆者。
20) Robert Fludd, 1574-1637. イングランドの医師，神秘思想家。ヨーロッパを旅行し，パラケルススの影響を受けた。『全集』（6巻，1638年）。
21) Jakob Böhme, 1575-1624. ドイツの神秘主義的哲学者。主著『燭光』（1612），『恩恵の選びについて』（1623年）等。
22) Pierre Poiret Naudé, 1646-1749. 17世紀フランスの代表的な神秘思想家。
23) Angelo Poliziano, 1454-1494. イタリアの詩人，ユマニスト。本名 Angelo Ambrogini. 著書に『イリアス』のラテン語訳（1470-1475年），『騎馬試合の歌』（1475-1478年），『パッツィ家の陰謀』（1478年），『雑録』（1489年）等。
24) Pietro Paolo Vergerio, 1498-1565. イタリアのプロテスタント宗教改革者。

フス・アグリコラ[27]—マキャヴェッリ[28]—ボテロ[29]—ボダン[30]—エラスムス[31]—ルイス・ビベス[32]—マリオ・ニッツォーリ[33]—ラムス[34]—ラブレー[35]

第7章　スコラ哲学の最後の運命

メルチョル・カノ[36]—カジェタン枢機卿（トマソ・デ・ヴィオ）[37]—クリュソストムス・ヤヴェルス[38]—J.-カラムエル・デ・ロプコヴィッツ[39]—スアレス[40]—オノレ・ファブリ神父[41]等

第8章　懐疑主義の革新

ヒエロニュムス・ヒルンハイム[42]—モンテーニュ—シャロン[43]—ラ・

---

25) Giovanni Pontano, 1426-1503. イタリアの詩人，ユマニスト，政治家。著書に詩集『夫婦愛』，『単長格詩篇』等。

26) Lorenzo Valla, c. 1407-1457. イタリアのユマニスト，哲学者，言語学者。主著『ラテン語の尊さ』（1435-1444 年）。

27) Rodolphus Agricola, 1443-1485. オランダのユマニスト。本名 Roelof Huysman。

28) Niccolò di Bernado dei Machiavelli, 1469-1527. イタリアの政治家，政治思想家。

29) Giovanni Botero, 1544-1617. イタリアの政治思想家，文人。ピエモンテの人。

30) Jean Bodin, 1529 / 1530-1596. フランスのユグノー戦争時代の政治思想家。マキャヴェッリと並び称される。

31) Desiderius Erasmus, c. 1469-1536. オランダのユマニスト。主著『格言集』（1500 年），『痴愚神礼賛』（1511 年）等。

32) Juan Luis Vives, 1492-1540. スペインのユマニスト。主著『子供の正しい教え方』（1523 年），『魂と生命についての三編』（1538 年）。

33) Mario Nizzoli, 1488-1567. イタリアのユマニスト。

34) Petrus Ramus（Pierre de la Ramée），1515-1572. フランスのユマニスト，論理学者。1561 年頃新教に改宗。サン＝バルテルミの虐殺で殺害。

35) Francois Rabelais, c. 1494-c. 1553. フランスの物語作家。主著『ガルガンチュアとパンタグリュエル』（5 巻，1532-1564 年）。

36) Melchor Cano, c. 1509-1560. スペインのスコラ派神学者。

37) Thomas Cajetan（Thommaso de Vio），1469-1534. イタリアの神学者，哲学者，枢機卿（1517-1534 年）。

38) Chrysostom Javello（Chrysostomus Javellus），c. 1470-1538. イタリアのドミニコ会士。ボローニャで哲学と神学を教えた。

39) Juan Caramuel y Lobkowitz（Juan Caramuel de Lobkowitz, 1606-1682. スペインのスコラ派哲学者。

40) Francisco de Suárez, 1548-1617. スペインの哲学者，神学者。イエズス会士。「優秀学者」（Doctor eximius）と呼ばれる。近世のスコラ学を興した。主著『形而上学討論』，『法律論』（1612 年）。

41) Honoré Fabri, 1608-1688. フランスの神学者。イエズス会士。

42) Hieronymus Hirnhaim（Jeronýma Hirnhaima），1637-1679. チェコ出身。プラハ大学神学博士。

　　　　モット・ル・ヴァイエ[44)]—サンチェス[45)]
第9章　哲学の新体系の創造のための第一の試み
　　　　レモン・スボン[46)]—ニコラウス・クザーヌス枢機卿[47)]—ジェロラモ・カルダーノ[48)]—ジョルダーノ・ブルーノ[49)]—トマソ・カンパネッラ[50)]—ニコラウス・タウレルス[51)]等

第2巻
第10章　哲学の基本的方法における改革
　　　　ヤコボ・コンチオ［またはアコンチオ］[52)]—ガリレイ[53)]—ベイコン
第11章　フランスにおいて自然学の方法および発展と結びついた哲学
　　　　ガッサンディ[54)]と彼の学派—ドゥロドン[55)]—デュアメル[56)]—マリオット[57)]

---

43) Pierre Charron, 1541-1603. フランスの哲学者，カトリック神学者。主著『知恵について』(1601年)。
44) François de La Mothe Le Vayer, 1588-1672. フランスの思想家，作家。モンテーニュの懐疑主義を受け継ぐ。
45) Francisco Sánchez, c. 1550-c. 1623. ポルトガル生まれの医学者，哲学者。主著『不可知なるがゆえに最高貴にして第一普遍なる学についての論究』(1581年)。
46) Raymond of Sabunde (Raymond Sebon / Sebond), c. 1385-1436. ラモン・シビウダ。カタルーニャの医師，哲学者。トゥールーズ大学神学教授。
47) Nicolaus Cusanus, 1401-1464. ドイツの哲学者，宗教家。本名 Nikolaus Chrypffs. 1448年枢機卿。主著『知ある無知』(1440年)，『神の幻視』(1453年)。
48) Geronimo Cardano, 1501-1576. イタリアの数学者，医者。主著『アルス・マグナ』(1545年)。
49) Giordano Bruno, 1548-1600. 後期ルネサンスの哲学者。主著『原因・原理・一者』(1584年)，『無限，宇宙と諸世界について』(1584年)，『最小者論』(1591年)，『モナド論』(1591年)。
50) Tommaso Campanella, 1568-1639. イタリアの哲学者。ドミニコ会士。本名 Giovan Domenico Campanella.『感覚によって証明される哲学』(1591年)，『太陽の都』(1602年)，『形而上学』(1638年) 等を著す。
51) Nicolaus Taurellus, 1547-1606. ドイツの哲学者，医者。主著『哲学の勝利』(1573年)。
52) Jacob Acontius (Jacopo Aconcio), c. 1520-c. 1566. イタリアの法学者，神学者，哲学者。
53) Galileo Galilei, 1564-1642. イタリアの物理学者，天文学者。
54) Pierre Gassendi, 1592-1655. フランスの哲学者，科学者，司祭。
55) David de Rodon / Derodon, c. 1600-1664. フランスのカルヴァン派の神学者，哲学者。
56) Jean-Baptiste du Hamel / Duhamel, 1624-1706. フランスの科学者，哲学者，神学者。
57) Edme Mariotte, c. 1620-1684. フランスの自然学者，物理学者。マリオットの法則 (ボイルの法則と同等) を提唱。

第12章　デカルト

第13章　デカルト主義

第14章　近代プラトン主義

ボシュエ[58]—フェヌロン[59]—マルブランシュ—ヘンリ・モア—カドワース—ハーバート・チャーベリ卿[60]等

第15章　ホッブズ—コリンズ[61]—トランド[62]—スピノザ—ブランヴィリエ[63]—クリストフ・ウィティキウス[64]等

第3巻

第16章　ロックと彼の学派

第17章　ドイツにおける哲学の改革

ライプニッツ—チルンハウゼン[65]—クリスティアン・トマジウス

第18章　17世紀における懐疑主義の新たな形式

パスカル—ユエ[66]—フーシェ司祭[67]—グランヴィル[68]—ベール—メルセンヌ神父[69]—ドゥ・シロン[70]—J. P. ドゥ・クルーザ

---

[58] Jacque Bénigne Bossuet, 1627-1704. フランスの聖職者，説教家，神学者。

[59] François de Salignac de la Mothe Fenelon, 1651-1715. フランスの宗教家，神秘的神学者。静寂主義者。ボシュエと対立。

[60] Herbert of Cherbury, Edward Herbert, 1st Baron 1582-1648. イギリスの理神論の始祖とされる。主著『真理について』（1624年）。

[61] Anthony Collins, 1676-1729. イングランドの理神論者，自由思想家。

[62] John Toland, 1670-1722. アイルランドの思想家。理神論の立場に立つ。主著『秘儀なきキリスト教』（1696年）。

[63] Henri de Boulainvilliers, 1658-1722. フランスの歴史家，哲学者。

[64] Christopher Wittich（Christoph Wittichius），1625-1687. ドイツ出身のオランダの神学者。

[65] Ehrenfried Walther von Tschirnhaus / Tschirnhausen, 1651-1708. ドイツの哲学者。数学者，科学者。チルンハウスとも呼ばれる。主著『精神の医学』（1687年）。

[66] Pierre Daniel Huet, 1630-1721. フランスの哲学者，化学者。アブランシュの司祭。『デカルト哲学批判』（1689年）ほか著書多数。

[67] Simon Foucher, 1644-1696. フランスの哲学者。

[68] Joseph Glanvill, 1636-1680. イギリスの哲学者。イングランド国教会の神学者，牧師。懐疑論者。主著『独断論の虚しさ』（1661年），『科学的な懐疑，あるいは無知の告白こそが科学への道』（1665年）。

[69] Marin Mersenne, 1588-1648. フランスの哲学者，数学者。彼の修道院はメルセンヌ・アカデミーと呼ばれた。主著『諸学の真理』（1625年）。音楽論の『宇宙の調和』（1636-1637年）等を著す。

[70] Jean de Silhon, 1596-1667. フランスの哲学者，政治家。アカデミー・フランセーズ会員（1634-1667年）。著書に『人知の確実性』（1667年）等。

第 19 章　18 世紀における哲学の運命―フランスにおける新折衷主義

フォントネル[71]―ビュフィエ神父―ルニョー神父[72]―アンドレ神父[73]―ダゲソー[74]―テラソン司祭[75]―ヴォヴナルグ[76]―ヴォルテール[77]―J.-J. ルソー

第 20 章　先行章の続き

デュマルセ[78]―コンディヤック―テュルゴー[79]―ダランベール[80]―コンドルセ[81]―ル・カ[82]―ビュフォン[83]等

第 21 章　スイス，オランダにおける新折衷主義―ベルリン・アカデミーの著作

ドゥ・クルーザ―シャルル・ボネ―オイラー[84]―イーゼリン[85]―ランベルト[86]―マイスター[87]―フォン・ボンシュテッテン[88]―スフラーフェサンデ[89]―ヘムステルホイス[90]―ファン・ウィジンパー

---

71) Bernard le Bovier de Fontenelle, 1657-1757. フランスの思想家，劇作家。『死者の対話』（1683 年），『世界の多様性についての問答』（1686 年）等。
72) Noël Regnault, 1683-1762. イエズス会士。*Logique en forme d'entretiens, ou l'Art de trouver la vérité*（1742）を著す。
73) Yves-Marie André（Yves-Alexis-Marie de l'Isle-André），1675-1764. フランスの哲学者。イエズス会士。主著『美についての試論』（1741 年）。
74) Henri-François d'Aguesseau, 1668-1751. フランスの法学者。ルイ 15 世時代の大法官。
75) Jean Terrasson, 1670-1750. フランスの教会人，文人。
76) Luc de Clapiers, marquis de Vauvenargues, 1715-1747. フランスのモラリスト。『人間精神認識への叙説』と『省察と箴言』等を収めた著作集（1746 年）を刊行。
77) Voltaire, 1694-1778. フランスの作家，啓蒙思想家。本名フランソワ＝マリ・アルエ（François-Marie Arouet）。主著『哲学書簡』（1734 年），『ルイ 14 世の世紀』（1751 年），『習俗論』（1756 年），『哲学辞典』（1764 年）等。
78) César Chesneau Dumarsais, 1676-1756. フランスの文法学者，哲学者。
79) Anne-Rober-Jacques Turgot, Baron de l'Aulne, 1727-1781. フランスの経済学者，政治家。主著『富の形成と分配に関する諸考察』（1766 年）。
80) Jean Le Rond d'Alembert, 1717-1783. フランスの物理学者，数学者，哲学者。ディドロとともに『百科全書』（1751-1772 年刊，28 巻）を編集。主著『文学，歴史，哲学雑集』（1752 年），『哲学要諦』（1759 年）。
81) Marie-Jean-Antoine-Nicolas de Caritat, marqui de Condorcet, 1743-1794. フランスの哲学者，数学者，革命家。主著『人間精神進歩の史的展望の素描』（1795 年），『多数決確率解析試論』（1786 年）等。
82) Claude-Nicolas Le Cat, 1700-1768. フランスの外科医。『感覚論』（1740 年）等を著す。
83) Georges-Louis Leclerc, Comte de Buffon, 1707-1788. フランスの博物学者。啓蒙思想家としても知られる。大著『博物誌』（または『自然誌』44 巻，1749-1804 年）を著す。
84) Leonhard Euler, 1707-1783. スイスの数学者。近代解析学の創始者の一人。主著『無限小解析緒論』（2 巻，1748 年），『微分学原理』（1755 年），『積分学原理』（3 巻，1768-1770 年）。
85) Isaak Iselin, 1728-1782. スイスの歴史哲学者。

ス[91)]

モーペルテュイ[92)]―フォルメ―メリアン―ベグラン[93)]―カスティヨン[94)]―ボゾブル[95)]―プレモントヴァル[96)]―ズルツァー[97)]―コッキウス[98)]―シュワブ[99)]等

第4巻
第22章　18世紀ドイツにおける新折衷主義

ヴォルフ―アンドレーアス・リューディガー[100)]―J. フランツ・ブッデウス―クルーシウス[101)]―ヴァルヒ[102)]―ダリエス[103)]―シルビウス[104)]―ゴットシェート[105)]―ロイシュ[106)]―プルーケ[107)]―バウムガルテン[108)]―メンデルスゾーン[109)]―ヘルダー[110)]―バセドー[111)]―エーベルハルト[112)]

---

86) Johann Heinrich Lambert, 1728-1777. ドイツの哲学者，物理学者，天文学者，数学者。主著『新オルガノン』(1764年)。
87) Jacques-Henri Meister, 1744-1826. スイスの著述家。
88) Karl Viktor von Bonstetten, 1745-1832. スイスの著述家。主著『南の人と北の人，または気候の影響』(1824年)。
89) Willem 's Gravesande, 1688-1742. オランダの数学者。
90) Franz Hemsterhuis, 1721-1790. オランダの哲学者。主著『彫刻論』(1769年)，『人間とその関係』(1772年)，『シモン』(1790年)。
91) Dionysius van de Wijnpersse, 1724-1808. オランダの哲学者。
92) Pierre-Louis Moreau de Maupertuis, 1698-1759. フランスの数学者，天文学者。主著『宇宙論』(1750年)。
93) Nicolas de Béguelin, 1714-1789. スイスの物理学者。
94) Frédéric-Adolphe-Maximilien-Gustave Salvemini de Castillon, 1747-1814. ユトレヒトの音楽理論家。
95) Louis de Beausobre, 1730-1783. ドイツの文人。フランス人牧師 Isaac de Beausobre の息子。
96) André-Pierre Le Guay de Prémontval, 1716-1764. フランスの数学者，哲学者。
97) Johann Georg Sulzer, 1720-1779. ドイツの美学者，哲学者，心理学者。主著『自然の作物についての若干の道徳的考察』(1771年)，『美的諸芸術一般論』(4巻，1771-1774年)。
98) Leonhard Cochius, 1718-1779. ドイツの哲学者，ギナジウム教師，宮廷説教師。
99) Johann Christoph Schwab, 1743-1821. ヴュルテンベルクの哲学者。
100) Andreas Rüdiger, 1673-1731. ドイツの哲学者，医師。
101) Christian August Crusius, 1715-1775. ドイツの哲学者，神学者。ライプツィヒ大学教授。
102) Johann Georg Walch, 1693-1775. ドイツのルター派の神学者。
103) Joachim Georg Darjes, 1714-1791. ドイツのルター派の牧師，法学者，哲学者。
104) Johann Jacob Syrbius, 1674-1738. ドイツの哲学者，ルター派の神学者。
105) Johann Christoph Gottsched, 1700-1766. ドイツの批評家。ライプツィヒ大学詩学教授。

――プラトナー[113)]――フォン・イルヴィング[114)]――テーテンス[115)]――ガルヴェ[116)]――フェーダー[117)]等

第23章　18世紀南ヨーロッパにおける哲学の状態について
ヴィーコ[118)]――ジェノヴェージ[119)]――スカレッラ[120)]――デ・ソリア[121)]――クレモナのフロモンド[122)]――バルディノッティ[123)]――ファッチョラー

---

106) Johann Peter Reusch, 1691-1758. ドイツの哲学者，ルター派の神学者。主著 *Systema logicum antiquiorum atque recentiorum item propria praecepta exhibens*（Jena, 1734）. *Systema metaphysicum: antiquiorum atque recentiorum item propria dogmata et hypotheses exhibens*（Jena, 1735）.

107) Gottfried Ploucquet, 1716-1790. ドイツの哲学者。1750年テュービンゲン大学教授。主著 A. ベック編『論理計算の論集』（1773年）。

108) Alexander Gottlieb Baumgarten, 1714-1762. ドイツの哲学者，美学者。主著『美学』（第1巻：1750年，第2巻：1758年），『詩についての哲学的省察』（1735年），『形而上学』（1739年），『論理学』（1740年）。

109) Moses Mendelssohn, 1729-1786. ドイツのユダヤ人哲学者。作曲家 F. メンデルスゾーンの祖父。主著『感覚について』（1755年），『ファイドン――霊魂の不滅について』（1767年）。

110) Johann Gottfried von Herder, 1744-1803. ドイツの哲学者，美学者，批評家，言語学者。主著『言語起源論』（1772年），『人類の歴史哲学考』（1784-1791年），『彫刻論』（1778年）。

111) Johann Bernhard Basedow, 1723-1790. ドイツ啓蒙期の教育改革者。

112) Johann August Eberhard, 1739-1809. ドイツ啓蒙期の哲学者，辞書編集者。

113) Ernst Plattner, 1744-1818. ドイツの人類学者，医師，哲学者。

114) Karl Franz von Irwing, 1728-1801. ドイツの哲学者。主著 *Erfahrungen und Untersuchungen über den Menschen*（4 vols. Belin, 1772-1785）.

115) Johan Nicolaus Tetens, 1736-1807. ドイツの哲学者，心理学者，経済学者。1789年以降コペンハーゲンの行政官。主著『普遍的思弁哲学』（1775年），『人間本性とその展開についての哲学的試み』（2巻，1776-1777年）。

116) Christian Garve, 1742-1798. ドイツの哲学者。主著『さまざまな主題についての試論』（1792年）。

117) Johann Georg Heinrich Feder, 1740-1821. ドイツの哲学者。『新エミール』（2巻，1768-1774年）の著者。

118) Giambattista Vico, 1668-1744. イタリアの哲学者，文学者。『新科学』第1巻（1725年）を自費で刊行。これはのちに補訂され，第2版（1730年），第3版（1744年）となって結実。

119) Antonio Genovesi, 1713-1769. イタリアの哲学者，経済学者。著書に『商業すなわち市民経済講義』（1765年）等。

120) Giovanni Battista Scarella, 1711-1779.『論理学，存在論，心理学および自然神学要綱』（1762年）を著す。

121) Giovanni Gualberto De Soria, 1707-1767. イタリアの哲学者。ピサ大学で哲学を教えた。著作 *Rationalis Philosophiae Institutiones*（Amsterdam, 1741）.

122) Jean-Claude Fromond, 1703-1765. クレモナ出身。

ティ[124)]―ソアーヴェ[125)]―ムラトーリ[126)]―ビアンキ[127)]―ヴェルネイ[128)]等

第24章　スコットランド学派

シャーフツベリ―ハチスン―リード―ビーティ―ジェイムズ・オズワルド―ファーガスン―アダム・スミス―エドワード・サーチ―ドゥーガルド・ステュアート―ウォッツ―ニュートン

第25章　カントと彼の学派―批判哲学または知識の正当性の証拠

第26章　カントの最初の論敵―彼の学派から生じたさまざまな体系

ヤコービ[129)]―マイモン[130)]―ラインホルト[131)]―シュルツェ（ゴットリープ・エルンスト）[132)]―フィヒテ[133)]―シェリング[134)]―ブーテルヴェク[135)]―バルディーリ[136)]

---

123) Caesar Baldinotti, 生没年不詳。著書に *De recta humanae mentis institutione*（1787）。
124) Jacopo Facciolati, 1682-1769. イタリアの辞書編纂者，文献学者。
125) Francesco Soave, 1743-1806. イタリアの哲学者。
126) Lodovico Antonio Muratori, 1672-1750. イタリアの歴史家。『中世史料集』(28巻, 1723-1751年) を編纂。『イタリア史年報』(12巻, 1744-1749年) を公刊。
127) Isidoro Bianchi, 1731-1808. 司祭。クレモナ大学教授。
128) Luis António Verney, 1713-1792. ポルトガルの啓蒙思想家。イエズス会修道士。ローマで神学博士。著書に『勉学の真の方法』(1746年) 等。
129) Friedrich Heinrich Jacobi, 1743-1819. ドイツ啓蒙主義後期の哲学者。主著『スピノザの学説について』(1785年)，『ヒュームの信仰論』(1787年)。
130) Salomon Mimon, c. 1754-1800. ドイツのユダヤ人哲学者。主著『先験哲学試論』(1790年)，『自伝』(モーリッツ編, 2巻, 1792年)。
131) Karl Leonhard Reinhold, 1758-1823. ドイツの哲学者。イェーナ，キールの各大学教授。主著『カント哲学についての書簡』(1786-1787年)。
132) Gottlieb Ernst Schulze, 1761-1833. ドイツの哲学者。ヘルムシュテット，ゲッティンゲン各大学教授。主著『アイネシデモス』(1792年)，『理論哲学批判』(2巻, 1801年)，『人間的認識について』(1832年)。
133) Johann Gottlieb Fichte, 1762-1814. ドイツの哲学者。ドイツ観念論の代表者の一人。イェーナ大学教授，後ベルリン大学教授。主著『全知識学の基礎』(1794年)，『人間の使命』(1800年)，『現代の特質』(1806年)。
134) Friedrich Wilhelm Joseph von Schelling, 1775-1854. ドイツの哲学者。主著『先験的観念論の体系』(1800年)，『人間的自由の本質についての哲学的考察』(1809年)。
135) Friedrich Bouterwek, 1766-1828. ドイツの哲学者，美学者。ゲッティンゲン大学教授。主著『確証論考』(2巻, 1799年)，『美学』(2巻, 1806年)。
136) Christoph Gottlied Bardili, 1761-1808. ドイツの哲学者。主著『第一論理学』(1800年)。

―――――
学士院の「古代史および古代文学」類によって，1808年2月20日に皇帝へ彼の国務院で提出された，1789年以降の哲学の発展とその実状についての歴史的報告書。

参考文献

略号

DNG : Pufendorf, Samuel〔1706, 1732〕1987. *Le droit de la nature et des gens, ou Système général des principes les plus importans de la morale, de la jurisprudence, et de la politique*, traduit du Latin de feu Mr. Le Baron de Pufendorf, par Jean Barbeyrac, Professeur en Droit & en Histoire à Lausanne. Quatième édition, revue & augmentée considérablement. 2 toms. A Basle : E.& J. R. Thourneisen frères.（Réimpression. Caen : Centre de Philosophie politique et juridique de l'Université de Caen）.

KJV : Carroll, Robert and Stephen Prickett eds.〔1997〕2008. *The Bible : authorized King James version*, Oxford : Oxford University Press.

LJA : Smith, Adam 1978. *Lectures on jurisprudence*, edited by R. L. Meek, D. D. Raphael and P. G. Stein. Indianapolis : Liberty Classics, 1-394. アダム・スミスの会監修，水田洋・篠原久・只越親和・前田俊文訳『法学講義1762〜1763』名古屋大学出版会，2012年.

LJB : Smith, Adam 1978. *Lectures on jurisprudence*, edited by R. L. Meek, D. D. Raphael and P. G. Stein. Indianapolis : Liberty Classics, 395-554. 水田洋訳『法学講義』岩波文庫，2005年.

ODNB : H. C. G. Matthew and Brian Harrison eds. 2004. *Oxford dictionary of national biography : in association with the British Academy : from the earliest times to the year 2000*. 61 vols. Oxford : Oxford University Press.

PT : Barbeyrac, Jean〔1706〕1732. "Préface du traducteur". Dans *DNG*, I : xv-cxxxii. 門亜樹子訳『道徳哲学史』（近代社会思想コレクション）京都大学学術出版会，2017年.

TJ : Barbeyrac, Jean〔1709〕2009. *Traité du jeu : où l'on examine les principales questions de droit naturel et de morale qui ont du rapport à cette matière*. 2 toms. A Amsterdam : chez Pierre Humbert.（Réimpression. Whitefish, Mont. : Kessinger Publishing）.

TMS : Smith, Adam〔1790〕1982. *The theory of moral sentiments*, edited by D. D. Raphael and A. L. Macfie. Indianapolis : Liberty Classics. 水田洋訳『道徳感情論』（全2冊）岩波文庫，2003年.

新共同訳：共同訳聖書実行委員会編　1987.『聖書：新共同訳──旧約聖書続編つき』日本聖書協会.

一次文献

Abbadie, Jacques ［1685］1835. *Quatre lettres sur la transsubstantiation*. Toulouse : imprimeris de J.-P. Froment.

Anon. 1722. *The spirit of the ecclesiasticks of all sects and ages, as to the doctrines of morality, and more particularly the spirit of the ancient fathers of the church, examin'd, by Mons. Barbeyrac*, translated from the French by a gentleman of Gray's-Inn, with a preface by the author of the *Independent-Whig*. London : printed for J. Peele.

── ［Anthony Ashley Cooper, 3rd Earl of Shaftesbury］ 1716. *Several letters written by a noble lord to a young man at the university*. London : printed for J. Roberts.

── ［Henry Home（Lord Kames）］［1751］1758. *Essays on the principles of morality and natural religion : in two parts*. The second edition, with alteration and additions. London : printed for C. Hitch et al.

── ［Trenchard, John and Thomas Gordon］ 1721. *The independent Whig*. London : printed for J. Peele.

Aristotle, *Ethica Nicomachea*. 神崎繁訳『ニコマコス倫理学』（アリストテレス全集 15）岩波書店，2014 年．

Arnauld, Antoine et Pierre Nicole ［1662］ 1992. *La logique ou l'art de penser*, notes et postface de Charles Jourdain. Paris : Gallimard.

──1996. *Logic, or, The art of thinking : containing, besides common rules, several new observations appropriate for forming judgment*, translated and edited by Jill Vance Buroker. Cambridge and New York : Cambridge University Press.

Babrius and Phaedrus ［1965］ 1990. *Fables*, newly edited and translated into English by Ben Edwin Perry. Cambridge, Mass. : Harvard University Press.岩谷智・西村賀子訳『イソップ風寓話集』（叢書アレクサンドリア図書館）国文社，1998 年．

Barbeyrac, Jean ［1706］ 1712. "Préface du traducteur". Dans *Le droit de la nature et des gens, ou Système général des principes les plus importans de la morale, de la jurisprudence, et de la politique*, traduit du Latin de feu Mr. Le Baron de Pufendorf, par Jean Barbeyrac, Professeur en Droit & en Histoire à Lausanne. Seconde édition, revue & augmenteée considérablement. 2 toms. A Amsterdam : chez La veuve de Pierre de Coup. I : xlix. 野沢協訳「ジャン・バルベラック：プーフェンドルフ『自然法・万民法』の仏訳に付した「訳者序文」──抄（1706 年）」野沢協編訳『寛容論争集成：下』（ピエール・ベール関連資料集・第 2 巻）所収，法政大学出版局，2014 年，765-769．

── ［1706］ 1734. "Préface du traducteur". Dans *Le droit de la nature et des gens, ou système générale des principes les plus importans de la morale, de la jurispru-*

　　　 dence et de la politique, par le Baron de Pufendorf, traduit du latin par Jean Barbeyrac, Docteur, & professeur en droit dans l'Université de Groningue. Cinquième édition, revue de nouveau & fort augmentée. 3 toms. A Amsterdam : chez La veuve de Pierre de Coup. I: i-cxxi.

――1709. "Projet d'une nouvelle édition de Lucréce, communiqué à l'auteur de cette Bibliothèque". Dans *Bibliothèque choisie, pour suivre de suite à la Bibliothèque universelle*. Art. VII, tom. XVII. A Amsterdam : chez Henri Schelte, 242-269.

―― [1709] 1737. *Traité du jeu : où l'on examine les principales questions de droit naturel et de morale qui ont du rapport à cette matière*. Seconde édition. 3 toms. A Amsterdam : chez Pierre Humbert.

――1728. *Traité de la morale des Peres de l'Eglise : Où en désentdant un Article de la Préface sur Puffendorf, contre l'Apologie de la Morale des Pères du P. Ceillier, Religieux Bénédictin de la Congrégation de St. Vanne & De St. Hydulphe, on fait diverses réflexions sur plusieurs matières importantes*. A Amsterdam : chez Pierre de Coup. 野沢協訳「ジャン・バルベラック『教父道徳論――抄（1728年）』」野沢協編訳『寛容論争集成：下』（ピエール・ベール関連資料集・第2巻）所収，法政大学出版局，2014年，771-796.

――1729. "An historical and critical account of the science of morality, and the progress it has made in the world, from the earliest times down to the publication of this work,"translated by Mr. Carew of Lincoln's-Inn. In Samule Pufendorf, *Of the law of nature and nations : eight books*, translated by Basil Kennett. The fourth edition, carefully corrected. London : J Walthoe et al. 1-88.

――1744, "Mémoire sur la Vie, & sur les Ecrits de Mr. Jean de Barbeyrac, écrit par lui-même". *Nouvelle bibliothèque, ou histoire litteraire des pricipaux écrits qui se publient*. Art. XI, tom. XIX, Avril, Mai, Juin 1744. A La Haye : chez Pierre Gosse, le fils, 271-304.

Bayle, Pierre 1685a. *Nouvelles lettres de l'auteur de la Critique generale de l'Histoire du calvinisme de Mr. Maimbourg*. 2 vols. A Ville-Franche ［i. e. Amsterdam］: chez Pierre le Blanc ［i. e. P. & J. Blaeu］. 野沢協訳・解説『宗教改革史論』（ピエール・ベール著作集・補巻）法政大学出版局，2004年，413-862.

――1685b. "Réflexions sur la présence réelle du Corps de Jesus Christ dans l'Eucharistie, comprises en diverrses Lettres. A la Haye chez Abraham Troye 1685, in 12". *Nouvelles de la république des lettres*. Mois d'Avril 1685. A Amsterdam : chez Henry Desbordes, 438-440.

――1686a. *Commentaire philosophique sur ces paroles de Jésus-Christ "Contrains-les d'entrer"*. A Cantorbery : chez Thomas Litwel. 野沢協訳『寛容論集』（ピエール・

ベール著作集・第 2 巻）法政大学出版局，1979 年，61-389.

―― 1686b. "Discours contre le transsubstanciation composé en anglois par le K. D. T. & traduit par L. C. A Londres par Benoit Griffin 1685, in 12". *Nouvelles de la république des lettres*. Art. VII, mois de Juin 1686. A Amsterdam : chez Henry Desbordes, 681-690.

―― [1697] 1702. *Dictionaire historique et critique*. Seconde édition. 3 toms. A Rotterdam : chez Reinier Leers. 野沢協訳『歴史批評辞典 I-III』（ピエール・ベール著作集・第 3-5 巻）法政大学出版局，1982-87 年.

―― 1704-1707. *Réponse aux questions d'un provincial*. 5 vols. A Rotterdam : chez Reinier Leers. （第 1-3 巻の抄訳）野沢協訳・解説『後期論文集 I』（ピエール・ベール著作集・第 7 巻）法政大学出版局，1992 年，3-939.（第 4-5 巻の抄訳）野沢協訳・解説『後期論文集 II』（ピエール・ベール著作集・第 8 巻）法政大学出版局，1997 年，3-206，267-446.

Beattie, James 1770. *An essay on the nature and immutability of truth : in opposition to sophistry and scepticism*. Edinburgh : printed for A. Kincaid and J. Bell. Sold, at London, by E. & C. Dilly.

―― [1770] 2000. *An essay on the nature and immutability of truth : in opposition to sophistry and scepticism* (*1770*), edited and introduced by James Fieser, Bristol : Thoemmes Press.

―― [1770] 1771. *An essay on the nature and immutability of truth : in opposition to sophistry and scepticism*. The second edition, corrected and enlarged. Edinburgh : printed for A. Kincaid and J. Bell ; and for E.& C. Dilly, London.

―― [1770] 1772. *An essay on the nature and immutability of truth : in opposition to sophistry and scepticism*. The third edition. London : printed for Edward and Charles Dilly ; A. Kincaid and W. Creech, and J. Bell, Edinburgh.

―― [1770] 1773. *An essay on the nature and immutability of truth : in opposition to sophistry and scepticism*. The third edition. Dublin : Thomas Ewing.

―― [1770] 1773. *An essay on the nature and immutability of truth : in opposition to sophistry and scepticism*. The fourth edition, London : printed for Edward and Charles Dilly ; A. Kincaid and W. Creech, Edinburgh.

―― [1770] 1774. *An essay on the nature and immutability of truth : in opposition to sophistry and scepticism*. The fifth edition corrected. London : printed for Edward and Charles Dilly ; and William Creech, Edinburgh.

―― [1770] 1776. *Essays. On the nature and immutability of truth : in opposition to sophistry and scepticism ; On poetry and music, as they affect the mind ; On laughter, and ludicrous composition. On the utility of classical learning*. Edinburgh : printed for William Creech.

—— [1770] 1777. *An essay on the nature and immutability of truth : in opposition to sophistry and scepticism*. The sixth edition, revised and carefully corrected, Edinburgh : printed for William Creech ; and for E. & C. Dilly, and T. Cadell, London.

—— [1770] 1777. *Essays. On the nature and immutability of truth : in opposition to sophistry and scepticism ; On poetry and music, as they affect the mind ; On laughter, and ludicrous composition. On the utility of classical learning*. Edinburgh : printed for the author : and sold by Edward and Charles Dilly, in London ; and William Creech, Edinburgh.

—— [1770] 1778. *An essay on the nature and immutability of truth : in opposition to sophistry and scepticism*. The sixth edition, corrected, London [i. e. Edinburgh] : printed for Edward and Charles Dilly ; and William Creech, Edinburgh.

—— [1770] 1778. *Essays. On the nature and immutability of truth : in opposition to sophistry and scepticism ; On poetry and music, as they affect the mind ; On laughter, and ludicrous composition. On the utility of classical learning*. 2 vols. Dublin : printed for C. Jenkin.

—— [1776] 1975. *Essays. On the nature and immutability of truth : in opposition to sophistry and scepticism ; On poetry and music, as they affect the mind ; On laughter, and ludicrous composition ; On the utility of classical learning*, Edinburgh : printed for William Creech. In *The philosophical and critical works of James Beattie*, facsimile edition prepared by Bernhard Fabian. Vol. 1 (4 vols.), Hildesheim and New York : Olms.

—— [1790-1793] 1974-1975. *Elements of moral science*, 2 vols. Edinburgh : printed for T. Cadell and W. Creech. In *The philosophical and critical works of James Beattie*, facsimile edition prepared by Bernhard Fabian. Vol. 3-4 (4 vols.), Hildesheim and New York : Olms.

Believer (Grey, Zachary) 1723. *The spirit of infidelity, detected : in answer to a scandalous pamphlet, intituled, The spirit of ecclesiasticks of all sects, and ages, as to the doctrines of morality ; and more particularly the spirit of the ancient fathers of the church, examin'd : by Mons. Barbeyrac. In which the fathers are vindicated, the gross falshoods of that writer exposed, and his innumerable inconsistences, as well as those of the Independent Whig his infidel prefacer, are fully lay'd open*. London : printed for T. Payne.

Buddeus, Johann Franz 1703. Historiae philosophicae succincta delinatio. In *Elementa philosophiae instrumentalis, seu institutionum philosophiae eclecticae tomus primus*.

Halae-Saxonum : typis et impensis Orphanotrophium.

―――1704, *Historia iuris naturalis aucta et ad hanc aetatem usque continuata.* In *Selecta iuris naturae et gentium.* Halae-Saxonum : sumptibus Orphanotrophii.

Burnet, Gilbert 1724-1734. *Bishop Burnet's history of his own time.* 2 vols. Vol. 1, London : printed for Thomas Ward ; vol. 2, London : printed for the editor, by Joseph Downing and Henry WoodFall.

Campbell, George [1762] 2001. *A dissertation on miracles*, edited by Doug Sonheim. Bristol : Thoemmes Press.

―――1776. *The philosophy of rhetoric*, 2 vols. London : printed for W. Strahan, T. Cadell and W. Creech.

Cicero, Marcus Tullius. *De officiis*. 高橋宏幸訳「義務について」中務哲郎・高橋宏幸訳『哲学Ⅱ』(キケロー選集・第9巻) 所収, 岩波書店, 2000年, 125-352.

―――*De fnibus bonorum et malorum.* 永田康昭・兼利琢也・岩崎務訳『哲学Ⅲ』(キケロー選集・第10巻) 岩波書店, 2000年.

―――*Tusculanae Disputationes.* 木村健治・岩谷智訳『哲学Ⅴ』(キケロー選集・第12巻) 岩波書店, 2002年.

Cousin, Victor 1846. *Cours de l'histoire de la philosophie moderne : Première séries (Cours de 1815 à 1820).* 5 toms. Nouvelle édition, revue et augmentée. Paris : Ladrange et Didier.

Cudworth, Ralph [1731] 1996. *A treatise concerning eternal and immutable morality : with A treatise of freewill*, edited by Sarah Hutton. Cambridge : Cambridge University Press.

Cumberland, Richard [1672] 1683. *De legibus naturæ disquisitio philosophica, in qua earum forma, summa capita, ordo, promulgatio, & obligatio è rerum natura investigantur : quinetiam elementa philosophiæ Hobbianæ, cùm moralis tum civilis, considerantur & refutantur.* Editio secunda. Lubecae et Francofurti : Prostat apud Samuelem Ottonem & Johannem Wiedemeyerum.

―――[1727] 2005. *A treatise of the law of nature*, translated with introduction and appendix by John Maxwell (1727), edited and with a foreword by Jon Parkin. Indianapolis : Liberty Fund.

―――1744. *Traité philosophique des loix naturelles : où l'on recherche et l'on établit par la nature des choses, la forme de ces loix, leurs principaux chefs, leur ordre, leur publication & leur obligation : on y refute aussi les éléments de la morale & de la politique de Thomas Hobbes*, traduit par Monsieur Barbeyrac. A Amsterdam : chez Pierre Mortier.

Descartes, René [1644] 1692. *Renati Des-Cartes Principia philosophiæ : ultima editio* cum optima collata, diligenter recognita, & mendis expurgate. Amsterodami : ex Typographia Blaviana. 三輪正・本多英太郎共訳「哲学原理」『増補版デカルト著作集・第3巻』所収, 白水社, 2001年, 11-162.

Diogenes Laertius, *Vitae philosophorum*. 加来彰俊訳『ギリシア哲学者列伝』(全3冊) 岩波文庫, 1984-1994年.

Dupin, Louis Ellies 1713. *A compendious history of the church : from the beginning of the world to this present time. Written in French by Lewis Ellis Dupin*. 4 vols. London : printed for Bernard Lintott.

Fleetwood, William 1737. *A compleat collection of the sermons : tracts, and pieces of all kinds, that were written by the Right Reverend Dr. William Fleetwood, Late Lord Bishop of Ely*. London : printed for D. Midwinter et al.

Fleury, Claude 1727. *The ecclesiastical history of M. l'Abbé Fleury, with the chronology of M. Tillemont*. 5 vols. London : printed by T. Wood, for James Crokatt.

Gérando, Joseph-Marie de 1804. *Histoire comparée des systèmes de philosophie, relativement aux principes des connaissances humaines*, 3 toms. Paris : Henrichs.

—— [1804] 1822-1823. *Histoire comparée des systèmes de philosophie, considérés relativement aux principes des connaissances humaines*, deuxième édition, revue, corrigée et augmentée. 4 toms. Paris : Alexis Eymery.

—— [1804] 1847. *Histoire comparée des systèmes de philosophie, considérés relativement aux principes des connaissances humaines : Deuxième partie. Histoire de la philosophie moderne à partir de la renaissance des lettres jusqu'à la fin du dix-huitième siècle*, deuxième édition, revue, corrigée et augmentée. 4 toms. Paris : Librairie philosophique de Ladrange.

Grey, Zachary 1735. *The spirit of infidelity, detected : in answer to a scandalous pamphlet, intituled, The spirit of ecclesiasticks of all sects, and ages, as to the doctrines of morality ; and more particularly the spirit of the ancient fathers of the church, examin'd : by Mons. Barbeyrac. In which the fathers are vindicated, the gross falshoods of that writer exposed, and his innumerable inconsistences, as well as those of the Independent Whig his infidel prefacer, are fully lay'd open*. The second edition corrected and enlarg'd. London : printed for J. Clarke.

Gundling, Nicolaus Hieronymus 1706. *Historiæ philosophiæ moralis pars prima, in qua de opinionibus variarum sectarum de scriptis libris et auctoribus eo pertinentibus ea qua par est libertate disseritur, etc. Pars prima*. Halae Magdebvragicae : Prostat in officina libraria rengerian.

Hobbes, Thomas [1642] 1983. *De cive : the latin version entitled in the first edition Elementorvm philosophiæ sectio tertia de cive and in later editions Elementa phi-*

losophica de cive, edited by H. Warrender. Oxford: Clarendon Press. 伊藤宏之・渡部秀和訳『哲学原論／自然法および国家法の原理』柏書房，2012 年．一部，本田裕志訳『市民論』（近代社会思想コレクション，京都大学学術出版会，2008 年）を参照．

Home, Henry（Lord Kames）［1779］1993. *Essays on the principles of morality and natural religion*, with a new introduction by John Valdimir Price. London: Routledge / Thoemmes Press. 田中秀夫，増田みどり訳『道徳と自然宗教の原理』（近代社会思想コレクション）京都大学学術出版会，2016 年．

Hume, David［1739-1740］1978. *A treatise of human nature*, edited with an analytical index by L.A. Selby-Bigge. The second edition. Oxford: Clarendon Press. 木曾好能訳『人間本性論・第 1 巻──知性について』，石川徹・中釜浩一・伊勢俊彦訳『人間本性論・第 2 巻──情念について』，伊勢俊彦・石川徹・中釜浩一訳『人間知性論・第 3 巻──道徳について』法政大学出版局，1995，2011，2012 年．

── ［1748］2000. *An enquiry concerning human understanding: a critical edition*, edited by Tom L. Beauchamp. Oxford: Clarendon Press. 神野慧一郎・中才敏郎訳『人間知性研究』（近代社会思想コレクション）京都大学学術出版会，2018 年．一部，斎藤繁雄・一ノ瀬正樹訳『人間知性研究──付・人間本性論摘要』（法政大学出版局，2004 年）を参照．

Hutcheson, Francis［1747］1990. *A short introduction to moral philosophy, in three books ; containing the Elements of ethicks and the law of nature*. Glasgow: printed and sold by Robert Foulis. Printer to the University. In *Collected Works of Francis Hutcheson*, facsimile editions prepared by Bernhard Fabian. Vol. 4（7 vols.）, Hildesheim: Georg Olms. 田中秀夫・津田耕一訳『道徳哲学序説』（近代社会思想コレクション）京都大学学術出版会，2009 年．

Kant, Immanuel［1781］1999. *Critique of pure reason*, translated and edited by Paul Guyer and Allen W. Wood. Cambridge: Cambridge University Press. 有福孝岳訳『純粋理性批判：上・中』（カント全集・第 4-5 巻）岩波書店，2001 年．有福孝岳訳・久呉高之訳『純粋理性批判：下／プロレゴーメナ』（カント全集・第 6 巻）岩波書店，2006 年．

── ［1783］2004. *Prolegomena to any future metaphysics that will be able to present itself as a science : with selections from the Critique of pure reason*, translated by Gary Hatfield. Revised edition. Cambridge: Cambridge University Press. 久呉高之訳「プロレゴーメナ」有福孝岳訳・久呉高之訳『純粋理性批判：下／プロレゴーメナ』（カント全集・第 6 巻）所収，岩波書店，2006 年，181-372．

La Placette, Jean 1700. *Traité de l'autorité des sens contre la transsubstantiation*, à Amsterdam: chez G. Gallet.

Locke, John [1690] 1694. *An essay concerning humane understanding in four books*. The second edition, with large additions. London : printed for Awnsham, John Churchil and Samuel Manship.

――[1690, 1975] 2012. *An essay concerning human understanding*, edited with an introduction, critical apparaus and glossary by Peter H. Nidditch. Oxford : Clarendon Press. 大槻春彦訳『人間知性論』(全 4 冊) 岩波文庫, 2004 年 (1974 年初版).

――[1695] 1999. *The reasonableness of Christianity : as delivered in the Scriptures*, edited by John C. Higgins-Biddle. Oxford : Clarendon Press. 服部知文訳『キリスト教の合理性・奇跡論』国文社, 1980 年, 7-218.

――1706. *Posthumous works of Mr. John Locke : viz. I, Of the conduct of the understanding : II, An examination of P. Malebranche's opinion of seeing all things in God : III, A discourse on miracles : IV, Part of a 4th letter for toleration : V, Memoirs relating to the life of Anthony first Earl of Shaftesbury, to which is added : VI, His new method of a common-place-book, written originally in French and now translated into English*. London : Printed by W.B. for A. and F. Churchill at the Black Swan in Pater-Noster-Row.

――[1706] 2002. "A discourse of miracles". In *John Locke : writings on religion*, edited by Victor Nuovo. Oxford : Clarendon Press, 44-50. 服部知文訳『キリスト教の合理性・奇跡論』国文社, 1980 年, 219-230.

――1976-1989. *The correspondence of John Locke*, edited by E.S. De Beer. 8 vols. Oxford : Clarendon Press.

――1997. *Political essays*, edited by Mark Goldie. New York : Cambridge University Press. 山田園子・吉村伸夫訳『ロック政治論集』法政大学出版局, 2007 年.

Lowde, James 1694. *A discourse concerning the nature of man both in his natural and political capacity, both as he is a rational creature and member of a civil society : with an examination of Mr. Hobbs's opinions relating hereunto*. London : Printed by T. Warren for Walter Kettilbe.

Marcus Aurelius 1652. *Markou Antoninou tou autokratoros ton eis heauton biblia 12 : Marci Antonini imperatoris de rebus suis, sive de eis qae ad se pertinere censebat, libri XII : locis havd pavcis repurgati, suppleti, restituti : versione insuper Latinâ novâ ; lectionibus item variis, locísq [ue] parallelis, ad marginem adjectis ; ac commentario perpetuo, explicati atqe illustrate ; studio operâqe Thomae Gatakeri Londinatis*. Cantabrigiae : excudebat Thomas Buck.

――1701. *The Emperor Marcus Antoninus his conversation with himself : together with the preliminary discourse of the learned Gataker. As also, the Emperor's life, written by Monsieur D'acier, and supported by the authorities colllected by Dr. Stan-

　　　　 hope. to which is added the mythological picture of Cèbes the Tehban &c, translated by Jeremy Collier. London : printed for Richard Sare.

―― ［1916］ 2003. *Marcus Aurelius*, edited and translated by C.R. Haines. Cambridge, Mass. : Harvard University Press. 水地宗明訳『自省録』京都大学学術出版会，1998 年.

Massuet, Pierre et al. 1728-1753. *Bibliothèque raisonnée des ouvrages des savants de l'Europe*. 52 toms. A Amsterdam : chez les Wetsteins et Smith (tom. I-XII) ; chez J. Wetstein et G. Smith (tom. XIII-XXVI) ; chez J. Wetstein (tom. XVII-L et 2 vols. de Table).

Maximus, Tyrivs 1994. *Dissertationes*, edidit Michael B. Trapp. Stutgardiae : Teubner.

McCosh, James 1875. *The Scottish philosophy : biographical, expository, critical from Hutcheson to Hamilton*. London : Macmillan.

Montaigne, Michel de ［1595］ 2007. *Les essais*, édition établie par Jean Balsamo, Michel Magnien et Catherine Magnien-Simonin, édition des "Notes de lecture" et des "Sentences peintes" établie par Alain Legros. Paris : Gallimard. 宮下志朗訳『エセー』（全 7 冊）白水社，2005-2016 年.

Nicole, Pierre ［1671a］ 1999. "De la faiblesse de l'homme". Dans *Essais de morale*, choix d'essais introduits, édités et annotés par Laurent Thirouin. Paris : Presses Universitaires de France, 27-65.

―― ［1671b］ 1999. "Moyens de conserver la paix avec les hommes". Dans *Essais de morale*, choix d'essais introduits, édités et annotés par Laurent Thirouin. Paris : Presses Universitaires de France, 109-180.

―― ［1675］ 1999. "De la charité et de l'amour-propre". Dans *Essais de morale*, choix d'essais introduits, édités et annotés par Laurent Thirouin. Paris : Presses Universitaires de France, 381-415.

――1677-1684. *Moral essays : contain'd in several treatises on many important duties, written in French, by Messieurs du Port Royal*. Faithfully rendred into English, by a person of quality. 4 vols. London : printed for R. Bentley and S. Magne.

――1828. *Discourses*, translated from Nicole's essays by John Locke, with important variations from the original French, edited by Thomas Hancock. London : printed for Harvey and Darton.

――2000. *John Locke as translator : three of the Essais of Pierre Nicole in French and English*, edited by Jean S. Yolton. Oxford : Voltaire Foundation.

Noodt, Gerard 1707. *Du pouvoir des souverains et de la liberte de conscience. En deux discours*, traduits du Latin de Mr. Noodt ... par Jean Barbeyrac. A Amsterdam : chez Thomas Lombrail. 野沢協訳「ゲラルト・ノート『講話二篇――主権

者の権力について,および,良心の自由について』,ジャン・バルベラックによる仏訳(アムステルダム,1707 年)」野沢協編訳『良心の自由』(ピエール・ベール関連資料集・補巻)所収,法政大学出版局,2015 年,197-279.

Ovid. *Ex Ponto*. 木村健治訳『悲しみの歌/黒海からの手紙』(西洋古典叢書)京都大学学術出版会,1998 年.

Pascal, Blaise [1651] 1963. "Lettre à M. et Mme Perier, à Clermont, à l'occasion de la mort de M. Pascal, le père, décidé à Paris le 24 Septembre 1651". Dans *Œuvres completes*. Préface d'Henri Gouhier, présentation et notes de Louis Lafuma. Paris : Éditions du Seuil, 275-279. 田辺保訳『書簡集・遺言集』(パスカル著作集・第 2 巻)教文館,1981 年,165-185.

―― [1670] 1701. *Pensées de M. Pascal : sur la religion et sur quelques autres sujets*. Nouvelle édition. A Amsterdam : chez Henry Wetstein. 田辺保訳『パンセ I ‐ II』(パスカル著作集・第 6-7 巻)教文館,1981-1982 年.

―― [1670] 1819. *Œuvres de Blaise Pascal*. Nouvelle édition. Tom. 2 (5 toms.). A Paris : chez Lefèvre. 田辺保訳『パンセ I ‐ II』(パスカル著作集・第 6-7 巻)教文館,1981-1982 年.

Pietersma, Albert and Benjamin G. Wright eds. 2007. *A new English translation of the Septuagint : and the other Greek translations traditionally included under that title*. New York : Oxford University Press.

Plato. *Leges*. 森進一・池田美恵・加来彰俊訳『法律』(全 2 冊)岩波文庫,2005 年(1993 年初版).

――. *Phaedrus*. 藤沢令夫訳「パイドロス――美について」『饗宴/パイドロス』(プラトン全集・第 5 巻)所収,岩波書店,1974 年,127-266.

Prévost, Pierre 1797. "Réflexions sur les Œuvres posthumes d'Adam Smith ; par le Traducteur". Dans Adam Smith, *Essais philosophiques*, traduits de l'anglais par P. Prévost. 2 vols. A Paris : chez H. Agasse, II : 229-271.

―― 1804 / 1805. *Essais de philosophie, ou, Étude de l'esprit humain*. 2 toms. A Genève : chez J.J. Paschoud.

Priestley, Joseph 1774. *An examination of Dr. Reid's Inquiry into the human mind on the principles of common sense, Dr. Beattie's Essay on the nature and immutability of truth, and Dr. Oswald's Appeal to common sense in behalf of religion*, London : printed for J. Johnson.

Pufendorf, Samuel 1672. *De jure naturae et gentium libri octo*. Londini Scanorum : sumtibus Adami Junghans imprimebat Vitus Haberegger.

―― [1672] 1684. *De jure naturae et gentium libri octo*. Editio secunda, auctior multo, et emendatior. Francofurti ad Moenum : sumptibus Friderici Knochii, charactere

Joannis Philippi Andreæ.

―― [1672] 1934. *De jure naturae et gentium libri octo*, vol. 1, the photographic reproduction of the edition of 1688, with an introduction by Walter Simons, vol. 2, the translation of the edition of 1688 by C.H. Oldfather and W.A. Oldfather. 2 vols. Oxford : Clarendon Press.

―― [1673, 1735] 1737. *De officio hominis & civis juxta legem naturalem libri duo : selectis variorum notis, maximeq ; propriis illustravit, celeberrimi buddei historiam juris naturalis notis adauctam praemisit, indicemq ; rerum subjunxit Tho. Johnson*, editio Secunda longe auctior & emendatior. Londini : Impensis Gul. Thurlbourn.

―― [1673] 1927. *De officio hominis et civis juxta legem naturalem libri duo*, vol. 1, the photographic reproduction of the edition of 1682, with an introduction by Walther Schücking, vol. 2, the translation by Frank Gardner Moore. 2 vols. New York : Oxford University Press. 前田俊文訳『自然法にもとづく人間と市民の義務』(近代社会思想コレクション) 京都大学学術出版会, 2016 年.

―― [1703] 1729. *Of the law of nature and nations : eight books*, translated by Basil Kennett. The fourth edition, carefully corrected. London : J Walthoe et al.

―― [1707] 1741. *Les devoirs de l'homme et du citoyen : tels qu'ils lui sont prescrits par la loi naturelle*, traduits du latin du Baron de Pufendorf, par Jean Barbeyrac, Docteur & professeur de droit à Groningue. Sixiéme édition. 2 toms. A Trévoux : L'imprimerie de S. Altesse Sérénissime.

Reid, Thomas [1764] 1997. *An inquiry into the human mind on the principles of common sense*, edited by Derek R Brookes. Edinburgh : Edinburgh University Press. 朝広謙次郎訳『心の哲学』知泉書館, 2004 年.

―― [1785] 2002. *Essays on the intellectual powers of man*, text edited by Derek R. Brookes, annotations by Derek R. Brookes and Knud Haakonssen, introduction by Knud Haakonssen. A critical edition. University Park, Pa. : Pennsylvania State University Press.

―― [1788] 2010. *Essays on active powers of man*, edited by Knud Haakonssen and James A. Harris. Edinburgh : Edinburgh University Press.

――1846. *The works of Thomas Reid, D.D. : now fully collected, with selections from his unpublished letters*, preface, notes and supplementary dissertations by Sir William Hamilton. Edinburgh : Maclachlan and Stewart.

――2007. *Thomas Reid on practical ethics : lectures and papers on natural religion, self-government, natural jurisprudence and the law of nations*, edited by Knud Haakonssen. Edinburgh : Edinburgh University Press.

Rousseau, Jean-Jacques 1755. *Discours sur l'origine et les fondements de l'inégalité* parmi les hommes. A Amsterdam : chez M. M. Rey. 本田喜代治・平岡昇訳『人間不平等起源論』（改訳）岩波文庫，2011 年（1972 年初版）．

――［1755］1994. *Discourse on the origin of inequality*, translated by Patrick Coleman, edited with an introduction by Patrick Coleman. Oxford : Oxford University Press.

――1762. *Du contrat social, ou, principes du droit politique*. A Amsterdam : chez Marc-Michel Rey. 桑原武夫・前川貞次郎訳『社会契約論』岩波文庫，2000 年（1954 年初版）．

Saint Augustine 1841-1902. *Sancti Aurelii Augustini, Hipponensis episcopi, opera omnia, post lovaniensium theologorum recensionem castigata denuo ad manuscriptos codices Gallicos, Vaticanos, Belgicos, etc., necnon ad editiones antiquiores et castigatiores, opera et studio Monachorum Ordinis Sancti Benedicti e congregatione S. Mauri*, accurante J.-P. Migne. Editio novissima, emendata et auctior. 16 vols. Parisiis : apud Garnier fratres, editores et J.-P. Migne successores.

――1957-1972. *The city of God against the pagans : in seven volumes*, with an English translation by George E. McCracken. Cambridge, Mass. : Harvard University Press. 服部英次郎訳『神の国』（全 5 冊）岩波文庫，1982-1991 年．

――1972. *La genèse au sens littéral en douze livres* (VIII-XII) / *De Genesi ad litteram libri duodecim*, traduction, introduction et notes par P. Agaësse et A. Solignac. Dans *Bibliothèque Augustinienne : Œuvres de Saint Augustin*, vol. 49. ［Paris：］Desclée de Brouwer. 片柳栄一訳『創世記注解（2）』（アウグスティヌス著作集・第 17 巻）教文館，1994 年．

――2001-2005. *Letters*, translation and notes by Roland Teske. 4 vols. In *The works of Saint Augustine : a translation for the 21st century*, translation and notes, Edmund Hill, editor, John E. Rotelle. Brooklyn, N.Y. : New City Press, 1990-.

Smith, Adam ［1795］1980. *Essays on philosophical subjects*, edited by W.P.D. Wightman and J.C. Bryce, with *Dugald Stewart's Account of Adam Smith*, edited by I.S. Ross, general editors, D. D. Raphael and A. S. Skinner. Oxford : Clarendon Press. (『哲学論文集』の訳）アダム・スミスの会監修，水田洋他訳『哲学論文集』名古屋大学出版会，1993 年．（ドゥーガルド・ステュアート『アダム・スミスの生涯と著作』の訳）福鎌忠恕訳『アダム・スミスの生涯と著作』御茶の水書房，1984 年．

Spinoza, Benedictus de ［1670］1843-1846, *Tractatus theologico-politicus*. In *Opera quae supersunt omnia*, edited by Carl Hermann Bruder. 3 vols. Lipsiae : ex officina Bernhardi Tauchnitz.畠中尚志訳『神学・政治論――聖書の批判と言論の自由』（全 2 冊）岩波文庫，1944 年．

Staël, Mme de ［1810］1958-1960. *De l'Allemagne*, une introduction, des notices et des notes par la comtesse Jean de Pange, avec le concours de Simone Balayé. Nouvelle édition. 5 toms. Paris : Hachette. エレーヌ・ド・グロート・梶谷春子・中村加津・大竹仁子訳『ドイツ論』（全3冊）鳥影社，1996年.

Stanley, Thomas [1655-1662] 1701. *The history of philosophy : containing the lives, opinions, actions and discourses of the philosophers of every sect. Illustrated with the effigies of divers of them*. The third edition. London : printed for W. Battersby et al.

Steuart, James, Sir 1805. "Observations on Dr. Beattie's *Essay on the Nature and Immutability of Truth*. The second edition, printed at Edinburgh, 1771". "Letter from Dr. Beattie to William Cumine, Esq.". In *The works : political, metaphisical, and chronological of the late Sir James Steuart of Coltness, Bart., now first collected by General Sir James Steuart, Bart., his son, from his father's corrected copies, to which are subjoined anecdotes of the author*. 6 vols. London : printed for T. Cadell and W. Davies. VI : 3-42. 川久保晃志訳「ビーティ博士の『真理の本質と不変性についての一試論』第2版，エディンバラ1771年についての諸考察〔含ウィリアム・カミン宛ビーティ博士の手紙〕」『経済と経営』（札幌大学）19 (2)：343-379，1988年.

Stewart, Dugald 1803. *Account of the life and writings of Thomas Reid, D. D. F, R. S. Edin*. Edinburgh : printed for William Creech, and Longman and Ree.

―― [1815-1821] 1824. *Dissertation : exhibiting a general view of the progress of metaphysical, ethical and political philosophy, since the revival of letters in Europe*, Part I-II. In *Supplement to the fourth, fifth, and sixth editions of the Encyclopaedia Britannica, with preliminary dissertations on the history of the sciences*. Vol. 1 and vol. V. (6 vols.) Edinburgh : printed for A. Constable & Co.

――1820-1823. *Histoire abrégeée des sciences métaphysiques, morales et politiques, depuis la renaissance des lettres*, traduite de l'anglois de Dugald Stewart et précédée d'un discours préliminaire, par J. A. Buchon. 3 vols. Paris : F. G. Levrault.

――1854-1860. *The collected works of Dugald Stewart*, edited by Sir William Hamilton. 11 vols. Edinburgh : T. Constable.

Stobeus, Ioannes [1894-1912] 1958. *Ioannis Stobaei Anthologii libri dvo posteriors*, recensvit Otto Hense. 3 vols. In *Ioannis Stobaei Anthologivm*, recensvervnt Cvrtius Wachsmvth et Otto Hense. Vol. 3-5 (5 vols.). Berolini : Weidmannos, 1884-1912. デモクリトスの箴言の邦訳として，内山勝利編，国方栄二他訳『ソクラテス以前哲学者断片集』（全6冊，岩波書店，1996-1998年）を参照した.

Tillotson, John 1743-1744. *Sermons sur diverses matières importantes, par feu MR.*

Tillotson, Archevêque de Cantorberi, traduit de l'Anglois par Jean Barbeyrac. 8 toms. Amsterdam : chez Pierre Humbert.

——1820. *The works of Dr. John Tillotson, late Archbishop of Canterbury : with the life of the author, by Thomas Birch*. 10 vols. London : printed by J. F. Dove, for Richard Priestley.

二次文献

Baldwin, Geoffrey P. 2007. "The translation of political theory in early modern Europe". In *Cultural translation in early modern Europe*, edited by Peter Burke and R. Po-chia Hsia. Cambridge : Cambridge University Press, 101–124.

Batley E. M. 1971. "Archbishop John Tillotson and Johann Gottfried Lessing : The ideal of an objective prose style", *Eighteenth-century studies*, 4 (3) : 318–331.

Bayle-Mouillard, Jean-Baptiste 1846. *Éloge de Joseph-Marie Baron de Gérando*, Paris : Jules Renouard.

Belmas, Élisabeth 2006. *Jouer autrefois : essai sur le jeu dans la France moderne XVIe-XVIIIe Siècle*. Seyssel : Champ Vallon.

Bergier, Nicolas-Sylvestre 1844. *Dictionnaire de théologie, par l'Abee Bergier*. 3 toms. Lille : L. Lefort.

Berlia, Georges 1942. *Gérando : sa vie, son œuvre*. Paris : Librairie générale de droit et de jurisprudence.

Bisset, Sophie 2012. "The light of conscience : Jean Barbeyrac on moral, civil and religious authority". Ph.D. thesis, University of Sussex.

Blosser, Jacob M. 2011. "John Tillotson's latitudinarian legacy : orthodoxy, heterodoxy, and the pursuit of happiness". *Anglican and episcopal history*, 80 (2) : 142–173.

Bocquet, Antoine 2016. *Portrait d'un spiritualiste en penseur social : Joseph-Marie de Gérando (1772–1842)*. Besançon : Presses universitaires de Franche-Comté.

Bonald, Louis-Gabriel-Ambroise, Vicomte de 1818. *Recherches philosophiques sur les premiers objets des connaissances morales*. 2 toms. A Paris : chez Adrien Le Clere.

Bottin, Francesco 2015. "The Scottish Enlightenment and 'Philosophical History'". In *Models of the history of philosophy. Volume III : the second Enlightenment and the Kantian Age*, edited by Gregorio Piaia and Giovanni Santinello. Dordrecht : Springer, 383–472.

Bottin, Francesco and Mario Longo 2011. "The history of philosophy from eclecticism to pietism". In *Models of the history of philosophy. Volume II : from the Cartesian age to Brucker*, edited by Gregorio Piaia and Giovanni Santinello. Dordrecht :

Springer : 301-385.

Boutroux, Émile 1897. "De l'influence de la philosophie écossaise sur la philosophie française". Dans *Études d'histoire de la philosophie*. Paris : Félix Alcan, 413-443.

Braun, Lucien 1973. *Histoire de l'histoire de la philosophie*. Paris : Ophrys.

Broadie, Alexander 2003. "Introduction". In *The Cambridge companion to the Scottish enlightenment*, edited by Alexander Broadie. Cambridge : Cambridge University Press.

———2009. *A history of Scottish philosophy*. Edinburgh : Edinburgh University Press.

Brooke, Christopher 2012. *Philosophic pride : Stoicism and political thought from Lipsius to Rousseau*. Princeton, NJ. : Princeton University Press.

Brown, Michael P. 2004. "Stewart, Dugald". In *ODNB*, 52 : 656-661.

Candolle, Augustin Pyramus de 1839. *Notice sur M. Pierre Prevost*. Tiré de *la Bibliothèque universelle de Genève*, Avril 1839.

Carroll, Robert Todd 1975. *The common-sense philosophy of religion of Bishop Edward Stillingfleet, 1635-1699*. The Hague : Martinus Nijhoff.

Chappey, Jean-Luc, Carole Christen et Igor Moullier 2014. "Introduction : «La force des esprit mous»? De le philosohphie à l'action social. Penser les reconfigurations intellectuelles et politiques après la Révolution" et "Indications Chronologiques". Dans *Joseph-Marie de Gérando (1772-1842) : connaître et réformer la société*, sous la direction de Jean-Luc Chappey, Carole Christen et Igor Moullier. Rennes : Presses universitaires de Rennes, 11-41, 43-44.

Cherbuliez, Antoine 1839. *Discours sur la vie et les travaux de feu Pierre Prévost*. Genève : Imprimerie de Ferd. Ramboz.

Cranston, Maurice 1957. *John Locke : a biography*. London : Longmans, Green.

Dal Santo, Regina Maria 2014. "Assessing human happiness in John Tillotson's sermons". Ph.D. thesis, Università Ca' Foscari Venezia.

———2015. "John Tillotson, Self-love and the teleology of happiness". *English literature*, 2 (1) : 69-86.

———2017. "The Rhetoric of Pssions in John Tillotson's Sermons". *English literature*, 4 : 43-53.

Daled, Pierre F. 2005. *Le matérialisme occulté et la genèse du ≪sensualime≫ : écrire l'histoire de la philosophie en France*. Paris : Librairie Philosophique J. Vrin.

Damiron, Jean-Philibert 1828. *Essai sur l'histoire de la philosophie en France au dix-neuvième siècle*. 2 toms. Paris : Schubart et Heideloff, Leipzig : Ponthieu, Michelsen et Cie.

Derathé, Robert [1950] 1970. *Jean-Jacques Rousseau et la science politique de son temps*. Seconde édition, mise à jour. Paris : Librairie philosophique J. Vrin. 西嶋法友訳『ルソーとその時代の政治学』九州大学出版会, 1986 年.

Dixon, Rosemary 2007. "The publishing of John Tillotson's collected works, 1695-1757". *The library*, 7th series, 8 (2) : 154-181.

Eijnatten, Joris van 2003a. *Liberty and concord in the United Provinces : religious toleration and the public in the eighteenth-century Netherland*s. Leiden and Boston : Brill.

——2003b. "The church fathers assessed : nature, Bible, and morality in Jean Barbeyrac". *De achttiende eeuw*, 35 (1) : 15-25.

Etchegaray, Claire, Knud Haakonssen, Daniel Schulthess, David Stauffer and Paul Wood 2012a. "The context of the Stewart-Prevost correspondence". *History of European ideas*, 38 (1) : 5-18.

——2012b. "The correspondence of Dugald Stewart, Pierre Prevost, and their circle, 1794-1829". *History of European ideas*, 38 (1) : 19-73.

Faccarello, Gilbert and Philippe Steiner 2002. "The diffusion of the work of Adam Smith in the French language : an outline history". In *A critical bibliography of Adam Smith*, general editor, Keith Tribe, advisory editor, Hiroshi Mizuta. London : Pickering & Chatto : 60-119.

Fieser, James 2000. "Editor's introduction". In *Scottish common sense philosophy : sources and origins*. Vol. 2 (5 vols.). Bristol : Thoemmes Press.

Foucault, Michel 2001. *L'herméneutique du sujet : cours au Collège de France*, édition établie sous la direction de François Ewald et Alessandro Fontana, par Frédéric Gros. Paris : Gallimard ; Seuil. 廣瀬浩司, 原和之訳『主体の解釈学——コレージュ・ド・フランス講義 1981-1982 年度』（ミシェル・フーコー講義集成 11）筑摩書房, 2004 年.

Gascoigne, John 1989. *Cambridge in the Age of the Enlightenment : science, religion, and politics from the Restoration to the French Revolution*. Cambridge and New York, Cambridge University Press.

Griffin, Jr., Martin I. J. 1992. *Latitudinarianism in the seventeenth-century Church of England*, annotated by Richard H. Popkin, edited by Lila Freedman. Leiden and New York : E.J. Brill, 1992.

Haakonssen, Knud 1996. *Natural law and moral philosophy : from Grotius to the Scottish Enlightenment*. Cambridge : Cambridge University Press.

Hancock, Thomas 1828. "Preface by the editor". In *Discourses*, translated from Nicole's essays by John Locke, with important variations from the original French, edited by Thomas Hancock. London : printed for Harvey and Darton, i-xxi.

Harrison, John and Peter Laslett 1965. *The library of John Locke*. Oxford : published for the Oxford Bibliographical Society by the Oxford University Press.

Herman, Arther 2001. *How the Scots invented the modern world : the true story of how Western Europe's poorest nation created our world and everything in it*. New York : Three Rivers Press. 篠原久監訳, 守田道夫訳『近代を創ったスコットランド人——啓蒙思想のグローバルな展開』昭和堂, 2012 年.

Hill, Harvey 2001. "The law of nature revived : Christianity and natural religion in the sermons of John Tillotson". *Anglican and episcopal history*, 70 (2) : 169–189.

Hochstrasser, Tim 1993. "Conscience and reason : the natural law theory of Jean Barbeyrac". *The historical journal*, 36 (2) : 289–308.

Hudson, Wayne 2009. *The English deists : studies in early Enlightenment*. London : Pickering & Chatto.

Hunter, Ian 2004. "Conflictng obligations : Pufendorf, Leibniz and Barbeyrac on civil authority". *History of political thought*, 25 (4) : 670–699.

Jessop, T. E. [1938] 1983. *A bibliography of David Hume and of Scottish philosophy*. New York : Garland Pub.

Kelly, Duncan 2011. " 'That glorious fabrick of liberty' : John Locke, the propriety of liberty and the quality of responsible agency". In *The propriety of liberty : persons, passions and judgement in modern political thought*. Princeton and Oxford : Princeton University Press, 20–58.

Kim, Jurius J. 2008. "Archbishop John Tillotson and the 17th-century Latitudinarian defense of Christianity, Part I". *Torch Trinity journal*, 11 : 130–146.

——2009, "Archbishop John Tillotson and the 17th-century Latitudinarian defense of Christianity, Part II". *Torch Trinity journal*, 12 : 127–148.

Kitami, Hiroshi 1999. "Trois lettres inédites de Jean-Baptistes Say à Pierre Prévost". *Bulletin*, 21 : 52–58.

——2018. "Pierre Prévost's political economy and contemporary intellectual networks". In *The foundations of political economy and social reform : economy and society in eighteenth century France*, edited by Ryuzo Kuroki and Yusuke Ando. London : Routledge, 179–194.

Klein, Lawrence E. 1994. *Shaftesbury and the culture of politeness : moral discourse and cultural politics in early eighteenth-century England*. Cambridge : Cambridge University Press.

Klemme, Heiner F. and Manfred Kuehn eds. 2016. *The Bloomsbury dictionary of eighteenth-century German philosophers*. London : Bloomsbury.

Köster, Von Wilhelm 1933. *Joseph Marie Degérando als Philosoph*. Paderborn : F.

Schöningh.

Kuehn, Manfred 1987. *Scottish common sense in Germany, 1768-1800 : a contribution to the history of critical philosophy*, foreword by Lewis White Beck. Kingston and Montreal : McGill-Queen's University Press.

Lefranc, Jean [1998] 2011. *La philosophie en France au XIXème siècle*. Paris : L'Harmattan. 川口茂雄, 長谷川琢哉, 根無一行訳『十九世紀フランス哲学』(文庫クセジュ) 白水社, 2014 年.

Levi Mortera, Emanuele 2012. "Stewart, Kant, and the reworking of common sense". *History of European ideas*, 38 (1) : 122-142.

Leyden, W von 1954. "A note on translating there of Pierre Nicole's *Essais de Morale* (1677)". In John Locke, *Essays on the law of nature : the Latin text with a translation, introduction and notes, together with transcripts of Locke's shorthand in his journal for 1676*, edited by W. von Leyden. Oxford : Clarendon Press, 252-254.

Liddell, Henry George and Robert Scott 1972. *An intermediate Greek-English lexicon : founded upon the seventh edition of Liddell and Scott's Greek-English lexicon*. Oxford : Oxford University Press.

Locke, Louis G. 1954. *Tillotson : a study in seventeenth-century literature*. Copenhagen : Rosenkilde and Bagger.

Mackay, John 1952. "John Tillotson (1630-1694) : a study of his life and of his contribution to the development of English prose". Ph.D. thesis, University of Oxford.

Macintyre, Gordon 2003. *Dugald Stewart : the pride and ornament of Scotland*. Brighton and Portland, Or. : Sussex Academic Press.

Malherbe, Michel 2003. "The inpact on Europe". In *The Cambridge companion to the Scottish enlightenment*, edited by Alexander Broadie. Cambridge : Cambridge University Press.

Marshall, John 1985. "The ecclesiology of the latitude-men 1660-1689 : Stillingfleet, Tillotson and 'Hobbism'". *The journal of ecclesiasical history*, 36 (3) : 407-427.

—— 1992. "John Locke and latitudinarianism". In *Philosophy, science, and religion in England, 1640-1700*, edited by Richard Kroll, Richard Ashcraft, Perez Zagorin. Cambridge and New York : Cambridge University Press, 253-282.

—— 1994. *John Locke : resistance, religion and responsibility*. Cambrodge : Cambridge University Press.

McKenna, Anthony 1990. "John Locke". Dans *De Pascal à Voltaire : le rôle des Pensées de Pascal dans l'histoire des idées entre 1670 et 1734*. Oxford : Voltaire Foundation, 450-502.

Meylan, Philipe 1937. *Jean Barbeyrac* (*1674-1744*) : *et les débuts de l'enseignement du droit dans l'ancienne Académie de Lausanne : contribution à l'histoire du droit naturel*. Lausanne : F. Rouge.

Moore, James 2002. "Foreword". In *Natural rights on the threshold of the Scottish Enlightenment : the writings of Gershom Carmichael*, edited by James Moore and Michael Silverthorne, texts translated from the Latin by Michael Silverthorne. Indianapolis : Liberty Fund, ix-xvi.

Moore, James and Michael Silverthorne 2004. "Carmicael, Gershom". In *ODNB*, 10 : 170-171.

Nuovo, Victor 2002. "Introduction". In *John Locke : writings on religion*, edited by Victor Nuovo. Oxford : Clarendon Press, xv-lvii.

Othmer, Sieglinde C. 1970. *Berlin und die Verbreitung des Naturrechts in Europa : kultur-und sozialgeschichtliche Studien zu Jean Barbeyracs Pufendorf-Übersetzungen und eine Analyse seiner Leserschaft*. Berlin : Walter de Gruyter & Co.

Palladini, Fiammetta 2007. "Farewell to Berlin : two newly discovered letters by Jean Barbeyrac (1674-1744)". *History of European ideas*, 33 : 305-320.

―――2008. "Pufendorf disciple of Hobbes : the nature of man and the state of nature : the doctrine of *socialitas*". *History of European ideas*, 34 : 26-60.

Park, Peter K. J. 2013. "The Birth of Comparative History of Philosophy : Joseph-Marie de Gérando's *Histoire comparée des systèms de philosophie*". In *Africa, Asia, and the History of Philosophy : Racism in the Formation of the Philosophical Canon, 1780-1830*. Albany, New York : State University of New York Press, 31-49.

Parkin, Jon 1999. *Science, religion and politics in Restoration England : Richard Cumberland's De legibus naturae*. Woodbridge : Boydel Press.

Phillipson, N. T. 1978. "James Beattie and the defence of common sense". In *Festschrift für Rainer Gruenter*. Herausgegeben von Bernhard Fabian. Heidelberg : Carl Winter Universitätsverlag, 145-154.

Porter, Roy [1990] 2001. *The enlightenment*. The second edition. Basingstoke : Palgrave. 見市雅俊訳『啓蒙主義』岩波書店, 2004 年.

Reedy, Gerard 1978-1979. "Review : three Restoration divines, Barrow, South, Tillotson : selected sermons. by Irène Simon". *Eighteenth-century studies*, 12 (2) : 234-241.

―――1993, "Interpreting Tillotson". *Harvard Theological Review*, 86 (1) : 81-103.

Rivers, Isabel 1991-2000. *Reason, grace, and sentiment : a study of the language of religion and ethics in England, 1660-1780*. 2 vols. Cambridge : Cambridge University Press.

―――2004. "Tillotson, John". In *ODNB*, 54: 791-801.

Robinet, André et Nelly Bruyère éd. 1993. *Correspondance philosophique Maine de Biran-Ampère. Dans Bibliothèque des textes philosophiques. Œuvres / Maine de Biran*. Tom. 13-1. Paris: J. Vrin.

Robinson, Roger J. 2004. "Beattie, James". In *ODNB*, 4: 566-568.

Rosenblatt, Helena 1997. *Rousseau and Geneva: from the first discourse to the social contract, 1749-1762*. Cambridge: Cambridge University Press.

Schulthess, Daniel 1996. "L'école écossaise et la philosophie d'expression française: le rôle de Pierre Prevost (Genève, 1751-1839)". *Annales Benjamin Constant*, 18-19: 97-105.

Schneewind, J. B. [1996] 2004 "Histoire de la philosophie morale". Dans *Dictionnaire d' éthique et de philosophie morale*, sous la direction de Monique Canto-Sperber. Quatirième édition revue et augmentée. 2 vols. Paris: Quadrige / PUF, I: 837-844.

―――1998. *The invention of autonomy: a history of modern moral philosophy*. Cambridge: Cambridge University Press. 田中秀夫監訳, 逸見修二訳『自律の創成――近代道徳哲学史』法政大学出版局, 2011 年.

―――2010. *Essays on the history of moral philosophy*. Oxford: Oxford University Press.

Shapiro, Barbara J. 1983. *Probability and certainty in seventeenth-century England: a study of the relationships between natural science, religion, history, law, and literature*. Princeton: Princeton University Press.

Sher, Richard B. 1985. *Church and university in the Scottish Enlightenment: the moderate literati of Edinburgh*. Edinburgh: Edinburgh University Press.

Sher, Richard B. and Paul Wood 2012. "Much ado about Dugald: the chequered career of Dugald Stewart's letter to Sir William Forbes on James Beattie's *Essay on truth*". *History of European ideas*, 38 (1): 74-102.

Shimokawa, Kiyoshi 1987. "Locke's political theory and its 'epistemological foundations' I". *Journal of College of International Studies*, 4: 167-200.

―――2012. "A brief history of post-Lockean unilateralism: Barbeyrac, Carmichael, and Hutcheson on property". *Christianity and culture*, 43: 1-25.

Shinohara, Hisashi 2003. "Dugald Stewart at the final stage of the Scottish Enlightenment: natural jurisprudence, political economy and the science of politics". In *The rise of political economy in the Scottish Enlightenment*, edited by Tatsuya Sakamoto and Hideo Tanaka. London: Routledge, 179-193.

Simon, Irène 1967-1976. *Barrow, South, Tillotson : selected sermons*. 3 vols. Paris : Société d'édition "Les Belles Lettres".

Spellman W. M. 1993. *The Latitudinarians and the Church of England, 1660-1700*. Athens, Ga. : University of Georgia Press.

Spurr, John 1988. "'Latitudinarianism' and the Restoration Church". *The historical journal*, 31（1）: 61-82.

Suderman, Jeffrey M. 2001. *Orthodoxy and enlightenment : George Campbell in the eighteenth century*. Montreal : McGill-Queen's University Press.

――2004. "Campbell, George". In *ODNB*, 9 : 772-774.

Tuck, Richard 1979. *Natural rights theories : their origin and development*. Cambridge and New York : Cambridge University Press.

Ulman, H. Lewis ed. 1990. *The Minutes of the Aberdeen Philosophical Society, 1758-1773*. Aberdeen : published for Aberdeen University Studies Committee by Aberdeen University Press.

Walzer, Arthur E. 2003. *George Campbell : rhetoric in the Age of Enlightenment*. Albany : State University of New York Press.

Weber, Dominique 2007. "Le «commerce d'amour-propre» selon Pierre Nicole". *Astérion*, 5 : 1-17. Texte accessible en ligne à l'adresse http : //journals.openedition.org/asterion/848. Consulté le 06 août 2018.

Winch, Donald 1983. "The system of the North : Dugald Stewart and his pupils". In Stefan Collini, Donald Winch and John Burrow, *That noble science of politics : a study in nineteenth-century intellectual history*. Cambridge ; New York : Cambridge University Press, 23-62. 永井義雄，坂本達哉，井上義朗訳『かの高貴なる政治の科学――19世紀知性史研究』ミネルヴァ書房，2005年，23-54.

Wood, Paul 2004a. "Gerard, Alexander". In *ODNB*, 21 : 930-931.

――2004b. "Reid, Thomas". In *ODNB*, 46 : 414-418.

――2012. "Dugald Stewart's original letter on James Beattie's *Essay on truth*, 1805-1806". *History of European ideas*, 38（1）: 103-121

Woolhouse, Roger 2007. *Locke : a biography*. Cambridge : Cambridge University Press.

Yolton, Jean S. 2000. "Foreward". In *John Locke as translator : three of the Essais of Pierre Nicole in French and English*, edited by Jean S. Yolton. Oxford : Voltaire Foundation, vii-xv.

Zinke, George William 1942. "Six letters from Malthus to Pierre Prévost". *The journal of economic history*, 2（2）: 174-189.

青柳かおり 2008.『イングランド国教会――包括と寛容の時代』彩流社.

参考文献

秋山昇 2002.「ソッツィーニ主義」新カトリック大事典編纂委員会(学校法人上智学院)編『新カトリック大事典』(全4巻)所収, 研究社, 1996-2009年.

アザール, ポール 1973.『ヨーロッパ精神の危機1680-1715』野沢協訳, 法政大学出版局.

天羽康夫 2007.「スコットランド啓蒙」日本イギリス哲学会編『イギリス哲学・思想事典』所収, 研究社, 313-316.

飯野和夫 1994.「シャルル・ボネの『心理学試論』――人間の『魂』の理解について」『言語文化論集』(名古屋大学) 15(2):53-78.

池澤優 2012.「儒教概説」世界宗教百科事典編集委員会編『世界宗教百科事典』所収, 丸善出版, 214-217.

泉谷周三郎 1988.「レイフ・カドワース『解説』」新井明・鎌井敏和共編『信仰と理性――ケンブリッジ・プラトン学派研究序説』所収, 御茶の水書房, 113-122.

出村彰 1996.「アルミニウス」新カトリック大事典編纂委員会(学校法人上智学院)編『新カトリック大事典』(全4巻)所収, 研究社, 1996-2009年, Ⅰ:229.

大川四郎 1996.「近世自然法論の18世紀フランス債務法論に対する影響――ジャン・バルベイラック版仏訳グロチウス, プーフェンドルフの18世紀フランス法曹への普及を手がかりとして」比較法史学会編『文明装置としての国家 比較法史研究――思想・制度・社会5』所収, 未来社, 170-190.

生越利昭 2015.「ジョン・ロックと啓蒙のはじまり」坂本達哉・長尾伸一編『徳・商業・文明社会』所収, 京都大学学術出版会, 83-105.

門亜樹子 2012.「ジャン・バルベラック『娯楽論』研究序説――福音道徳と理性」『調査と研究』(京都大学経済学会) 38:11-29.

――2015.「ジャン・バルベラックの『啓発された自己愛』」坂本達哉・長尾伸一編『徳・商業・文明社会』所収, 京都大学学術出版会, 107-122.

――2017.「訳者解説:ジャン・バルベラックの『道徳哲学史』と自然法学」バルベラック著, 門亜樹子訳『道徳哲学史』(近代社会思想コレクション)所収, 京都大学学術出版会, 443-481.

鎌井敏和 1998.「ケンブリッジ・プラトン学派概観」新井明・鎌井敏和共編『信仰と理性――ケンブリッジ・プラトン学派研究序説』所収, 御茶の水書房, 3-23.

川久保晃志 1989.「経済学者サー・ジェイムズ・ステュアートの形而上学――かれのジェイムズ・ビーティ批判によせて」『経済と経営』(札幌大学) 19(4):531-572.

北田了介 2005.「フーコーにおける主体化をめぐる問題――自己への配慮からパレーシアへ」『経済学論究』(関西学院大学) 58(4):89-107.

喜多見洋 2005.「転換期ジュネーヴの知識人たち――スイスの視点から見た西欧社会経済思想史の一例」『大阪産業大学経済論集』(大阪産業大学) 6(3):1-19.

――2015.「ピエール・プレヴォの経済思想」一橋大学社会科学古典資料センター.

清滝仁志 2007.「広教主義」日本イギリス哲学会編『イギリス哲学・思想事典』所収，研究社，163-164.

倉島隆 1983.「自由論題Ⅰ：ロックの所有権起源説についての一視点――そのJ. バルベラックの説明を中心に」『社会思想史研究』（北樹出版）7：59-63.

篠原久 1986.『アダム・スミスの常識哲学――スコットランド啓蒙思想の研究』有斐閣.

――1989.「ドゥーガルド・ステュアートの道徳哲学――『自然法学』と『政治学』をめぐって」田中正司編著『スコットランド啓蒙思想研究――スミス経済学の視界』所収，北樹出版，204-227.

――2004.「書評：Jeffrey M. Suderman, *Orthodoxy and Enlightenment : George Campbell in the Eighteenth Century*（2001）」『イギリス哲学研究』（日本イギリス哲学会）27：95-97.

――2007.「スコットランド常識学派」日本イギリス哲学会編『イギリス哲学・思想事典』所収，研究社，317-320.

――2008.「啓蒙の『形而上学』と経済学の形成――ドゥーガルド・ステュアートと『精神の耕作』」田中秀夫編著『啓蒙のエピステーメーと経済学の生誕』所収，京都大学学術出版会，307-334.

――2014.「報告：ドゥーガルド・ステュアートとジェイムズ・マコッシュ――『スコットランド哲学』史をめぐって」『アダム・スミスの会会報』81：7-11.

妹尾剛光 2005.『ロック宗教思想の展開』関西大学出版部.

高橋正平 2007.「ジョン・ティロットソンの火薬陰謀事件記念説教――「ルカ伝9章55-56節」とカトリック教批判」『新潟大学言語文化研究』（新潟大学）12：37-54.

瀧田寧 2007.「ロックにおける『信仰問題』とは区別された『理性問題』の意義――『人間知性論』と『論理学，別名思考の技法』及び『プロヴァンシアル』との比較を通じて」『イギリス哲学研究』（日本イギリス哲学会）30：65-78.

田中大二郎 2018.「フランス近代思想における習俗と自然法――ジャン・バルベイラックの『習俗に関する学 science des moeurs』」『一橋大学社会科学古典資料センター年報』（一橋大学社会科学古典資料センター）38：1-15.

田中秀夫 2002.「スコットランド啓蒙における宗教」『社会の学問の革新――自然法思想から社会科学へ』所収，ナカニシヤ出版，106-128.

――2008.「ガーショム・カーマイケルの自然法学」『経済論叢』（京都大学経済学会）181（3）：205-226.

――2012.『アメリカ啓蒙の群像――スコットランド啓蒙の影の下で1723-1801』名古屋大学出版会.

種谷春洋 1980.『近代自然法学と権利宣言の成立』有斐閣.

塚田理 2006.『イングランドの宗教――アングリカニズムの歴史とその特質』教文館.

柘植尚則 2016.「補論:近代イギリス道徳哲学における利己心の問題」『良心の興亡——近代イギリス道徳哲学研究』(増補版) 所収, 山川出版社, 173-224.

長尾伸一 2004.『トマス・リード——実在論・幾何学・ユートピア』名古屋大学出版会.

中宮光隆 2010.「ピエール・プレヴォの生涯と業績」『アドミニストレーション』(熊本県立大学) 16 (3・4):205-228.

——2011a.「ピエール・プレヴォにおける道徳哲学と経済学」『アドミニストレーション』(熊本県立大学) 17 (3・4):1-20.

——2011b.「『ビブリオデータ・ブリタニク』誌とピエール・プレヴォー効用原理と道徳哲学」『アドミニストレーション』(熊本県立大学) 18 (1・2):141-160.

——2012.「ピエール・プレヴォとシスモンディ——経済思想における功利主義的要素」『アドミニストレーション』(熊本県立大学) 18 (3・4):297-322.

西川宏人 2002.「ジャンセニスム」新カトリック大事典編纂委員会 (学校法人上智学院) 編『新カトリック大事典』(全4巻) 所収, 研究社, 1996-2009 年, III:50-51.

ネメシェギ, P. 1998.「実体変化」新カトリック大事典編纂委員会 (学校法人上智学院) 編『新カトリック大事典』(全4巻) 所収, 研究社, 1996-2009 年, II:1242.

野沢協 1979.「解説:ピエール・ベールとピエール・ジュリュー——『良心の自由』と報復の思想」ピエール・ベール著, 野沢協訳『寛容論集』(ピエール・ベール著作集・第2巻) 所収, 法政大学出版局, 743-924.

——1984.「解説:護教と断念——『歴史批評辞典』の宗教観とカルヴァン派論争」ピエール・ベール著, 野沢協訳『歴史批評辞典II:E-O』(ピエール・ベール著作集・第4巻) 所収, 法政大学出版局, 1227-1412.

——1987.「解説:機械論とアニミスムのはざまで——『歴史批評辞典』の世界像」ピエール・ベール著, 野沢協訳『歴史批評辞典III:P-Z』(ピエール・ベール著作集・第5巻) 所収, 法政大学出版局, 1587-1783.

——1992.「解説:ためらいの魔女論——アザールの一章への補注にかえて」ピエール・ベール著, 野沢協訳・解説『後期論文集I』(ピエール・ベール著作集・第7巻) 所収, 法政大学出版局, 1527-1688.

——1997.「解説:剣闘士の最後——ベール最晩年の論争の歴史的位置」ピエール・ベール著, 野沢協訳・解説『後期論文集II』(ピエール・ベール著作集・第8巻) 所収, 法政大学出版局, 1701-2305.

——2004.「解説:庇護から自立へ——ナント勅令廃止時期のベールとジュリュー (マンブール反駁書を中心として)」ピエール・ベール著, 野沢協訳・解説『宗教改革史論』(ピエール・ベール著作集・補巻) 所収, 法政大学出版局, 1751-2270.

服部知文 1980.「訳者解説」ジョン・ロック著, 服部知文訳『キリスト教の合理性・

奇跡論』所収, 国文社, 235-251.
濱下昌宏 1993.『18 世紀イギリス美学史研究』多賀出版.
ホーコンセン, クヌート 2002.「特別寄稿:初期近代自然法の意義」坂本達哉・壽里竜訳『イギリス哲学研究』(日本イギリス哲学会) 25:69-88.
前田俊文 2004.『プーフェンドルフの政治思想——比較思想史的研究』成文堂.
──2011.「カーマイケルの思想形成をめぐる一断面——『倫理学講義』と『義務論』の二つの注釈版から見えてくるもの」佐々木武・田中秀夫編著『啓蒙と社会——文明観の変容』所収, 京都大学学術出版会, 55-77.
──2016.「解説」プーフェンドルフ著, 前田俊文訳『自然法にもとづく人間と市民の義務』(近代社会思想コレクション) 所収, 京都大学学術出版会, 269-295.
松永澄夫 2008.「一九世紀フランスへのスコットランド哲学の流入」『哲学史を読む I』東信堂, 129-153.
水田洋 2009.「アバディーンの啓蒙 bio-bibliographical に——ジェイムズ・ダンバー論のために」『アダム・スミス論集——国際的研究状況のなかで』所収, ミネルヴァ書房, 329-354.
──2011.「危機にたつアダム・スミス」『象』69:2-12.
──2014.「ノミナリスト アダム・スミス——トマス・ホッブズ (1588-1679) からアダム・スミス (1723-1790) への社会思想史的継承について」『日本学士院紀要』(日本学士院) 68 (3):203-248.
村松正隆 2007.「観念学派とその周辺」松永澄夫責任編集『知識・経験・啓蒙——人間の科学に向かって』(哲学の歴史・第 6 巻) 所収, 中央公論新社, 571-597.
森岡邦泰 2012.「プーフェンドルフの『義務論』一考」『大阪商業大学論集』(大阪商業大学商経学会) 7 (3):89-100.
米田昇平 2016.『経済学の起源——フランス欲望の経済思想』京都大学学術出版会.

CD-ROM

Oxford English Dictionary, second edition, on CD-ROM version 4.0. Oxford: Oxford University Press, 2009.

収録論文リスト

　本書に収められた論文の初出は以下の通りである。収録にあたり，加筆修正し，体裁の統一を図った。

序章　書き下ろし

第1章　門亜樹子 2017.「訳者解説：バルベラック『道徳哲学史』と自然法学」バルベラック著『道徳哲学史』（近代社会思想コレクション）所収，京都大学学術出版会，443-481。

第2章　門亜樹子 2012.「ジャン・バルベラック『娯楽論』研究序説——福音道徳と理性」『調査と研究』（京都大学経済学会）38：11-29。

第3章　門亜樹子 2015.「ジャン・バルベラックの『啓発された自己愛』」坂本達哉・長尾伸一編『徳・商業・文明社会』所収，京都大学学術出版会，107-122。

第4章　未発表論文（門亜樹子「ジョン・ティロットスンのキリスト教的人間像（感覚・理性・信仰）——ジャン・バルベラックの思想との関連性をめぐって」社会思想史研究会・2016年度第2回例会，同志社大学，2017年3月18日の報告原稿に基づく）。

第5章　未発表論文（門亜樹子「ビーティとプレヴォの哲学史——バルベラック『道徳哲学史』との比較の観点から」日本イギリス哲学会関西部会・第57回例会，キャンパスプラザ京都，2017年12月16日の報告原稿に基づく）。

終章　書き下ろし

付録1　門亜樹子 2012.「ジャン・バルベラック『娯楽論』研究序説――福音道徳と理性」『調査と研究』（京都大学経済学会）38：11-29 の一部（「バルベラックの著作目録」25-29）。

付録2　門亜樹子 2017.「資料：ブッデウス『自然法史』（ジョンスン版）」バルベラック著『道徳哲学史』（近代社会思想コレクション）所収，京都大学学術出版会，482-487。

付録3　門亜樹子「バルベラックとティロットスン――キリスト教的人間像と感覚の確実性をめぐって」（ヒュームとスミスの会例会，甲南大学，2015 年 3 月 27 日）の配布資料。

付録4　書き下ろし

あとがき

　筆者がバルベラックという思想家を最初に知ったのは，大学院の修士課程の時に，社会思想史のゼミの輪読で読んだ J. B. Schneewind の *The invention of autonomy : a history of modern moral philosophy*（邦題：『自律の創成――近代道徳哲学史』）だったように思う。ロックの『統治二論』の所有権（プロパティ）概念とその思想的文脈をテーマとする修士論文を書き，『統治二論』と経済論文の関係について博士論文をまとめる過程で，ロックと当時の思想家に共通する思想的なフレームワークがあることに思い至るようになった。それが自然法学（natural jurisprudence）に関心を抱いたきっかけである。

　しかし，フランス語で書かれたバルベラックの文章は，英語文献を読むことの多かった筆者にとって難解であった。関西日仏学館でフランス語を勉強し直す際に気づかされたのは，発音の重要性である。Barbeyrac の正確な発音が「バルベラック」であることを確認できたのもこのときであった。バルベラックの文章をノートに書き写しながら，発音記号を下の行に書き音読することを繰り返すうちに，『道徳哲学史』の文章がフランス語の特徴である簡潔明快な文体であることや，同書の英訳文が原文を敷衍する内容になっていることを，自然と会得できたように感じている。

　本書は，収録論文リストに挙げたように，2012 年以降の筆者の既刊論文と未発表論文が含まれており，大学院修了以後の研究をまとめたものである。博士論文を基にしたものではないが，大学院生の時期に芽生えた問題意識を，本書で形にすることができたと思う。

　以下では，研究においてとくにお世話になっている方々へ，謝意を表することをお許しいただきたい。

　田中秀夫先生（京都大学名誉教授，愛知学院大学経済学部教授）には，学部，大学院を通じて，フランシス・ベイコンの「学問の大革新」に関する卒業論文，ロックの政治・経済思想を主題とする修士論文および博士論文まで，手取り足取り御指導を賜った。大学院修了後も折に触れて気にかけてくださり，

本書の出版について御相談した際には，京都大学学術出版会への御紹介の労をお取りくださった．拙いながらも，研究成果を単著として上梓することができたのは，田中先生の御尽力の賜物である．いくら感謝しても感謝しきれない．

　篠原久先生（関西学院大学名誉教授）には，筆者が博士課程在籍中より，学会や研究会の折に御教示をいただき，日本学術振興会特別研究員PD（2007-2009年度）の受入研究者をお引き受けくださった．篠原先生には，特別研究員の任期終了後も引き続き，社会思想史研究の基礎たるキリスト教思想と古代ギリシャ哲学について，一から御指導を賜った．筆者の研究関心の原点である「近代科学としての経済学の起源」へと研究を進めることができたのは，篠原先生の御指導のおかげである．

　筆者が所属する日本イギリス哲学会，経済学史学会，社会思想史学会の諸先生方からは，大学院時代から今日に至るまで，多大な学恩をこうむっている．

　京都大学で開催されていた「啓蒙と経済学」研究会では，大学院生であるにもかかわらず研究報告の機会をいただき，研究者同士が鎬を削る場に身を置くことができたのは，非常に刺激になった．とりわけ，ロック研究者の生越利昭先生には，一研究者として接していただき，筆者がバルベラックへと研究テーマを変更した後も，御教示をいただいている．大倉正雄先生，伊藤誠一郎先生には，多くのことを学ばせていただいた．

　水田洋先生には，博士課程の折に筆者の最初の公刊論文をお送りした後，御手紙と御高論をいただいた．この経験は筆者の研究人生の契機となった．

　ロックに関しては，田中正司先生，故妹尾剛光先生，藤田昇吾先生，下川潔先生，山田園子先生にも，御教示をいただいた．

　大学院修了後，関西学院大学で開催されている経済学史研究会（通称「学史研」）において，原典研究の重要性について学ぶ機会を得たことは，筆者にとって幸運であった．本書の内容の多くが，同研究会での研究報告を基にしている．田中敏弘先生，竹本洋先生，井上琢智先生をはじめ，世話人の原田哲史先生，久保真先生，事務局の本郷亮先生に，厚く御礼申し上げる．

　篠原ゼミの北田了介氏，中野力氏には，親切にしていただき，感謝してい

あとがき

る。

　本書を執筆するにあたり，佐々木武先生，有江大介先生，米田昇平先生，喜多見洋先生，新村聡先生，坂本達哉先生，川出良枝先生，森岡邦泰先生，前田俊文先生，野原慎司氏には，重要なコメントならびに御教示をいただいた。深く感謝申し上げる。

　京都大学学術出版会の鈴木哲也氏には，本書のタイトルについて御助言をいただいた。同会の國方栄二氏，大橋裕和氏には，当初から出版に至るまで懇切にお世話いただいた。厚く御礼申し上げる。

　本書の出版には，京都大学総長裁量経費「平成30年度若手研究者の優秀学位論文等出版事業」による助成を受けている。本書の内容に関する研究は，JSPS科研費JP17K17833の助成を受けたものである。記して謝意を表したい。

　2019年1月

　　　　　　　　　　　　　　　　　　　　　　　　　　門　亜樹子

索　引

人名索引
＊原綴りと生没年については多くの場合，初出頁に記載している。

[ア行]
アースキン　23
アウグスティヌス　8, 9, 12, 15, 16, 32, 39, 40, 142, 144
アタナシオス　39
アナクサゴラス　41
アバディ　125-128
アブダス　39
アブラハム　137
アリストテレス　6, 40, 41, 43, 80, 138, 149, 173, 175, 211
アルケラオス　41
アルノー　15, 20, 144, 184, 188
アルミニウス　17, 39
アンシヨン　202
アンブロシウス　45, 53, 71
アンペール　202
アンミアヌス・マルケッリヌス　48
イエス・キリスト　8, 46, 52, 55, 57, 68, 69, 74-76, 107, 125-127, 134
イチナ　37
ヴァクスムート　65
ヴァッテル　32
ヴィーラント　190
ウィチコット　18, 19, 145
ウィリアム（オレンジ公）　119
ヴィリヒ　192, 193, 196
ウィルキンズ　145
ヴィンクラー　42
ウィンケンティウス　9
ヴェベール　15, 16, 114, 116, 117
ウォータランド　37
ヴォート　190
ウォット　2

ヴォルネ　201
ヴォルフ　187
ウッド　26
エヴァンズ　24, 119
エウセビオス　38, 39, 48, 141
エチェガレ　26
エピクテトス　41, 50, 109, 110
エピクロス　41, 43, 143, 175
エラスト　77
エルヴェシウス　208, 209
オイゲン（サヴォイア公）　35
オウィディウス　65
オウルドファーザー　108
オールストゥリ　19
オグルヴィ　22
オステルヴァルド　49
オズワルド　2, 170, 179, 204
オトマー　10
オリゲネス　141

[カ行]
カーマイクル　1, 10, 11, 31, 32, 51, 56, 73, 93, 94, 108
ガスコーニュ　145
ガッサンディ　196
カドワース　143-145, 193-197, 199
カバニス　201, 207
カミーユ　202
カルヴァン　40, 48, 57
カント　26, 150, 179, 187-197, 199, 203
カンバランド　7, 13, 35, 59, 93, 102, 104-106
キケロ　6, 7, 32, 41, 45, 50, 64, 73, 107-110, 188

287

ギゾー　190, 201, 202
喜多見洋　27
キプリアヌス　62, 121
キャンブル　22, 23, 25, 128, 129, 131, 147, 150, 151, 160-168, 170, 179, 198, 210
キュヴィエ，ジョルジュ　202
キュヴィエ，フレデリク　202
キング　19
クザン　26-28, 202, 205, 206, 211
グジェ　38
クプレ　42
クライン　84
グランヴィル　194
クリスタン　203
クリスティアン　202
クルーザ　33
グレイ　37
クレイギ　94
グレゴリ，ジョン　22
グレゴリオス（ナジアンゾスの）　39, 43
クレメンス（アレクサンドリアの）　39
クロード　39
グロティウス　1, 4, 7, 8, 10, 11, 13, 17, 31, 32, 35, 42, 44, 49, 59, 93, 210, 211
グントリンク　42
ケアリ（リンカンズ・インの）　36
ケイムズ　2, 25, 56, 129, 147
ゲーテ　190
ケネット　36, 93, 108, 112
ゲルール　28
孔子　55
ゴードン，トマス（d. 1750）　36, 37
ゴードン，トマス（1714-1797）　22
コクツェイ，ハインリヒ　32, 33
コスト　17, 71
ゴマルス　17
コリア　109
コルネリウス　76
コンスタン　190
コンディヤック　14, 27, 186-188, 192, 195, 199, 206-210
コンドルセ　198

[サ行]
サーチ　205
サイモン　145
サウス　14
サシ　48
サンティネッロ　28
シェイエス　201
ジェイムズ2世　119
ジェラード　22, 128, 151
ジェランド，ギュスターヴ・ドゥ　204, 205, 211
ジェランド，ジョゼフ＝マリ・ドゥ　2, 3, 26-29, 150, 181, 190, 201-211
シェリング　190
シスモンディ　190
シャー　2
シャーフツベリ伯爵（初代）　18
シャーフツベリ伯爵夫人（初代）　20, 84
シャーフツベリ伯爵（第三代）　3, 31, 84, 204, 209, 210, 212
ジャクロ　13
シャピロ　141
シャペ　203
ジャングネ　201
ジャンセニウス　15
シュアル　181
シュタプファ　202
シュトイトリン　11
シュニウィンド　11, 28
ジュフロワ　27, 205
ジュリュー　8
シュルツ　26, 27
シュレーゲル　190, 192
ショヴァン　34
ジョンクール　12, 59
ジョンスン　44
スキーン，ジョージ　22
スキーン，デイヴィッド　22
スタール夫人　26, 190-193
スタファ　26
スタンリ　42, 43
スティリングフリト　56, 134, 145
ステュアート，ジェイムズ　21

索 引

ステュアート, ジョン　22
ステュアート, ドゥーガルド　2, 21, 23, 25-28, 43, 119, 150, 168, 169, 179-183, 185, 187, 189-199, 202-205, 208-210
ステュアート, ヘレン・ダーシー　26
ステュアート・マシュー　26
ストバイオス　65
スピノザ　97, 98
スミス, アダム　2, 3, 5, 26, 27, 31-33, 56, 57, 79, 94, 114, 129, 150, 151, 156, 168, 169, 180, 182-184, 186, 187, 189, 190, 202, 204, 205
スミス, ジョン　194
セイエ　37, 49, 142
セネカ　41, 50, 109, 110
セルヴェ→セルウェトゥス
セルウェトゥス　18, 40, 48
セルギウス・パウルス　76
セルデン　32, 42
ソクラテス　6, 41, 56, 138, 173
ソクラテス・スコラスティコス　38
ソッツィーニ　18

[タ行]

ダーウィン　186
ターンブル　22
ダイエ　48
タッカー→サーチ
タック　11
ダミロン　206, 207
ダル　201, 203, 207
タレス　41
ダンバー　22
チャールズ2世　119
チリングワース　141
デイヴィッドスン　119
ティエール　12, 67
ディオゲネス・ラエルティオス　43
ティロットスン　13, 14, 18, 19, 23-25, 34, 47, 56, 94, 119-120, 123-126, 128-147, 166, 167, 210, 211
ティンダル　84
テオドレトス　38, 48
テオファネス　40
テオフュラクトス　40
デカルト　21, 170-176, 178, 184, 186, 191, 192, 196-197, 209, 211
デステュト・ドゥ・トゥラシ　27, 201, 207, 209, 210
デメゾ　17, 18
デモクリトス　65
デュパン　38, 39, 48
デュリヴォ　202
テュロ　66, 202
テルトゥリアヌス　121
ドゥラテ　8
トマジウス　11
トマス・アクィナス　40
トランブレ　12, 59
ドルバック　47
トレイル, ウィリアム　22
トレイル, ジェイムズ　23
トレイル, ロバート　22

[ナ行]

ニーフォ　43
ニコル　15, 16, 18, 20, 84-89, 94, 114-117, 139, 144
ニッチュ　193
ニュートン　178, 205
ヌオーヴォ　133
ノート　17, 34
野沢協　12, 13, 34, 47

[ハ行]

パーク　203
バークリ　21, 170, 172, 175-178, 184-186, 192
パーシヴァル　37
バーネット　34, 47, 119, 145
ハイド　42
パウロ　70, 75, 76, 82, 83
パエドルス　65
バシレイオス　141
パスカル　15, 20, 51, 63, 112, 113, 121, 127
ハチスン　1-3, 11, 31, 32, 51, 56, 73, 93, 94,

289

108, 156, 183, 204, 205, 209, 210
服部知文　133
ハットン　2
パッラディーニ　12, 35, 94
ハドスン　145
パトリック　145
ハミルトン　6, 180, 204
ハリス　3, 4
ハリントン　31
バルベラック，アントワーヌ　33
バルベラック，シャルル・ドゥ　17
バロウ　14, 19
ハンコック　84, 85
ビア　17, 19
ビーティ　2, 21, 22, 25, 38, 147, 150-152, 156-160, 162, 164, 166-173, 177, 179, 184, 197-199, 204, 205, 210, 212
ピクテ，マルク＝オーギュスト　27, 180, 181
ピクテ・ドゥ・ロシュモン　181, 190
ビニョン　17
ヒューム，デイヴィッド　2, 21, 25, 56, 57, 125, 128, 129, 150, 165-167, 170, 172, 173, 175-179, 184, 194, 195, 198
ヒューム，ヘンリ→ケイムズ
ビュション　26, 205
ピュタゴラス　11, 41
ビュフィエ　161
ビュルラマキ　7, 8, 32
ピンカーショーク　31
ファーカー　22
ファーガスン　2, 169, 185, 204, 205
ファーブル　38
ファーミン　18
ファウラ　19
ブウール　48
フーコー　124
プーフェンドルフ　1, 5-8, 10-13, 16, 17, 20, 31-37, 42, 44, 49, 51, 56, 59, 73, 93-102, 104, 105, 107-112, 115-117, 149, 210
フォーダイス　23
フォティオス　40

フォリエル　202
フォルメ　59
ブッデウス　11, 43-45, 55
ブトゥ　207, 208
プライス　194, 195
ブラック　2
ブラックウェル　23
プラトン　6, 41, 62, 78, 138, 144, 175, 211
プリーストリ　169, 170, 179
フリートウッド　133
フリードリヒ3世（ブランデンブルク選帝侯）　33
プルタルコス　41, 110
ブルダン　202
ブルック　11, 44, 109
フルリ　38, 39
ブレア　2, 182
プレヴォ，アレクサンドル・ルイ　26
プレヴォ，ピエール　2, 3, 25-29, 150, 180-191, 193, 195, 198, 199, 202, 203, 205, 207-211
ブローディ　2
プロコピオス　48
プロタゴラス　195
ブロン　28
フンボルト　190
ベイコン　3, 28, 186, 192, 204, 205, 208, 211
ベーズ　40, 48, 57
ベール　8, 11-13, 33, 39, 43, 47, 53, 54, 91, 122, 123, 125-128
ペス　205
ペゾルド　189
ベル　182
ベルジエ　125
ベルナール　17, 39, 48, 49, 54, 128
ベルマ　12
ヘンゼ　65
ホウドリ　32, 133
ホーコンセン　1, 3, 4, 6, 8-11, 21, 26, 93, 155
ポーター　14
ホクストラッサー　12, 52
ボケ　203, 206

290

ボゾブル　34
ボッティン　26, 43
ホッブズ　7, 32, 42, 84, 94-97, 100, 105,
　　106, 116, 196
ボナルド　208
ボニファティウス　9
ボネ　186, 208
ボルン　179, 189-191
ポンポナッツィ　43

[マ行]
マーシャム　42
マーシャル　13, 20
マーセット　26
前田俊文　11, 31
マキントッシュ　26
マクシモス（証聖者）　40
マクシモス（テュロスの）　66
マクローリン　2
マケドニウス　9
マコッシュ　2, 3
マティア（マタイ）　38
マルクス・アウレリウス　7, 41, 50, 64, 73,
　　81, 108-110
マルクス・アントニヌス→マルクス・アウ
　　レリウス
マルサス　182
マルブランシュ　21, 170, 171, 174, 175,
　　184, 186, 198
マンブール　123, 127
水田洋　56, 114
ミラー　2
ムーア　56
ムリエ　203
メーヌ・ド・ビラン　202, 205
メラン　9, 10, 34, 59
メランヒトン　42
メリアン　180, 181
メルクリウス　62
モア　145, 194
モーセ　52, 69, 70, 134
モリス　202
モルレ　181

モンテーニュ　79
モンテスキュー　44

[ヤ行]
ヤコービ　190
ヤンソン　17
ユスティニアヌス１世　48
ユスティノス（殉教者）　39
ユレ　205
ヨアンネス・クリュソストモス　39, 51,
　　61, 121, 141
米田昇平　15
ヨハネ　77
ヨルトン　85

[ラ行]
ライデン　85
ライプニッツ　7, 8, 187, 191-193, 196
ラクタンティウス　46
ラグランジュ　180
ラシュリエ　205, 208
ラッゼーリ　114
ラ・プラセット　12, 32, 62, 125, 127, 128
ラ・メトリ　208
ラロミギエール　201, 207
ランベルト　187
リーディ　145
リード　2-6, 21-25, 27, 28, 31, 32, 51, 56,
　　73, 93, 94, 108, 113, 119, 120, 129, 147,
　　150, 151, 155, 156, 162, 166-170, 173-
　　179, 184-186, 195, 197-199, 204, 205,
　　208, 210, 212
リュイリエ　198
ルイ14世　9
ル・クレール　13, 17, 39, 46, 48, 70
ルクレティウス　34
ルソー　7, 8, 31, 114, 180
ルター　125
ルフラン　28, 205, 207
レヴィ＝モルテラ　26, 196, 197
レーナル　181
レミュザ　205
ロウド　83, 212

ロス　22
ロック　2, 3, 7, 8, 12, 14, 17-21, 24-26, 28, 31, 32, 71, 76, 79, 82-86, 133, 134, 144, 157, 170-172, 175-178, 184, 186-188, 191-193, 195, 197, 199, 204, 205, 207-212

ロバートスン　2
ロワイエ＝コラール　27, 202, 205, 208

[ワ行]
ワージントン　145

事項索引

[ア行]
愛徳（charity / charité）　4, 15, 117
悪徳　70, 79, 83
アバディーン学派　14, 211
アバディーン啓蒙　22, 25, 147
アバディーン大学　2, 21, 23, 150
アバディーン哲学協会　22, 23, 128, 151
アリストテレス学派　175, 178
アルミニウス派　17
憐れみ（pitié / pity）　114
意志（volition, will / volonté）　130, 143, 154, 157, 207
意識（consciousness）　153, 157, 160, 161, 171
一次性質　175, 187
イデオローグ　2, 201, 207, 210
イデオロジ（観念学 ／ Idéologie）　27, 28, 207, 208
隠遁生活　92
疑いの余地のない確信（undoubted assurance）　24, 134
『永遠不変の道徳について』（カドワース）　143, 195
永遠法　101
エディンバラ大学　2, 25, 168
演繹的明証　160, 162, 166
『エンサイクロピーディア・ブリタニカ』　43, 180, 204
延長　161, 179, 187, 195

[カ行]
懐疑論　24, 122, 147, 170, 171, 173, 176, 179, 212
懐疑論者　139
外部感覚（external sensation）　153, 157

科学的明証　162, 163
神からの賜物　24
神への義務　16, 91, 110
カルヴァン派（ユグノー）　9, 33
感覚　24, 29, 124, 130, 131, 135, 136, 144, 164, 175, 177, 186, 187, 193, 199, 207-209
感覚の確実性　125, 127
感覚の哲学　192, 210
完全権　4, 6
観念理論（theory of ideas）　173, 184
観念論（idéalisme）　184
記憶（memory）　143, 153, 164, 207
機械人間　208
『奇跡論』（キャンベル）　128, 166, 170
『奇跡論』（ロック）　133, 134
『旧約聖書』　67
教会史　38
教父（les Pères de l'Eglise）　36, 38, 47, 48, 142
教父道徳　47, 55
『教父道徳論』（バルベラック）　37, 40, 142
教父批判　8, 12, 40, 45, 49, 57
キリスト教的節制　75
キリスト教的人間像　14, 89, 117, 121, 212
キリスト教道徳　46
キリスト教の謙遜　81
『近代西欧哲学史』（D. ステュアート）　25, 150, 180, 190
『近代哲学三学派』（プレヴォ）　2, 26, 27, 150, 182, 189, 190, 202
グラーズゴウ大学　2, 3, 31, 94, 108, 119
経験（experience）　129-131, 136, 158, 167
経験の哲学　210

啓示　66, 71, 72
形式　188
啓発された自己愛（amour propre éclairé）
　15, 94, 112-114, 117, 212
啓蒙主義　14, 212
決疑論（casuistry）　32
決疑論者（casuist）　32, 36, 61, 121
謙遜（humilité）　77, 78, 81
『検討』（プリーストリ）　169
ケンブリッジ・プラトニスト　143, 146, 147
交換的正義　5
後期プラトン主義者　174
傲慢（orgueil）　88
国立学士院　201
心（heart）　130
『五四説教集』（ティロットスン）　34
悟性（understanding）　193, 194
コモンセンス哲学　3, 25, 27, 28, 197, 205, 210
誤用　61, 62, 67, 89, 120
娯楽（jeu）　60, 61, 63, 67
『娯楽論』（バルベラック）　7, 10, 12, 13, 16, 16, 34, 51, 55, 59-61, 81, 90, 113, 120

[サ行]
三義務論　7, 50, 51, 56, 93, 109
自己愛（amour propre）　15, 80, 103, 107, 113
自己改善への配慮　111
自己評価　78, 79, 85-87, 89
自己への義務　16, 110, 112, 117
自己放棄　90, 124
自己保存への配慮　111
『自省録』（マルクス・アウレリウス）　73
自然宗教　16, 46, 131, 138, 146
自然状態　95, 98-100
自然神学　21, 152, 154
自然道徳　69
自然の光　50, 53, 70, 92, 146
自然法　52, 96, 98, 101, 156, 211
自然法学（natural jurisprudence / jurisprudence naturelle）　1, 6, 32, 156
『自然法史』（ブッデウス）　11, 44, 45

『自然法と万民法』（プーフェンドルフ）
　5, 6, 12, 35, 49, 93, 95, 101, 102, 109, 111, 117, 149
『自然法論』（カンバランド）　35, 93, 102, 104
実体変化（transsubstantiation）　125, 126
『市民論』（ホッブズ）　95, 96
社交性（sociabilité）　16, 94, 103, 104, 107, 112, 115
ジャンセニスト　15, 51, 84, 94
『純粋理性批判』（カント）　188, 191
使用　61, 62, 67, 89, 120
証言　129, 131, 136, 167, 168
常識　25, 150, 159, 161, 168, 179, 184
常識哲学→コモンセンス哲学
真価（mérite）　79, 87
『神学・政治論』（スピノザ）　97
信仰（faith）　130, 135, 140
信仰心（piété）　7, 73, 91
信じやすさ（credulity）　167
真のキリスト教徒　54, 90, 92
『新約聖書』　68, 76, 81
心理学　153, 155
慎慮（prudence）　104
『真理論』（ビーティ）　21, 151, 160, 167, 170, 184
人類愛　107, 117
枢要徳（the cardinal virtues）　6
スコットランド学派　3, 183, 204
スコットランド啓蒙　2, 10, 56
スコットランド常識学派　179, 197, 198
ストア派　50, 109
スピリチュアリスム　205, 210
正義　4, 6, 7, 32, 73
政治学　149, 153, 155, 165
聖職者批判　36
精神（mind）　130, 156
生得観念　171
聖なる著述家（聖書記者）　52, 70, 91
節制　73, 74
世論ないし世評の法（law of opinion or reputation）　82, 86
善悪無記の事物（chose indifférente）　53,

63, 68, 89
『戦争と平和の法』（グロティウス）　1, 49
想像力　153
ソクラテス学派　173
ソッツィーニ主義　10, 18

[タ行]
他者への義務　16, 32, 55
正しい理性　52, 77, 95, 96, 98, 99, 101, 102, 104-106, 114, 121
魂（soul）　130, 156
魂への配慮　110, 111
知覚（perception）　143, 157
知性（understanding）　130, 143, 144, 157, 158, 187
『知的力能論』（リード）　184
直観的明証　158, 160, 166
慎み深さ（modestie）　78, 81
デカルト主義者　196-199
哲学史　42
『哲学史』（スタンリ）　43
『哲学試論』（プレヴォ）　207
『哲学体系比較史』（ジェランド）　2, 28, 202-204, 206
『哲学論文集』（A. スミス）　2, 182
ドイツ学派　187
『ドイツ論』（スタール夫人）　191
同一本性の一致　100
統治形態論　156
道徳科学　20, 38, 57, 149, 189
『道徳科学要綱』（ビーティ）　21, 150, 152, 210
道徳感覚　209
『道徳感情論』（A. スミス）　79, 129, 168, 169, 183
道徳的明証　163, 164, 166
道徳哲学　21, 150, 153, 183, 211
『道徳哲学概略』（D. ステュアート）　185
『道徳哲学史』（バルベラック）　6, 8, 10, 11, 20, 28, 35, 38, 46, 48, 49, 51, 55, 109, 122, 149
『道徳哲学序説』（ハチスン）　31
『道徳論集』（ニコル）　15, 20, 84, 86

徳　70, 76, 79, 82-84

[ナ行]
肉体への配慮　111
二次性質　175
ニューマトロジー（pneumatology）　21, 152, 155, 210
『人間精神の研究』（リード）　23, 169, 173, 185, 210
人間精神の哲学　152
『人間精神の哲学要綱』（D. ステュアート）　181, 185
『人間知性研究』（ヒューム）　128, 166
『人間知性論』（ロック）　17, 24, 76, 82-84, 86, 172, 212
『人間と市民の義務』（プーフェンドルフ）　5, 12, 31, 33, 34, 44, 93, 108, 110
『人間本性論』（ヒューム）　172, 176
『能動的力能論』（リード）　3, 129

[ハ行]
配分的正義　5
博愛（humanity）　4, 6, 32
博愛心（philanthropy）　107, 117
バルバロイ　42
反省（reflection）　157, 174, 177, 197, 199, 207, 209
反省の哲学　192, 210
判断　157, 158, 207
『ビブリオテーク・ブリタニク』　181
評価　76, 77, 87
不可謬の確信（infallible assurance）　24, 134
不完全権　4, 6
福音　53, 55, 72, 79
福音精神　54, 72, 92
福音道徳　52, 53, 60, 92, 109
普遍法　101
プラトン主義者　174
フランス学派　186
『プロレゴーメナ』（カント）　179, 194, 195
『文学史講義』（シュレーゲル）　192
法学（jurisprudence）　5
牧師啓蒙　56, 147

ポリース（生活行政） 156

[マ行]
無神論者 139
明証性（evidence） 25, 155, 158

[ヤ行]
ユグノー 9

[ラ行]
ラティテュディネリアニズム 13, 119
ラティテュディネリアン 13, 18, 94, 145
理性 24, 29, 53, 65, 71, 72, 79, 105, 124, 140, 143, 144, 157, 158
理性的被造物 63, 89
理性の哲学 210
理性の光 120, 123, 139

立像（statue） 186
立像人間 208
律法 69, 72
倫理学 21, 153-155, 165
類比 174, 178
霊（spirit） 156
霊または精神の哲学 21, 150, 152
『歴史批評辞典』（ベール） 122
歴史ピュロン主義 （pyrrhonisme historique） 123, 139
レトリック 155
『レトリックの哲学』（キャンブル） 23, 160
労働 63-65
ローマ・カトリック 146
論証的明証（科学的明証） 162, 166
論理学 153, 155, 157, 165

著者紹介

門　亜樹子（かど　あきこ）
京都大学大学院経済学研究科ジュニアリサーチャー　京都大学博士（経済学）
1978年　京都府生まれ
2007年　京都大学大学院経済学研究科博士後期課程修了
日本学術振興会特別研究員（PD），京都大学研修員，京都大学非常勤講師を経て，2013年より現職。社会思想史専攻。

主な著訳書

『近代社会思想コレクション20　道徳哲学史』（翻訳，バルベラック著，京都大学学術出版会，2017年），「ジャン・バルベラックの『啓発された自己愛』」（『徳・商業・文明社会』京都大学学術出版会，2015年），「ジャン・バルベラック『娯楽論』研究序説──福音道徳と理性」（『調査と研究：経済論叢別冊』第38号，2012年），「ジョン・ロックの経済認識──トレードと公共善について」（『イギリス哲学研究』第28号，2005年），「ジョン・ロックにおけるプロパティ論の形成」（『思想』第972号，2005年）他

（プリミエ・コレクション　101）
啓発された自己愛
──啓蒙主義とバルベラックの道徳思想　　　　　ⒸAkiko KADO 2019

平成31（2019）年2月28日　初版第一刷発行

著　者　　門　　亜樹子
発行人　　末　原　達　郎

京都大学学術出版会
京都市左京区吉田近衛町69番地
京都大学吉田南構内（〒606-8315）
電　話　（075）761-6182
FAX　（075）761-6190
Home page http://www.kyoto-up.or.jp
振　替　01000-8-64677

ISBN978-4-8140-0195-8　　　印刷・製本　亜細亜印刷株式会社
Printed in Japan　　　　　　　装丁　鷺草デザイン事務所
　　　　　　　　　　　　　　　定価はカバーに表示してあります

本書のコピー，スキャン，デジタル化等の無断複製は著作権法上での例外を除き禁じられています。本書を代行業者等の第三者に依頼してスキャンやデジタル化することは，たとえ個人や家庭内での利用でも著作権法違反です。